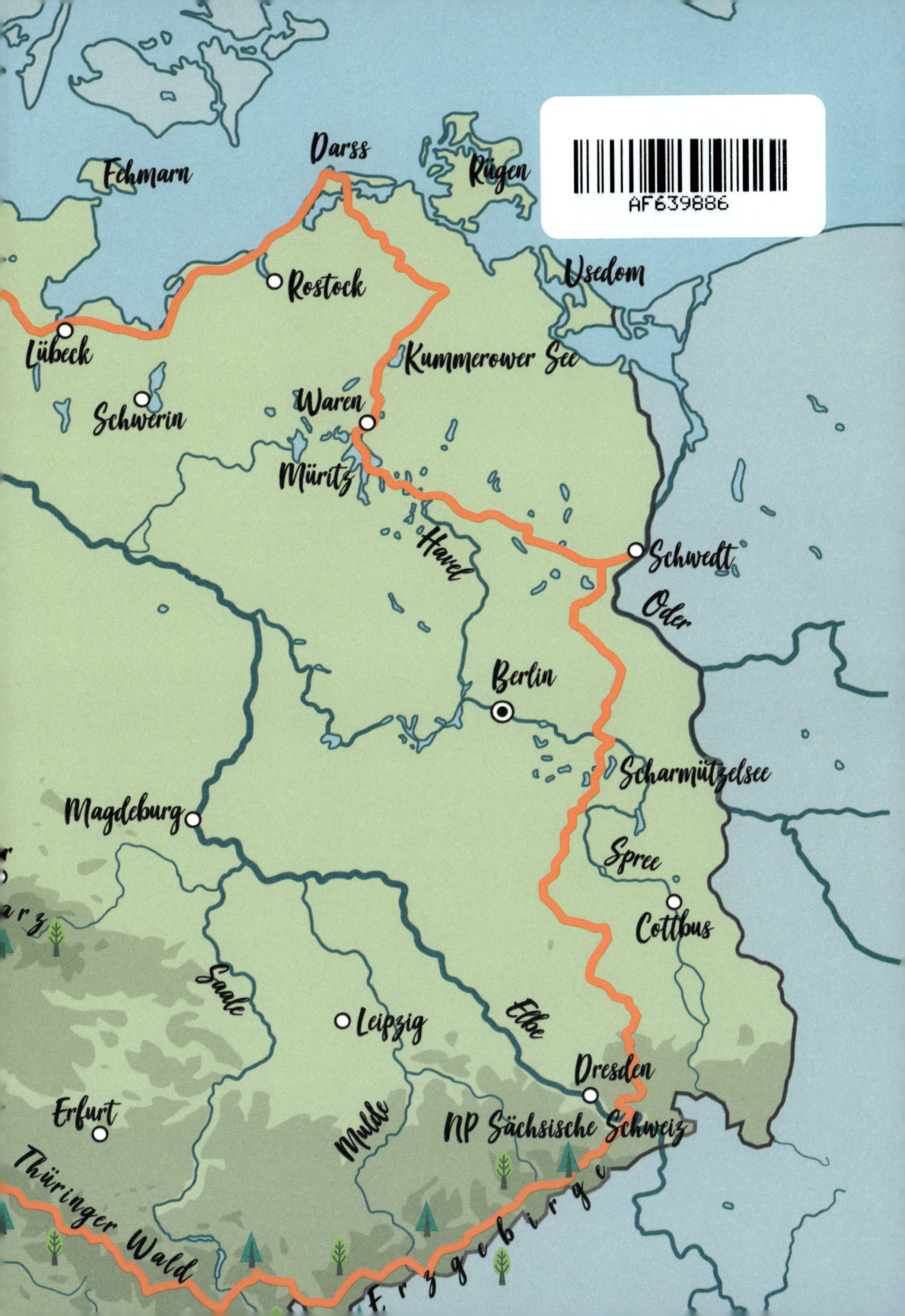
Fehmarn
Darss
Rügen
Rostock
Usedom
Lübeck
Kummerower See
Waren
Schwerin
Müritz
Havel
Schwedt
Oder
Berlin
Scharmützelsee
Magdeburg
Spree
Cottbus
Saale
Leipzig
Elbe
Dresden
Erfurt
Mulde
NP Sächsische Schweiz
Thüringer Wald
Erzgebirge

# Deutschland zu Fuß

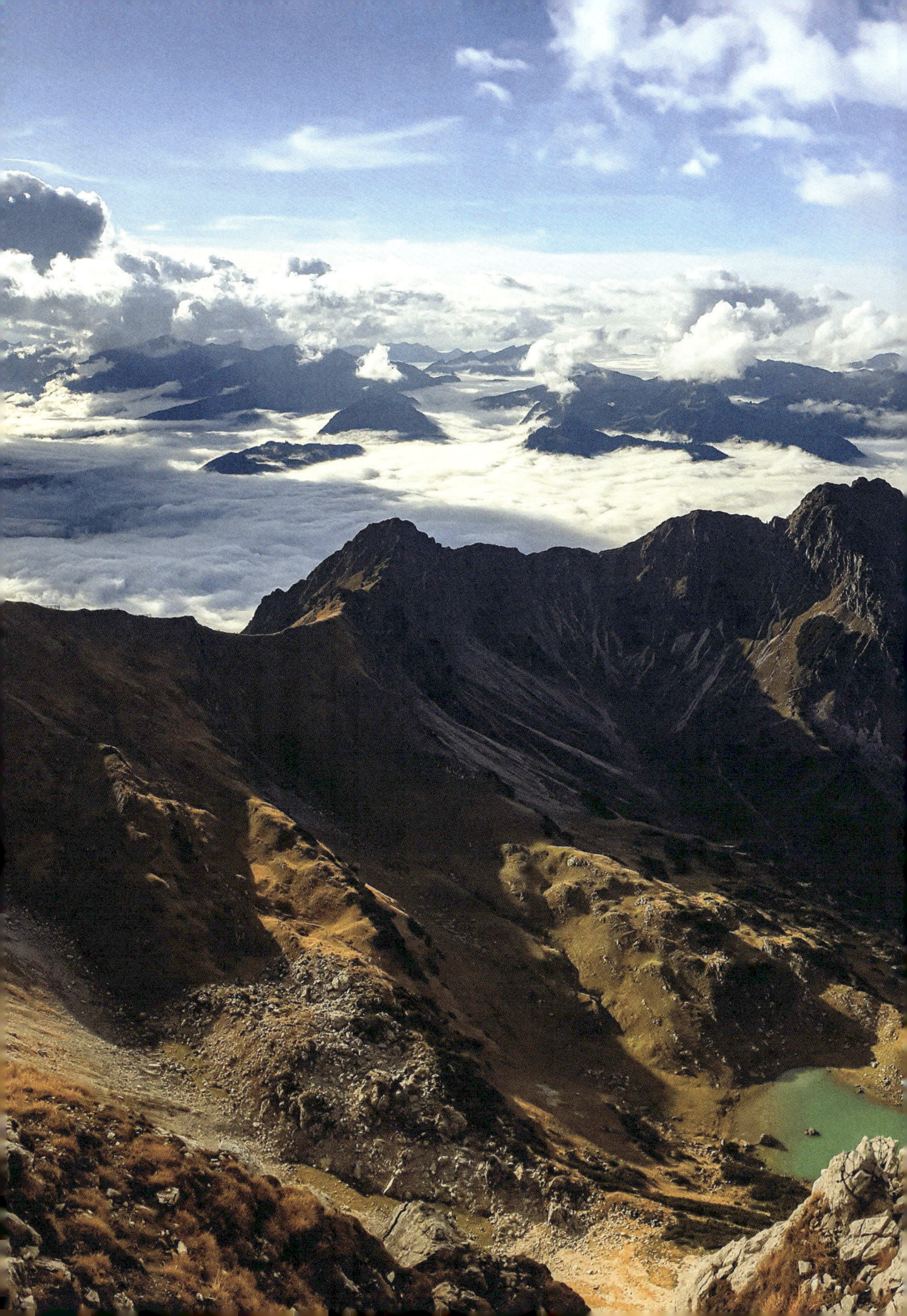

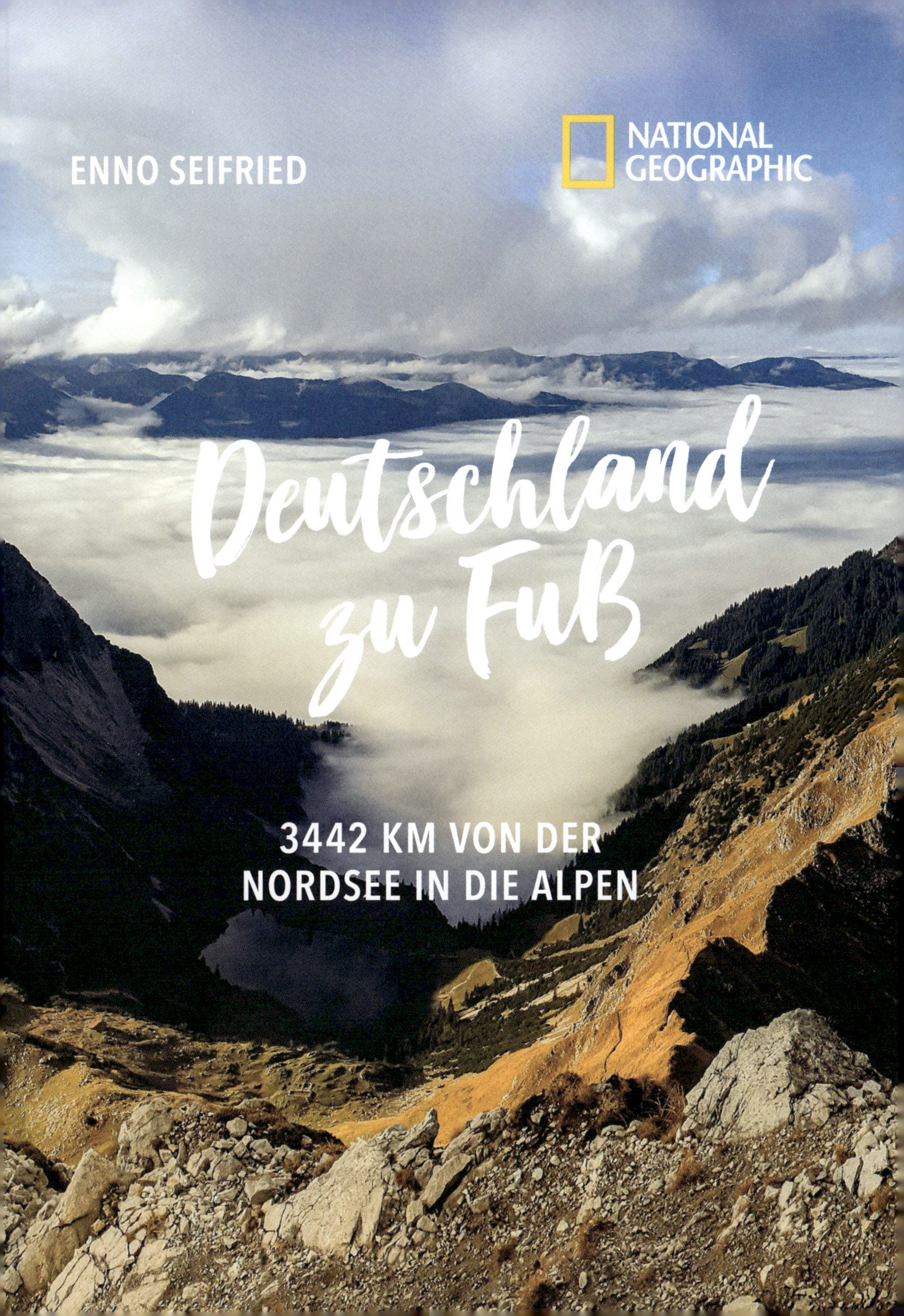
ENNO SEIFRIED
NATIONAL GEOGRAPHIC
Deutschland zu Fuß
3442 KM VON DER NORDSEE IN DIE ALPEN

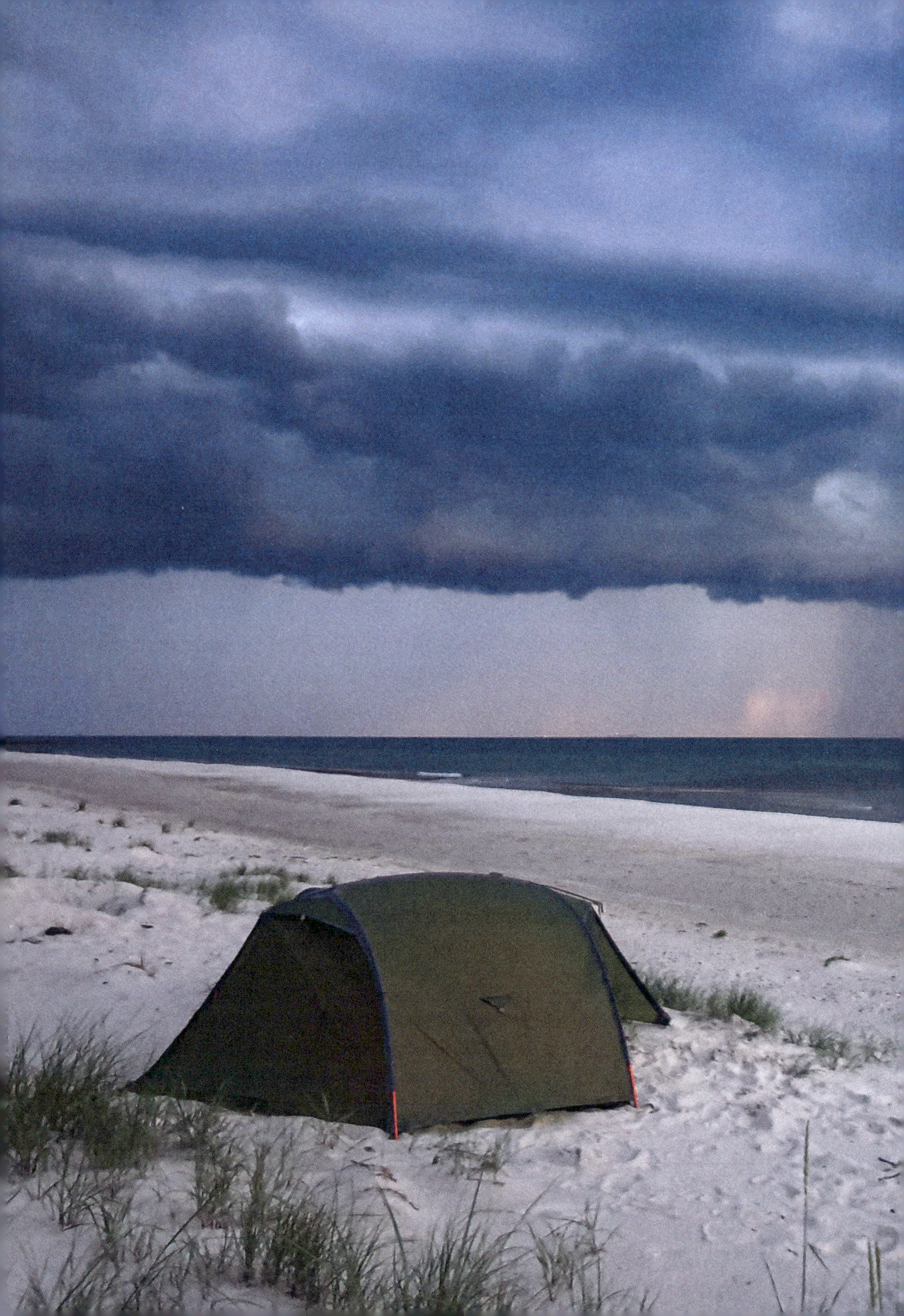

# Inhalt



---

Aufziehende Sturmfront im Naturschutzgebiet Ribnitzer Moor. Nicht mehr lange, und dann würde hier Weltuntergangsstimmung herrschen (→ S. 48).

*Für*
*Florian, Jonas, Julia, Maik,*
*Nina, Pat23, Peggy, Sabrina, Steffen,*
*Sue, Thomas, Tilo und Victoria.*

*Es war mir eine Freude,*
*dass ihr mich ein Stück des Weges*
*begleitet habt.*

*Vielen Dank auch an Nadine und Nico*
*für die gelungene Überraschung*
*am Ziel der Reise.*

# Vorfreude ist die schönste Freude

Die Aufregung bei einem solchen Vorhaben ist für mich am Anfang am größten, also wenn es losgeht und ich mich auf das freue, was vor mir liegt. Man sagt ja: Vorfreude ist die schönste Freude. Das Glücksgefühl unterwegs oder der Punkt, an dem man realisiert, dass das Vorhaben gelingen wird, ist noch mal ein ganz anderes. Schon einige Tage vor Erreichen meines Ziels wurde mir klar, dass eigentlich nichts mehr zwischen mir und dem Endpunkt am Haldenwanger Eck steht. Obwohl ich auch zuvor nie daran gezweifelt hatte, überwältigte mich dieser Gedanke doch regelrecht. Doch die Gewissheit am Ende meiner Tour, dass ich das Vorhaben wirklich durchgezogen hatte, verlieh mir ein unfassbares Gefühl von Glück und Zufriedenheit. Was dabei wirklich in mir vorging, lässt sich kaum in Worte fassen. Ich war einfach nur glücklich und dankbar für den Weg, der hinter mir lag, und wusste, dass jede Entscheidung, die ich unterwegs getroffen hatte, die richtige war. Doch bevor ich zum Ende meiner Reise komme, möchte ich euch von meinem Weg dahin berichten, den tollen Begegnungen, auch den weniger angenehmen Begebenheiten, den aufregendsten Momenten und natürlich dem ganz normalen alltäglichen Wahnsinn, der mich unterwegs begleitete.

Bereits nach meiner 700-Kilometer-Tour durch den Harz fragten mich die Leute: »Wie kommt man auf die Idee, so viele Kilometer zu Fuß zurückzulegen? Der Harz ist doch gar nicht so groß?« Meine Standardantwort lautete immer: »Wenn man im Zickzack läuft und so viel wie möglich entdecken möchte, kommt man auch in einer kleinen Region schnell auf 700 Kilometer.« Ähnliche Fragen erreichten mich nach meiner 3442-Kilometer-Fernwanderung durch Deutschland. Natürlich hätte ich die Bundesrepublik auch in rund 1000 Kilometern von Nord nach Süd durchwandern können, doch das reizte mich nicht. Ich wollte mehr von dem Land sehen, mir Zeit dafür nehmen und nicht nur die üblichen Top Trails gehen. Alle für mich interessanten Landschaften und die Verbindungen zwischen ihnen ergaben diese Summe. Ehrlicherweise muss ich zugeben, dass auch der Gedanke verlockend war, der Erste zu sein, der eine solch weite Strecke nur in Deutschland am Stück zu Fuß zurücklegt. Da ich von vornherein plante, einen Dokumentarfilm über dieses Vorhaben zu drehen, sollte es natürlich auch etwas Besonderes sein.

Meine Route durch Deutschland plante ich nur in groben Zügen. Die tatsächliche Strecke ergab sich unterwegs spontan, von Woche zu Woche. Gerade auf so einer Tour mag ich es nicht, wenn alles vorhersehbar und durchgeplant ist. Ich möchte spontan agieren können und mich selber überraschen. Mir ging es hauptsächlich darum, in der Natur unterwegs zu sein. Die Besorgung von Vorräten musste sich dem unterordnen. Sehenswürdigkeiten spielten bei meiner Planung ebenfalls keine große Rolle. Sie waren, wenn sie zufällig auf meiner Route lagen, eher ein zusätzlicher Bonus am Wegesrand.

Auch wenn ich sonst ein Freund von traditionellen Wanderkarten bin, wären diese auf so einer langen Tour zu umständlich gewesen.

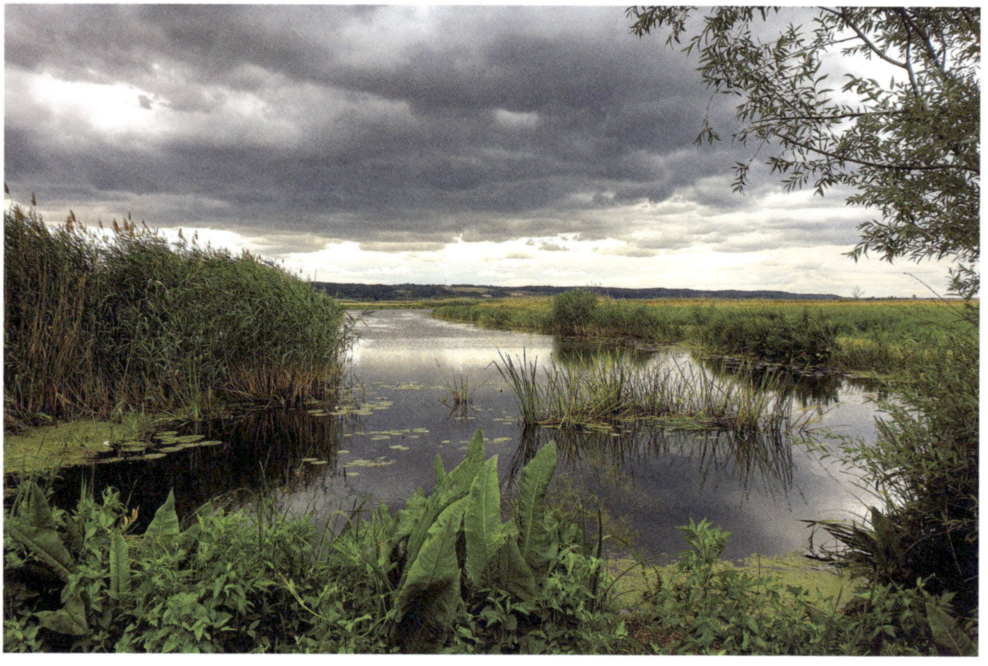

Deutschland bietet viele spannende Fernwanderwege, und selbst nach 3442 Kilometern zu Fuß durchs Land hat man noch lange nicht alles gesehen, was es in diesem Land zu entdecken gibt.

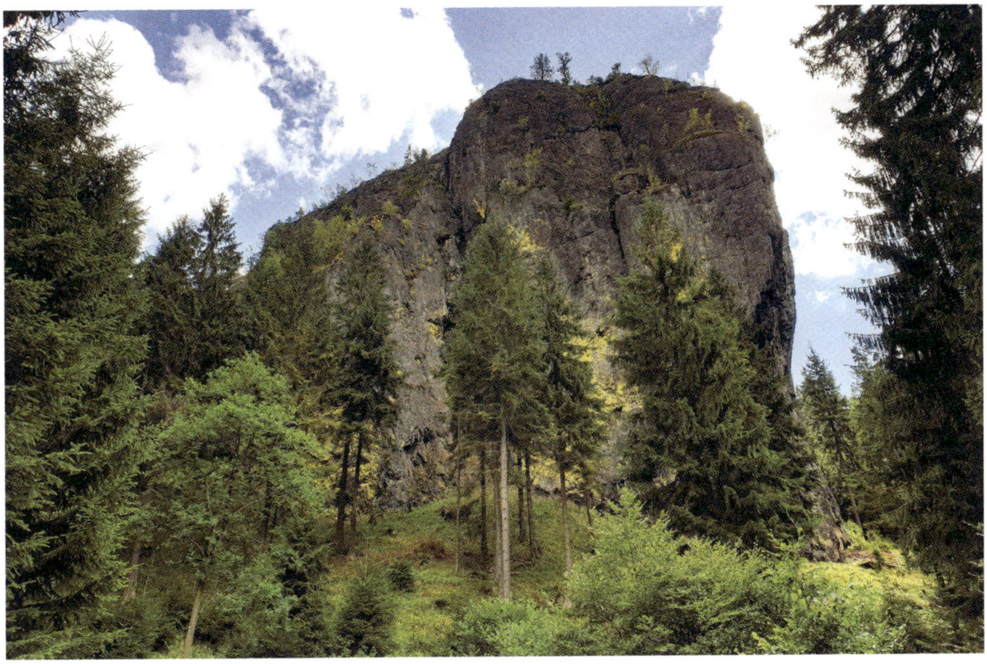

Ich hätte ständig neue Karten organisieren und zusätzlich überflüssiges Gewicht mit mir herumschleppen müssen. Also entschied ich mich für die Deutschland-Wanderkarte der Kompass-App. Da ich sonst immer diesen Verlag nutze und die App optisch ähnlich aufgebaut ist, kam ich damit schnell gut klar.

Um eins vorwegzunehmen: Eine genaue Auflistung der einzelnen Wege meiner Tour gibt es nicht, auch keinen GPS-Track. Jeder, der eine Tour in diesem Stil machen und das damit verbundene Gefühl von Freiheit erleben will, sollte sich seinen eigenen Weg suchen. Denn genau das ist Teil einer solchen Tour. Eine Route nachzulaufen ist einfach, doch definitiv weniger spannend. Das ist wie im Leben: Sucht, findet, geht euren eigenen Weg und nicht den, der euch von jemand anderem vorgelegt wurde. Dieses Buch soll also kein Wegweiser für Menschen sein, die vielleicht eine ähnliche Reise planen. Ich wünsche mir allenfalls, dass es vielleicht den ein oder anderen inspiriert, loszuziehen.

Auch abseits der bekannten Fernwanderwege Deutschlands lohnt es sich, einen Blick zu riskieren. Unweit vom Rennsteig befindet sich zum Beispiel der höchste frei stehende Kletterfelsen Thüringens.

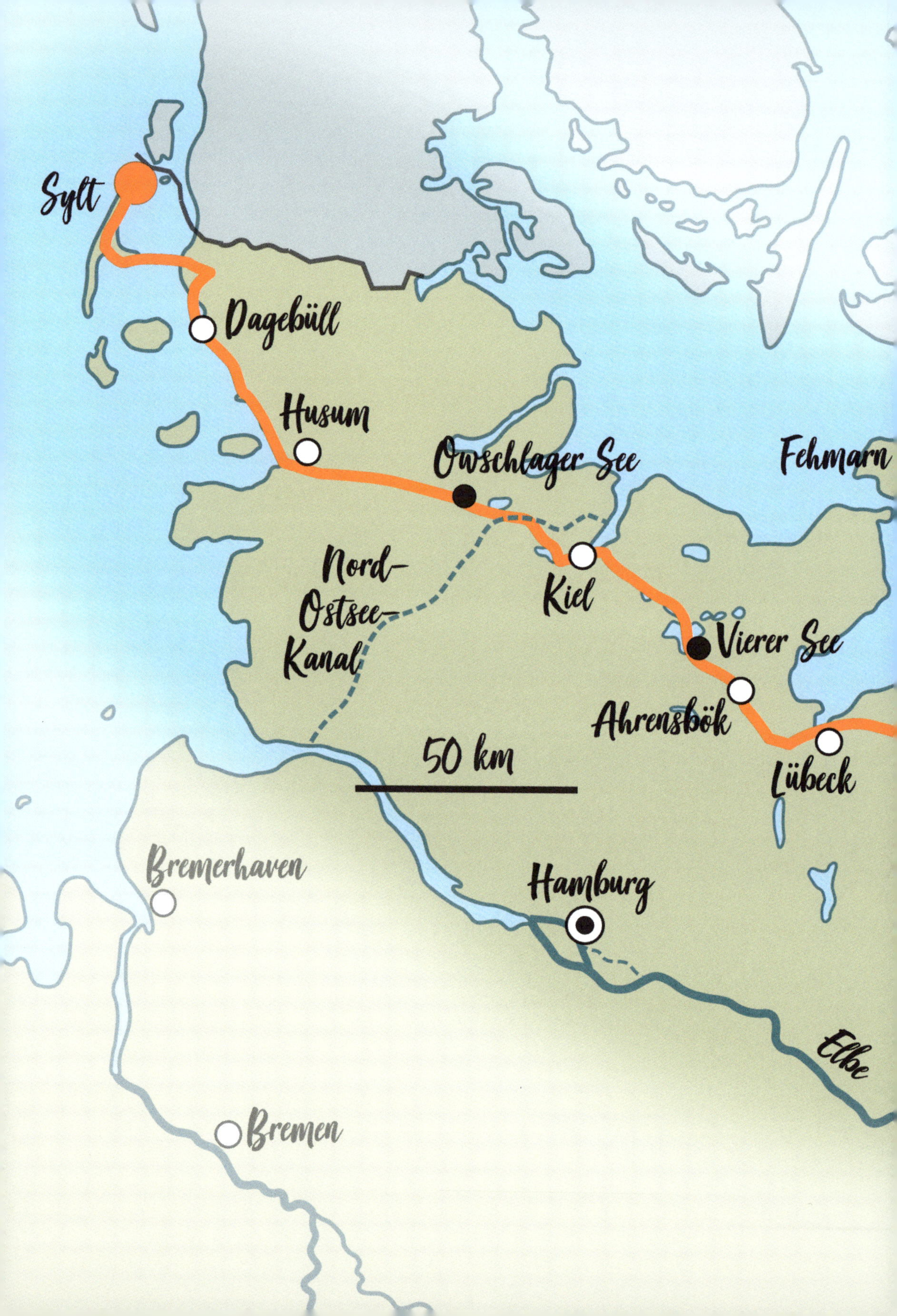
Sylt
Dagebüll
Husum
Owschlager See
Fehmarn
Nord-
Ostsee-
Kanal
Kiel
Vierer See
Ahrensbök
Lübeck
50 km
Bremerhaven
Hamburg
Elbe
Bremen

# Der Norden

576 km

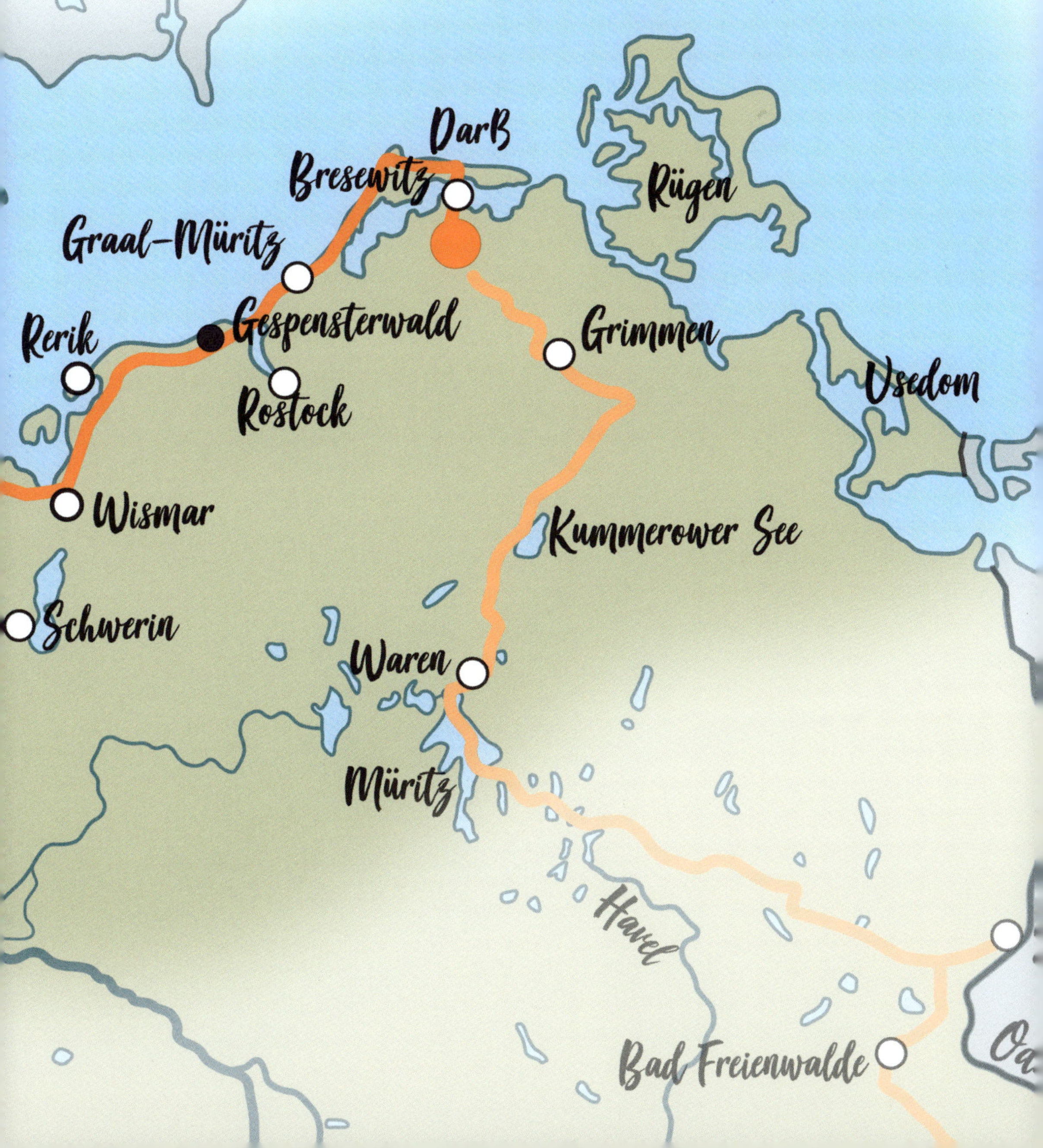

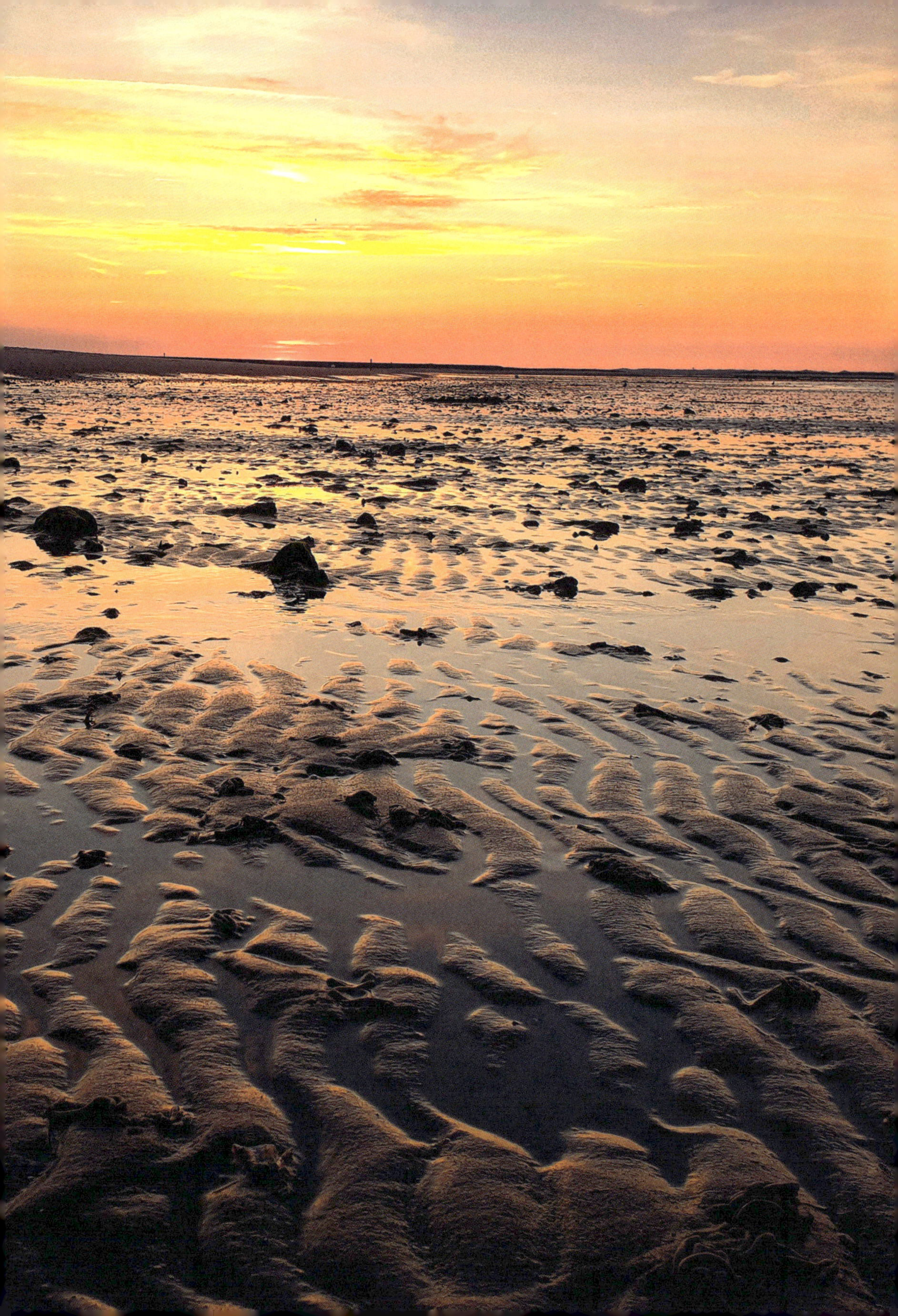

# Mein ganz persönliches Endzeitszenario

Am Morgen des 20. Mai 2019 ging mein Zug von Leipzig nach Sylt. Neun Stunden Fahrt lagen vor mir. Für die ersten zwei Nächte hatte ich mir auf Sylt eine Unterkunft gebucht und wurde gleich mit einem für Deutschland ungewöhnlichen Preisniveau konfrontiert. Sylt wird nicht umsonst als Insel der Reichen und Schönen betitelt. So buchte ich die billigste Unterkunft, die ich finden konnte: für schlappe 150 Euro pro Nacht. Der Eigentümer der Pension holte mich persönlich am Bahnhof ab. Er drehte in seinem SUV noch ein paar Runden mit Umwegen, während er mir einiges über die Insel erzählte.

Sylt ist nach Rügen, Usedom und Fehmarn die viertgrößte Insel Deutschlands und die größte deutsche Nordseeinsel. Sie erstreckt sich über 38 Kilometer in Nord-Süd-Richtung. An der Ostseite das Wattenmeer, das bei Niedrigwasser weitgehend trocken liegt und Teil des Nationalparks Schleswig-Holsteinisches Wattenmeer ist. Sylt ist die einzige Nordseeinsel, auf der heute noch Wanderdünen zu bestaunen sind. Viele Jahrzehnte lang wurden im Norden und im Süden der Insel immer wieder Acker- und Weideflächen, aber auch Häuser unter den Sandmassen begraben. Um ihre Häuser, Grund und Boden zu schützen, begannen die Anwohner, die Dünen mit Strandhafer zu bepflanzen. Durch die bis zu zwölf Meter langen Wurzeln kann ein Wandern der Dünen verhindert werden. Die größte der heute noch existierenden Wanderdünen steht unter Naturschutz und darf nicht betreten werden. Allerdings gibt es gut angelegte Wanderwege, auf denen man den Wanderdünen im Listland nahe kommen kann. Westerland ist das Zentrum der Insel, wo knapp die Hälfte der rund 18 000 Einwohner von Sylt lebt. Wer es ruhiger mag, genießt lieber die ausgedehnten Heide- und Dünenlandschaften im Inselnorden.

---

Motivation für das, was vor mir liegt:
ein traumhafter Sonnenuntergang am ersten Abend meiner Reise
im Norden der Insel Sylt.

Dort, in der Nähe von List, hatte ich mir für die ersten zwei Nächte ein Zimmer gesucht, um mich auf die Tour vorzubereiten und am nördlichsten Punkt Deutschlands meine Wanderung zu beginnen.

Ich wanderte vom Norden der Insel zum elf Kilometer langen Hindenburgdamm, der Sylt mit dem Festland verbindet. Meine letzte Nacht verbrachte ich im Freien, unterhalb des Morsum-Kliffs, einer mehr als 20 Meter hohen und bis zu zehn Millionen Jahre alten Felsformation. Bereits am Hindenburgdamm musste ich meine Wanderung kurz unterbrechen, da dieser nicht begehbar ist, sondern nur mit dem Zug passiert werden kann.

Die ersten 517 Kilometer meiner Tour führten nach Sylt entlang der Nordsee, über den Nord-Ostsee-Kanal bis auf die Halbinsel Fischland-Darß-Zingst. An der Ostsee war ich auch früher schon oft, die Nordsee hingegen war mir bis dahin unbekannt. Gerade die Stimmung bei Ebbe faszinierte mich. Von Klanxbüll bis nach Husum bewegte ich mich hauptsächlich auf dem Nordsee-Radweg vorwärts, der um diese Jahreszeit menschenleer war. Allerdings hatte ich dafür noch nie zuvor so viele Schafherden gesehen, die auf der östlichen Seite meines Weges unermüdlich das frische grüne Gras stutzten.

Auf der westlichen Seite lag die Nordsee, die zwischen den Gezeiten wechselte und unermüdlich kalten Wind von der See an Land blies. Meine Fantasie wurde von dem kalten, rauen Wetter und der unendlichen Weite bei Ebbe beflügelt. Gleichzeitig machte sich eine Art Endzeitstimmung in mir breit. Das war es wohl auch, was mir einen solchen Kick gab. Schon seit ich denken kann, verschlinge ich Endzeitromane und lasse keinen Hollywoodfilm aus, der sich diesem Thema widmet. Endlich konnte ich meine zugegebenermaßen etwas bizarre Vorliebe für Endzeitszenarien ungehindert ausleben. Ich fühlte mich ein wenig wie Denzel Washington in »Book of Eli« oder wie der Revolvermann Roland Deschain in Stephen Kings Fantasy-Saga »Der dunkle Turm«.

Der stetige Wind kennt keine Pause (oben).
Die Wolkenformationen und der weite Blick bei Ebbe
beflügeln meine Fantasie (unten).

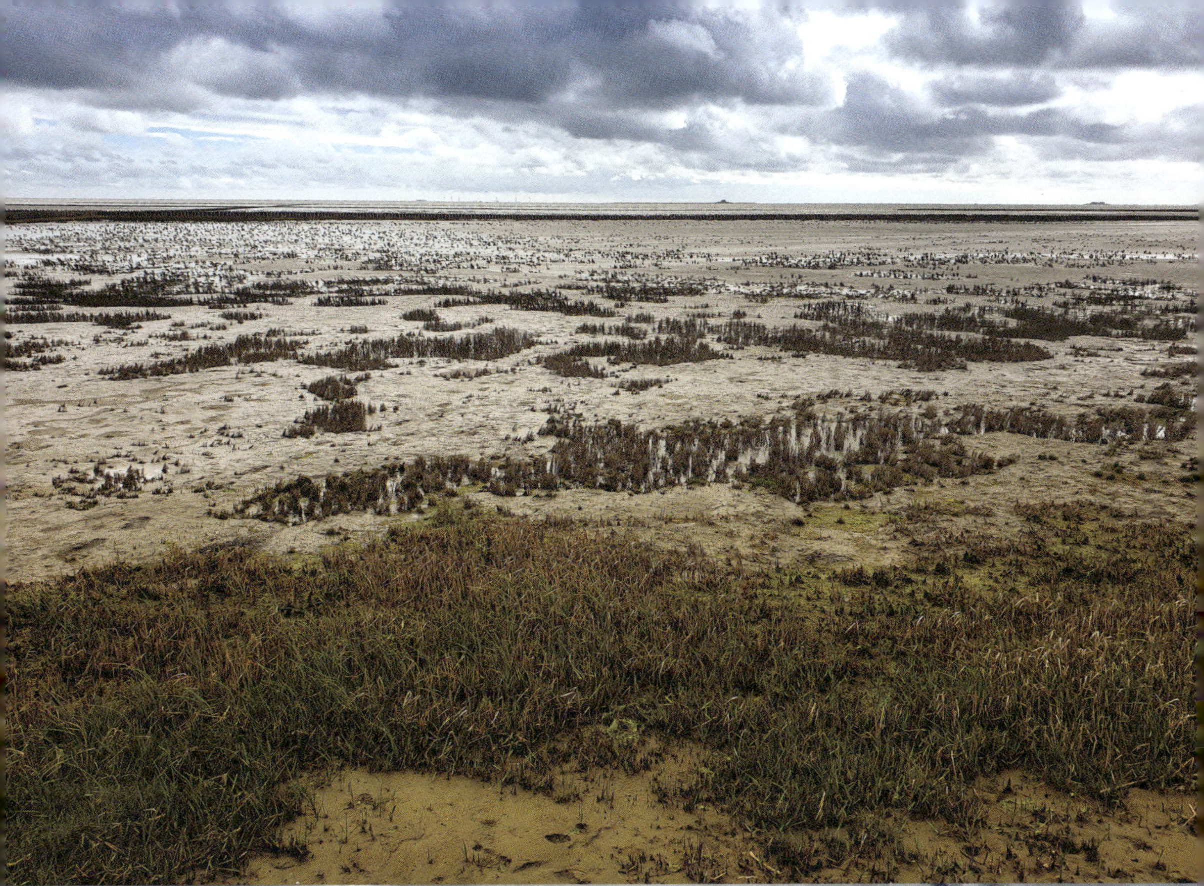

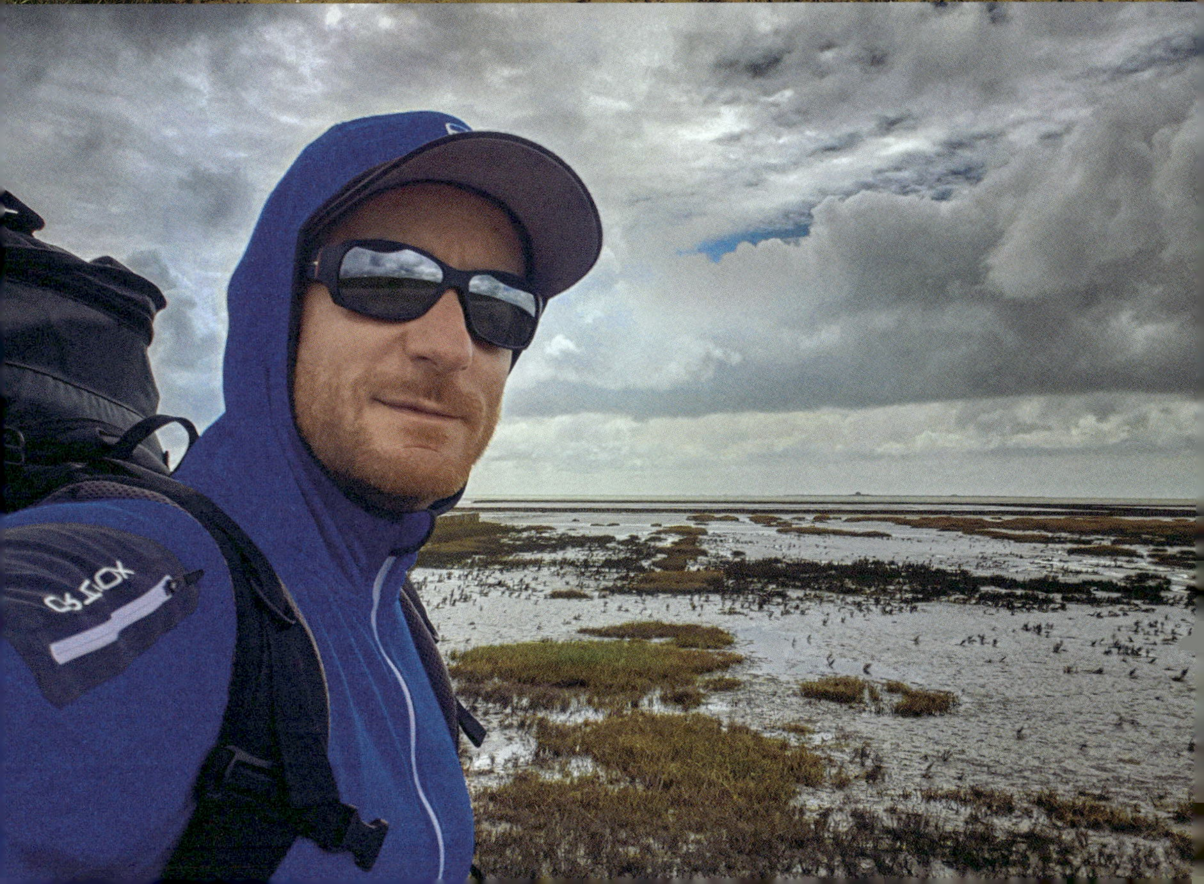

# Schmerzen und Hunger

Bereits an den ersten Tagen meiner Wanderung bildeten sich erste Blasen an meinen Füßen. Ich sollte noch lange damit zu kämpfen haben. Das wunderte mich sehr, da ich solche Probleme von vorangegangenen Touren nicht kannte. Leider gibt es kein Patentrezept gegen Blasen. Egal, wie sehr man sich durchs Netz googelt, man findet zwar Tipps wie doppelte Socken, Trailrunning-Schuhe etc., doch jeder Mensch und jeder Fuß sind anders. Ich gewöhnte mich schnell an das übliche Prozedere: Blase aufstechen und desinfizieren, Pflaster mit einem Stück Binde verstärken und ran an die zerriebene Stelle. In den folgenden Wochen testete ich wirklich alles, was ich je darüber gehört oder gelesen hatte, bis ich mir fest vornahm, die Schmerzen zu ignorieren, egal, wie sehr es brannte. Ich beobachtete mich sogar bei Selbstgesprächen, die nur um die schmerzenden Stellen kreisten, was der Sache nicht gerade förderlich war. Mit Ignoranz hoffte ich, die betroffenen Stellen früher oder später abzuhärten und konzentrierte mich auf andere Körperteile, um meine Gedanken in eine andere Richtung zu lenken. Irgendwann gelang mir das ganz gut. Am Ende half völlig unerwartet mein gefühlt dreißigstes Paar neue Einlegesohlen, das ich auf der Tour ausprobierte.

Auf einer kleinen Landzunge bei Dagebüll, direkt gegenüber der Insel Föhr, übernachtete ich auf einem Campingplatz. Meine Füße sehnten sich nach einer Erholung und ich mich nach einer warmen Dusche und einem guten Essen. In der Nähe meines Schlafplatzes, den ich weit abseits der vielen Wohnwagen auswählte, stand ein weiteres Zelt. Es dauerte nicht lange, und der langhaarige, vollbärtige Besitzer des Zeltes kam in auffällig bunter Outdoor-Kleidung auf mich zu. Er war begeisterter Bergsteiger und gönnte sich eine Auszeit von seiner Heimatstadt Wien, da er endlich mal das Flachland erkunden wollte. Ihm ging es wie mir mit der Nordsee. Nie hatte es ihn von den Bergen weggezogen, da er sich einfach nicht vorstellen konnte, dass es an der

See etwas Spannenderes als Wasser zu sehen geben könnte. Nun war er froh, das Experiment gewagt zu haben, und begeistert von der Weitsicht, die ihm diese Landschaft bot. Wir tauschten uns ausgiebig über unser Outdoor-Equipment aus und fachsimpelten über diverse Ausrüstungsgegenstände, die auf so einer Tour sinnvoll oder auch weniger sinnvoll sind. Da ich annehme, dass viele Leser*innen sich für das Equipment interessieren, das ich auf solch einer Tour auf meinem Rücken trage, hier ein kleiner Einblick in meine Outdoor-Ausrüstung:

KLEIDUNG
- Unterhose
- Socken
- T-Shirt langärmlig
- Merino-Hoodie
- Polartec-Hoodie
- Daunenjacke
- Regenjacke
- Regenponcho

SCHLAFEN
- Doppelwandzelt inklusive Unterlegplane, Gestänge und sechs Heringe
- Aufblasbare Isomatte
- 3–4 Jahreszeiten Schlafsack

KOCHEN
- Wasserdichter Packsack
- Titanium-Topf
- Gaskocher
- Gaskartusche
- Löffel
- Wischtuch
- Zwei 2,5-Liter-Wassersäcke
- Selbstgebauter Duschaufsatz
- Wasserfilter
- Feuerzeug
- Multifunktionsmesser

PFLEGE
- Wasserdichter Packsack
- Zahnbürste und Zahnpasta
- Sonnenschutz
- Biologisch abbaubares Waschmittel
- Acryl-Spiegel
- Nagelzwicker
- Ohrenstäbchen
- Handspiegel
- Rasierapparat
- Toilettenpapier
- Handtuch

ERSTE HILFE
- Verbandsmaterial
- Pflaster
- Schmerzmittel
- Entzündungshemmer

REPARATUR
- Reparaturset Zelt
- Reparaturset Isomatte
- Drei Meter Paracord
- Nähzeug

LUXUS
- Outdoor-Kopfkissen
- Campingstuhl
- Schlafmaske
- Ohropax

In Husum nahm ich mir ein Hotelzimmer. Ich wachte auf einer Matratze auf, in der ich schlichtweg versank. Ich hatte das Gefühl, auf einem Marshmallow zu schlafen, was keineswegs meinem Bedürfnis nach einer wohltuenden Schlafunterlage entsprach. Egal. Ich machte mich frisch und peilte voller Vorfreude den Frühstücksraum an. Bei einem Übernachtungspreis von 89 Euro hatte ich mir fest vorgenommen, so viel wie möglich in mich hineinzuschaufeln. Da lohnt es sich doch, gleich Brote für unterwegs vorzubereiten. Gesagt, getan. Vier Brötchen, Unmengen Obst und zwei Stullen in Servietten verpackt, fielen für mich als Vorrat ab. Jetzt fühlte ich mich gut und konnte auch über den Preis schmunzeln. So satt war ich schon seit Tagen nicht mehr. Eigentlich plagte mich auf der gesamten Reise ein ständiges Hungergefühl. So viele Kalorien, wie ich verbrannte, konnte ich gar nicht aufnehmen, geschweige denn in meinem Rucksack mit mir herumschleppen.

Verpflegung für vier bis fünf Tage hatte ich immer im Rucksack dabei. So konnte ich eine Zeit lang in der Natur bleiben und mich von der Zivilisation fernhalten. Morgens gab es einen Apfel und eine Schüssel Müsli. Damit es nicht zu trocken ist, vermischte ich es mit einem »Obstquetschi« und ein wenig Wasser. Quetschis sind eigentlich eine ökologische Katastrophe, und es ist mir ein Rätsel, warum Menschen 90 Gramm zerquetschtes Bio-Obst in Kunststoffverpackung zum Auslutschen kaufen. Als Outdoor-Proviant sind sie allerdings optimal. Die Zwischenmahlzeit bestand aus zwei Scheiben Brot mit Tomaten und einem Gemüse-Aufstrich. Noch zwei, drei Powerriegel am Tag und abends eine Fertignudelsuppe. In meinem Fall sollte es vegan, zumindest vegetarisch sein.

Hin und wieder bietet auch die Natur unterwegs verschiedene Köstlichkeiten, die man direkt vom Baum oder vom Busch pflücken und essen kann. Allerdings sollte niemand denken, dass man davon satt wird. Definitiv nicht. Ich habe in den 165 Tagen meiner Wanderschaft mindestens zwölf Kilo abgenommen. Obwohl ich mich, sobald sich ein Café oder Ähnliches bot, mit Kuchen und Eisbechern vollgestopft habe. Zwei Stück Torte und ein Eisbecher waren auf der Tour keine Seltenheit. Auch in den Ortschaften, in denen ich mir eine Unterkunft nahm, suchte ich gezielt nach Restaurants, die meinen gefühlt ständig leeren Magen bis zum Bersten füllten.

# Wind und Wetter

Bei Ostenfeld machte ich Rast unter einem Windrad. Irgendwie war das spannend, da ich schon immer mal ganz nah an so ein Ding heranwollte. Erst wenn man direkt darunter steht, realisiert man, was für monströse Bauwerke das sind. In der ganzen Gegend waren die Windräder zu sehen, und alle rotierten fleißig, um Strom zu erzeugen. Bis auf das, unter dem ich saß. Aber das war gut so, denn die Dinger machen auch ordentlich Lärm. Grundsätzlich genieße ich lieber den Blick in die Ferne, ohne dass er am Horizont von Stromerzeugern gestört wird. Auf der anderen Seite bin natürlich auch ich an erneuerbaren Energien interessiert und halte sie für eine vernünftige Alternative zu fossilen Brennstoffen. Eines der Hauptargumente gegen Windräder ist der Vogelschlag. Jährlich sterben dadurch wohl zwischen 50 000 und 100 000 Vögel. Betrachtet man jedoch andere Zahlen, relativiert sich die Zahl schnell. Alleine durch Kollisionen im Bahn- und Straßenverkehr kommen jährlich etwa 70 Millionen Vögel um. Durch Glasscheiben an Gebäuden sind es alleine in Deutschland sogar 100 Millionen. Der Vogelschlag durch Windräder ist wiederum problematisch, da es häufiger seltene Arten trifft wie zum Beispiel den Rotmilan oder Fledermäuse. Weitere Störfaktoren sind der Lärm, erzeugter Infraschall, Schattenwurf oder die Veränderung des Landschaftsbildes. Einerseits sollten diese Probleme in meinen Augen nicht ignoriert werden. Andererseits ist in unserer Gesellschaft eine weitaus schlimmere Lärmbelästigung in anderen Bereichen allgegenwärtig. Das durch Windkraftanlagen veränderte Landschaftsbild ist auch mir ein Dorn im Auge, jedoch empfinde ich die Erweiterung des Acker-, Städte- und Straßenbaus ebenso wenig als Augenweide. So nehme ich also lieber diese durchaus berechtigten Einwände in Kauf, als weiterhin auf fossile Energie zu setzen. Der Mensch hat sich nun mal auf diesem Planeten breit gemacht und benötigt Energie. Daher müssen wir mit der bisher bestmöglichen Erzeugung leben, denn darauf verzichten können wir alle nicht.

Regen ließ in diesen Tagen nie lange auf sich warten. Vier Kilometer vor Hollingstedt waren meine Klamotten, vor allem meine Hose, so durchnässt, dass ich mir für die kommende Nacht eine Unterkunft suchen wollte. Vor dieser Tour habe ich bei der Vorbereitung bewusst auf eine Regenhose verzichtet. Als meine Wanderhose nur noch wie ein nasser Lappen an mir herunterhing, fragte ich mich allerdings, auf was für komische Ideen ich manchmal komme, nur um Gewicht zu sparen. Keine Regenhose, aber Kissen, Stuhl und Kameradrohne. Ich nahm mir vor, die Hose bald aus Leipzig nachschicken zu lassen. Das setzte ich allerdings nie in die Tat um, und würde sie nun – nach Abschluss der Reise – auch beim nächsten Mal zu Hause lassen.

Im Schutz des Daches einer Bushaltestelle bemühte ich mich, über mein Smartphone eine Unterkunft in Hollingstedt ausfindig zu machen, was mir nicht gelang. Daraufhin rief ich in einer Gaststätte an und fragte, ob man mir dort weiterhelfen könnte. Der Frau, mit der ich telefonierte, meinte: »Vielleicht vermietet Frau Pepper noch.« Im Netz fand ich die Nummer von besagter Frau Pepper und rief sofort an. Sie klang zunächst nicht begeistert, da das Zimmer nicht herge-

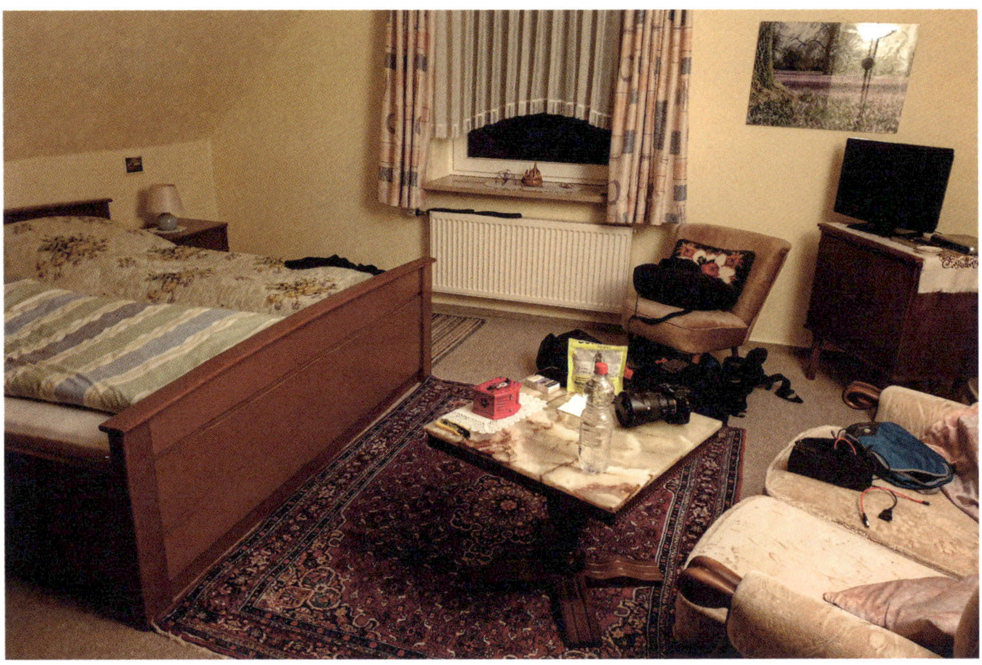

Nach einem regenreichen Tag bekomme ich trotz anfänglicher Schwierigkeiten doch noch eine sehr gemütliche Unterkunft, um mich und meine Kleidung zu trocknen.

richtet sei. Nach einem kurzen Plausch und der Versicherung, keine hohen Ansprüche zu haben, sagte sie schließlich zu. Kurz vor Ende des Gesprächs fragte ich noch nach dem Preis für die Nacht. »Ich nehme 25 Euro«, antwortete Frau Pepper. Ich dachte, ich höre nicht recht, tat aber unbeeindruckt und freute mich. Selbst wenn die 25 Euro nur für eine Nacht in der Garage gewesen wären, hätte ich sie in diesem Moment gern bezahlt.

Eine Stunde später klingelte ich völlig durchnässt bei Frau Pepper, die mir gleich meinen Poncho abnahm, um ihn zum Trocknen in den Fahrradschuppen zu hängen. Mit den Worten »Ach, hätten Sie doch gleich gesagt, dass Sie Wanderer sind, dann hätte ich sofort zugesagt. Bei Radfahrern und Wanderern sage ich niemals nein«, bat sie mich herein und zeigte mir das Zimmer. Alles ein wenig in die Jahre gekommen, aber sehr gemütlich. Was will man mehr? Ich mochte Frau Pepper, da sie so zurückhaltend und bescheiden wirkte. Auch als ich ihr 30 statt der ausgemachten 25 Euro in die Hand drückte, wollte sie diese erst gar nicht annehmen. Dabei war die Pension weitaus behaglicher und das Bett weniger durchgelegen als in dem teuren »Marshmallow«-Hotel in Husum.

Im Anschluss fragte ich noch, wo ich im Dorf essen gehen kann. Dabei dachte ich an die Gaststätte, deren Mitarbeiterin mir den heißen Tipp mit Frau Pepper gegeben hatte. Meine Vermieterin verneinte. Das Wirtshaus habe nur am Wochenende geöffnet. Im gleichen Atemzug bot sie mir Brot, Mettwurst und Käse an. Das Einzige, was sie vorrätig hätte. Ich schloss Frau Pepper immer mehr ins Herz, lehnte aber dankend ab und erwähnte, noch Brot im Rucksack zu haben. Ich wollte ihr nicht unnötig zur Last fallen, war ich doch schon froh, dass ich überhaupt bei ihr übernachten konnte. Zugegeben, mein Brot blieb an diesem Abend im Rucksack. Stattdessen packte ich den Kocher aus und kochte mir im Zimmer eines meiner Fertiggerichte. Zum Glück gab es dort einen Tisch mit Steinplatte. Auf dem Teppich hätte ich den Kocher nur ungern angeschmissen.

# Erste Begegnungen

Ich lief, bis ich in Groß Rheide an einem Bäcker vorbeikam. Mein Bauch freute sich riesig auf zwei Stück Kuchen und eine Rumkugel, die mir aus der Theke sofort ins Auge stachen. Perfektes Frühstück. Vor dem Bäcker lungerten ein paar Jugendliche herum. Ich fiel ihnen scheinbar besonders auf, woraufhin eine ungefragte Frage-Antwort-Runde startete: »Woher, wieso, weshalb, warum, wohin?« Auch wenn ich in Gedanken nur bei meinem Kuchen war, schwatzten wir kurz. Sie stellten unzählige Fragen, und ich kam mir vor wie im Geografieunterricht: »Kennst du den Schwarzwald? Kennst du die Sächsische Schweiz? Kennst du dies? Kennst du jenes? Und warst du da schon?« Artig beantwortete ich jede einzelne. Als ich dann wiederum fragte, ob einer von ihnen denn schon mal an einem der genannten Orte war, kam ein kurzes »Nö!« Eine seltsame Unterhaltung. Dennoch freute es mich, dass ihnen diese Orte zumindest bekannt waren. Und dann musste ich wieder los, denn mein Magen knurrte wie wild. Ich konnte es kaum noch erwarten, meinen Kuchen zu verschlingen.

Weiter ging es durch Kropp, vorbei am Owschlager See – die Orte in der Gegend trugen seltsame Namen – bis zum Nord-Ostsee-Kanal, dessen Ufer ich nun folgte. Wie der Name schon sagt, verbindet der Kanal Nord- und Ostsee und gehört weltweit zu den meistbefahrenen künstlichen Wasserstraßen. Ich hatte gelesen, dass pro Jahr etwa 30 000 Schiffe diesen Kanal passieren. Gleichzeitig wunderte ich mich, warum ich seit Stunden kein einziges Schiff gesehen hatte, als der erste Frachter plötzlich am Horizont auftauchte. Als hätte ich sie mit meinem Gedanken heraufbeschworen, tuckerten ab diesem Mo-

Bei meiner Ankunft am See im Naturschutzgebiet Ahrensee und nordöstlicher Westensee war es noch beschaulich und ruhig. Das sollte sich am kommenden Morgen ändern.

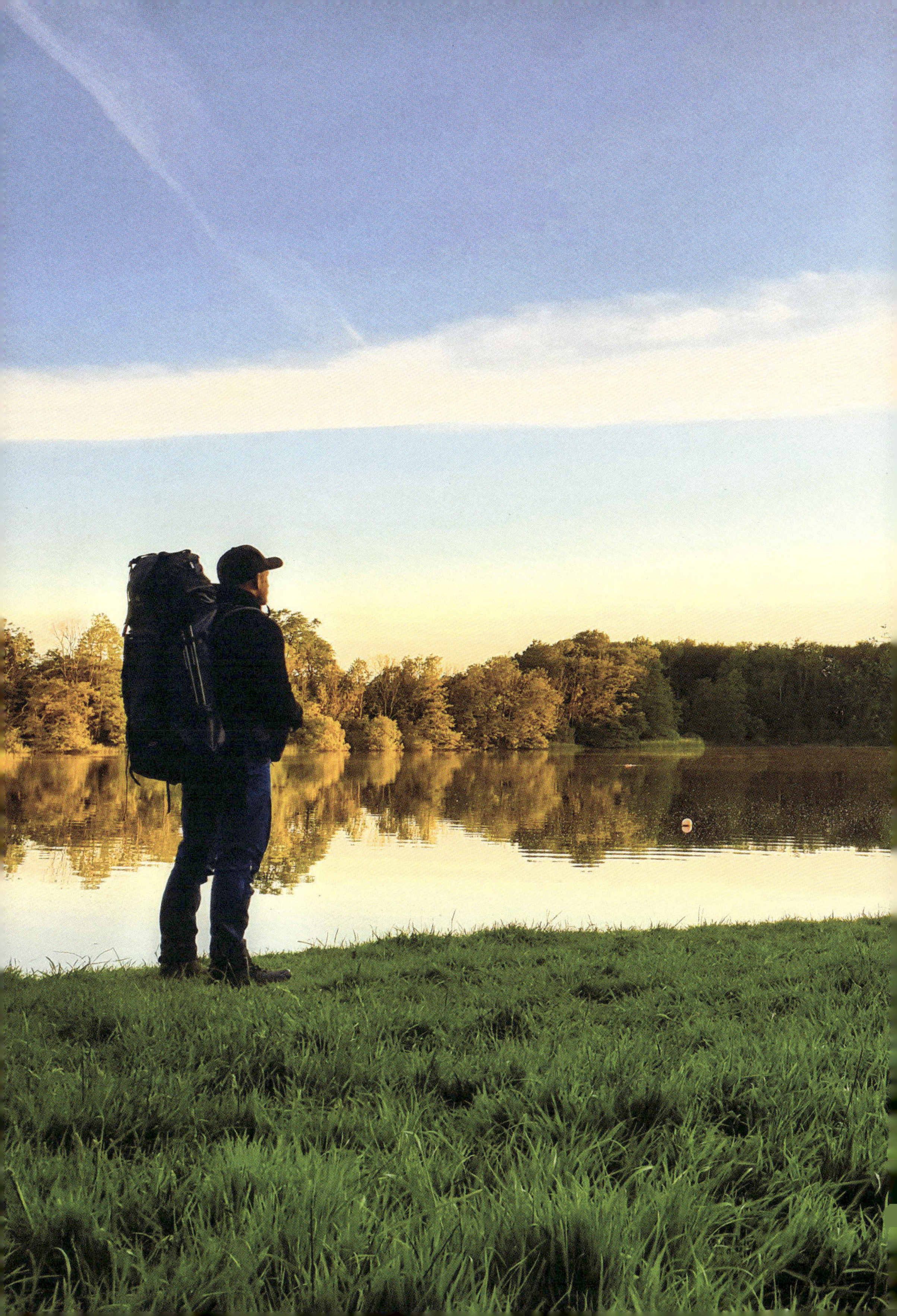

ment vom kleinen Segler bis zum monströsen Frachter die Schiffe im Minutentakt an mir vorüber.

Bei Sehestedt wollte ich die Nacht verbringen, um dort am nächsten Morgen die Fähre über den Kanal zu nehmen. Also plante ich, bis Sehestadt zu laufen, mir dort Wasser zu besorgen und irgendwo in der Nähe zu übernachten. Ich hatte den Gedanken noch nicht zu Ende gedacht, als mich ein junger Mann fragte, ob er helfen könne. Ich antwortete, dass ich gerade nach Wasser und einem Schlafplatz Ausschau halte. Er erklärte, nicht weit von hier zu wohnen. Ich könne gern Wasser von ihm haben. Kurz darauf bot er mir auch seine Couch an, von der er mich allerdings um 5 Uhr verjagen müsse, um zur Arbeit zu gehen. Das ist definitiv nicht meine Zeit, um aus dem Bett zu springen oder auch nur die Augen aufzumachen. Nach einem freundlich ablehnenden Dankeschön lief ich trotzdem mit ihm und füllte meinen Wasservorrat auf. In seiner Wohnung bot er mir noch Brot an und fragte, ob er sonst noch etwas für mich tun könnte. Aber mit dem Wasser war ich schon wunschlos glücklich. Er erzählte mir noch, dass in seiner Nachbarschaft wohl mal ein Mann gewohnt hat, der die Legida-Demos in Leipzig mitorganisierte. Diese Information hatte zur Folge, dass wir die Europawahl vom 26. Mai 2019 auswerteten, bei der die AfD in Sachsen mit 25,3 Prozent gewonnen hatte. Ich war beruhigt, dass ihn das ebenso schockierte wie mich.

Als ich von einem Trampelpfad aus durch ein Gebüsch trat, eröffnete sich mir ein herrlicher Blick über den Ahrensee. Mir war sofort klar, dass ich die perfekte Stelle für die Nacht gefunden hatte. Nachdem mein Zelt aufgebaut und das Lager eingerichtet war, hüpfte ich ins kühle Nass. Was heißt kühl? Arschkalt war es. Aber es tat gut. Dann setzte ich mich ans Ufer und entspannte. Bald darauf hörte ich Stimmen. Ein junges Pärchen kam aus dem Gebüsch, wo auch ich kurz vorher gewesen war. Zum Glück hüpfte ich nicht mehr nackt in der Gegend umher. Die beiden grüßten zwar freundlich, waren aber sicher weniger erfreut, dass ausgerechnet an dieser Stelle bei Einbruch der Dunkelheit noch jemand vor Ort war. Da sie in ihrer Zweisamkeit etwas Abstand suchten und ich gerade entfernt von meinem Zelt saß, machten sie es sich genau vor der Nische meines Zeltes bequem, was sie offensichtlich gar nicht wahrnahmen. Das traf sich gar nicht gut, denn ich wollte bald zum Zelt gehen, um dort mein Abendbrot zuzubereiten. Ich wartete noch etwas, tat dann, was getan werden musste, ging zum Zelt und entschuldigte mich, dass ich die beiden jetzt stören müsse, weil ich nämlich heute Nacht hier wohne und mein Essen im Zelt liege. Das Mädel, sehr locker und freundlich, sagte, dass sie sich nicht gestört fühle, wünschte einen guten Appetit und schon einmal vorsorglich eine gute Nacht. Ich bezweifelte, dass ihre Begleitung das auch so entspannt sah. Daraufhin dauerte es auch nicht lang, und die beiden brachen auf. Wir verabschiedeten uns mit ein paar netten Worten. Nun war ich allein der kalten Nacht überlassen. In meinem Schlafsack spürte ich davon nicht viel. Zusätzlich lag ich auf einer weichen Unterlage aus hoch gewachsenem Gras und schlief wunderbar bis zum Morgen, der mich mit überraschend grauem Himmel und anhaltendem Dauerregen begrüßte.

Der Tag war für Regen denkbar ungünstig, denn ich konnte nicht den ganzen Tag im Zelt am See verbringen. Bis auf ein Frühstück war nichts Essbares mehr im Rucksack zu finden. Hätte ich nur nicht all die leckeren Powerriegel, die ich am Vortag vorsorglich in einem kleinen Laden gekauft hatte, schon am Vorabend als Nachtisch verschlungen! Und dann traf mich noch eine Erkenntnis wie ein Blitz: Heute war Feiertag, Christi Himmelfahrt. Es steuerten also die üblichen Himmelfahrtskommandos auf Testosteron und Alkohol durch die Landschaft, um sich selbst bis zum Umfallen zu feiern.

Ab zehn Uhr morgens war dann rings um den See auch die Hölle los. Von den Ufern drang übersteuerte Technomucke – K.I.Z., die Böhsen Onkelz, Trailerpark – und dazu grölende Männerchöre über den See. Ich mag diese Bands. Ich habe auch nichts gegen feiernde Menschen. Doch wenn man gerade in einem ganz anderen Film sitzt, der noch dazu am Ufer eines idyllischen Sees spielt und dann im Gegenzug die angetrunkene Menge hört, die den freien Tag als Aufforderung begreift, so richtig die Sau rauszulassen, drängt sich einem schon die Frage auf, ob die Menschheit noch zu retten ist. In der Befürchtung, eine der Dorfgangs könnte sich zu mir verlaufen, mit der Absicht, in meinem Zelt feuchtfröhlich weiterzufeiern, packte ich – klitschnass wie ich war – alles zusammen und machte mich auf Richtung Kiel.

# Wildcampen mit Vierbeinern

In Kiel suchte ich mir am Abend einen gemütlichen Italiener, um dort genüsslich zu speisen. Das Restaurant war, um es milde auszudrücken, sehr geräumig. Bereits beim Eintreten war es recht leer. Kurz darauf verabschiedeten sich auch die letzten Gäste, und ich war völlig allein in dieser riesigen Lokalität. Aus den Lautsprecherboxen plätscherte mir eine italienische Schmonzette nach der anderen entgegen, sodass ich mir so allein schon etwas fehl am Platz vorkam. Ich hätte laut loslachen können. Aber ich wollte den Kellner nicht irritieren oder verärgern. Wenn die Bilder der unzähligen Mafiosi an den Wänden zu seiner Familie gehörten, stand mir nicht der Sinn danach, mich mit ihnen anzulegen. So zog ich gesittet mein Abendmahl durch, bevor es raus in die Nacht ging.

Die Hafenstadt Kiel erinnerte mich von ihrem Flair tatsächlich ein wenig an Leipzig. Mit 250 000 Einwohnern ist es keine hektische Großstadt. Irgendwie schien alles ziemlich entspannt abzulaufen, und sobald man die Stadtgrenze erreicht, befindet man sich mitten in der Natur. Das ist städtisch gesehen genau nach meinem Geschmack. Kiel ist Landeshauptstadt, bevölkerungsreichste Stadt Schleswig-Holsteins und gilt seit 1900 als Deutschlands nördlichste Großstadt. Bekannt ist der Ort unter anderem für die internationale Segelwoche »Kieler Woche«, die schmackhaften »Kieler Sprotten« und nicht zuletzt, weil hier mit ThyssenKrupp Marine Systems die größte deutsche Werft ansässig ist.

Vorbei am Wellsee, durch das Landschaftsschutzgebiet Klosterforst sowie den Ort Preetz, gelangte ich in den Schellhorner Ortsteil Sophienhof. Dort befindet sich die kleine denkmalgeschützte Kapelle gleichen Namens. Der Eingangsbereich der Kapelle Sophienhof besteht aus einer kleinen Vorhalle mit drei offenen Arkadenbögen. Als ich gerade überlegte, darunter meine Isomatte auszubreiten, hielt plötzlich ein Auto, und ein Mann stieg aus. Es war Achim Caspar, der

Küster, der nur noch schnell etwas in der Kapelle ablegen wollte. Er erzählte von vielen Pilgern, die er hier schon getroffen habe. Das läge wohl darin begründet, dass dieser Weg als Teil des deutschen Jakobsweges ausgeschildert sei. Eine Pilgerin hätte im vorherigen Jahr ihr Zelt in seinem Garten aufgeschlagen. Genau das bot er mir nun auch an. Er wohne nur 250 Meter weiter die Straße hoch. Wenn ich wollte, könne ich gern seine Wiese in Anspruch nehmen. Außerdem besäße er im Garten eine Außentoilette mit Waschbecken, die ich ganz für mich alleine hätte. Kurze Zeit später stand ich auch schon auf seinem Grundstück. Es lag am Dorfrand und bot einen herrlichen Ausblick auf die umliegende Hügellandschaft. Der Platz war traumhaft.

An meinem nächsten Schlafplatz am Vierer See bei Plön verbrachte ich die Nacht nicht ganz allein, da ich auf dem Weg zum See eine weitere Begegnung hatte, die mich nun neugierig auf Schritt und Tritt verfolgte. Ein ganzes Stück vor dem See, mitten auf dem Wanderweg, standen plötzlich zwei Pferde. Ich näherte mich und gab mit Streicheleinheiten zu verstehen, dass ich mich über ihre Anwesenheit tierisch freute. Das schien ihnen zu gefallen. Sie liefen nun hinter mir her bis zum See und sogar zu meinem auserwählten Schlafplatz. Als ich mich niederließ, blieben sie die ganze Zeit in meiner unmittelbaren Nähe, zeigten offen ihre Neugier und schnüffelten und knabberten alles an, was ich auspackte. Auch als ich am Abend mein Essen zubereitete, stand eines der Pferde die ganze Zeit neben mir, blickte mit seinem riesigen Kopf auf mich herab, nur etwa 20 Zentimeter von meinem entfernt. Wenn ihm danach war, knabberte es an meinem Basecap oder an meinem Handtuch, das hinter mir im Baum zum Lüften hing. Ich freute mich, dass sie so zutraulich waren. Allerdings fragte ich mich auch, zu wem die beiden wohl gehörten. Vermisste die Pferde nicht irgendwer? Sie trugen weder Halfter noch Ähnliches. Später genoss ich mit den neuen Kumpels an meiner Seite den traumhaften Sonnenuntergang am anderen Ufer des Sees, legte mich schlafen und war am nächsten Morgen hocherfreut, als ich von den niedlichen Vierbeinern in den neuen Tag begrüßt wurde.

---

Folgende Doppelseite
Am Vierer See bei Plön in der Holsteinischen Schweiz war ich nicht ganz allein und genoss die Gesellschaft von Vierbeinern, die mich auf Schritt und Tritt verfolgten.

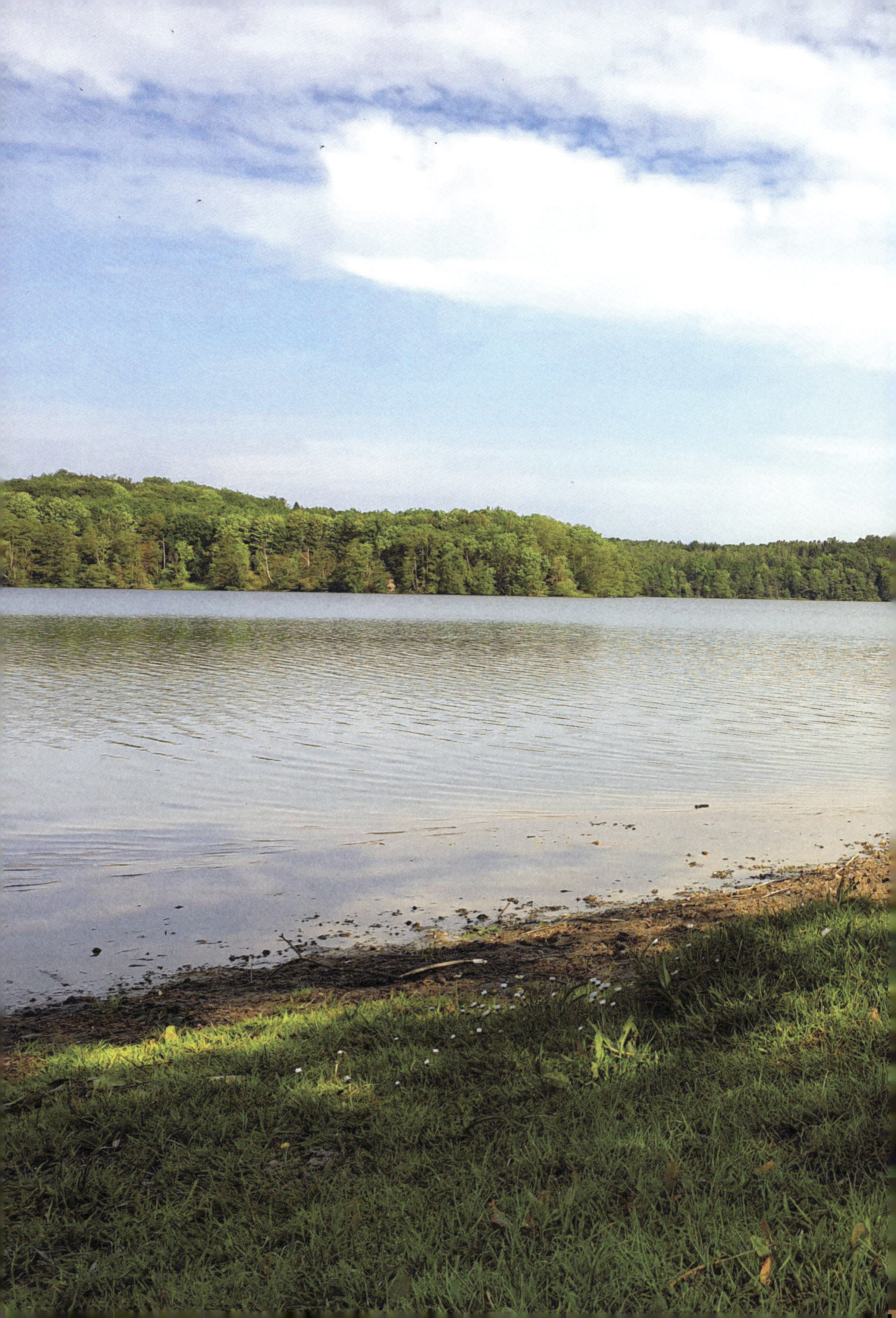

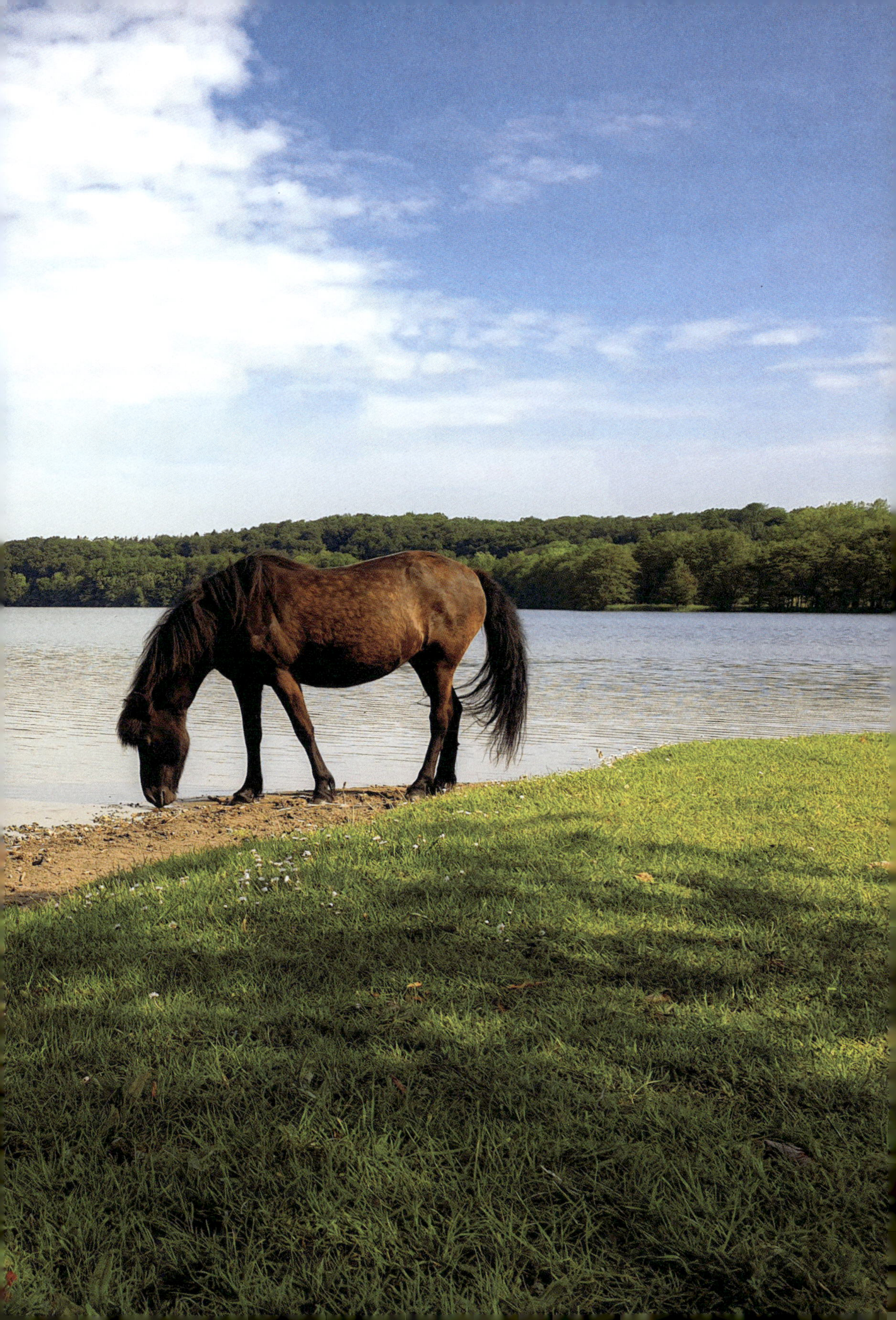

Bereits bei einer Pause hatte ich mir, kurz hinter Ahrensbök an einem See, mein Tagesziel gesetzt. Nachdem ich mir im Ort noch einen üppigen Karamelleisbecher gegönnt und am letzten Haus des Ortes meine Wasserbeutel befüllt hatte, lief ich zu meinem Schlafplatz. Dort angekommen, wurde ich allerdings von übergroßen Verbotsschildern begrüßt. Die mir deutlich machten, dass der Pächter des Angelgewässers offensichtlich keinen Spaß versteht, wenn es um unerlaubtes Betreten des Areals geht. Da wurde mit Anzeige auf den Schildern gedroht, und selbst auf dem Feldweg war eine Schranke nicht nur für Autos angebracht. Ich muss allerdings zugeben, dass mich ein übliches Verbotsschild nicht sonderlich beeindruckt. Jeder mag darüber denken, was er will. Ich bin einfach weit davon entfernt einzusehen, dass mir irgendjemand das Betreten der Natur verbieten kann. Die Wiese, das Feld, der Wald oder Strand existierten lang, bevor sich jemand einbildete, jene nur Auserwählten zugänglich zu machen. Es ist traurig, dass es überhaupt Gesetze gibt, die Menschen verbieten, in der Natur zu schlafen, die uns doch allen gehört und in der wir uns individuell bewegen können sollten. Ich glaube gut zu wissen, wie

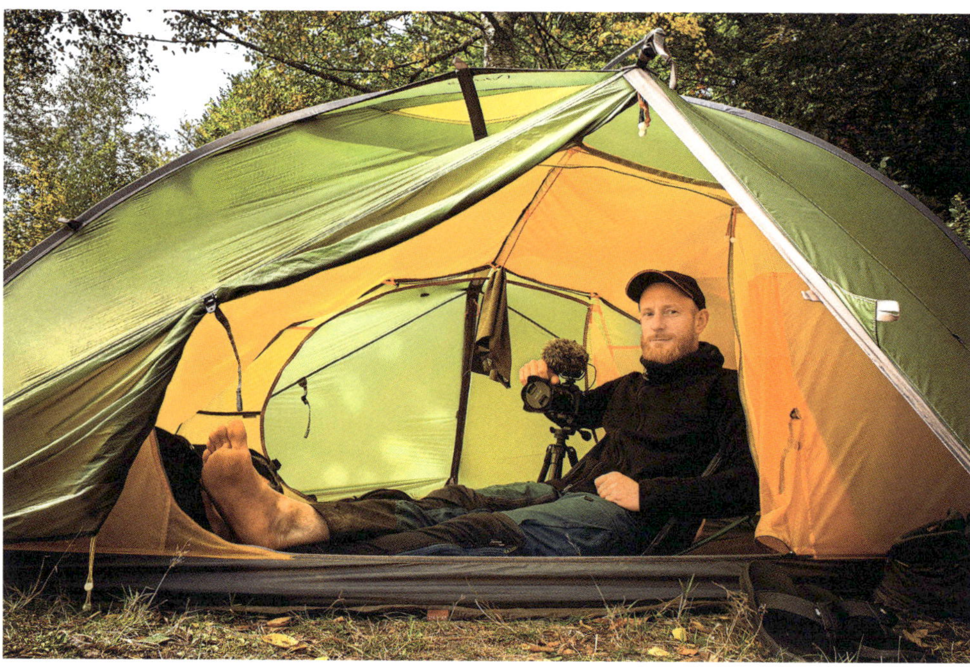

Beim Wildcampen und auch allgemein in der Natur sollte das Motto immer lauten: Nimm nichts mit außer Eindrücken, und hinterlasse nichts außer deinen Fußspuren.

man sich in der Natur zu benehmen hat, mit welcher Vorsicht und welchem Respekt man ihr begegnen sollte. Es ist für mich sonnenklar, dass der Müll nicht zurückbleibt, man in Trockenzeiten kein Lagerfeuer entfacht, sich in Naturschutzgebieten besonders achtsam bewegt oder anderer Leute Privatsphäre respektiert. Bis auf den Abdruck meines Zeltbodens wird am nächsten Tag niemand erahnen können, dass ich überhaupt vor Ort war. Auf der Welt gibt es weiß Gott schlimmere Dinge als einen umweltbewussten Naturfreund, der gern unter freiem Himmel übernachtet und nichts außer seinen Fußspuren zurücklässt. Oft begegnet mir an dieser Stelle das Argument: Wenn das alle machen würden! Aber wie wir alle wissen, machen das nicht alle. Wie oft trifft man schon mal im Wald einen Menschen, der dort sein Lager aufgeschlagen hat? Eigentlich nie. Und selbst wenn, wäre das für unsere Umwelt wahrscheinlich immer noch bedeutend gesünder, als tagtäglich jeden Meter mit dem Auto zurückzulegen, sich zu Hause an die Fernwärmeheizung zu kuscheln oder Strom aus Kohlekraftwerken zu verballern, um sich die neusten Abenteuer des »Dschungelcamps« ins Gehirn zu pressen. Aber nun ja, jeder wie er mag. Ich mag es nun mal, von Zeit zu Zeit draußen unterwegs zu sein und die Natur als mein Zuhause zu begreifen. Dennoch hatte ich in diesem speziellen Fall keine Lust auf sinnlosen Stress. Und da an dem See irgendwer sehr vehement und eindeutig versuchte »Eindringlinge« fernzuhalten, beeindruckte auch mich das. Ich zog weiter.

Kurz vor Einbruch der Dunkelheit fand ich dann einen guten Platz am Rand eines Waldes, der sich als wahres Naturerlebnis herausstellte. Bei dem Geräuschpegel, den die Tierwelt in dieser Nacht dort verursachte, wurde ich das Gefühl nicht los, dass sich das gesamte Wild des Nordens in diesem Wald versammelt hatte. Sobald ich ein etwas lauteres Geräusch machte, sprang irgendetwas aus irgendeinem Gebüsch oder hinter einem Baum hervor und floh erschrocken in die Dunkelheit. Gesehen hatte ich nichts, da es im Wald natürlich unheimlich finster war. Außer den Geräuschen um mich herum nichts als Schwarz.

---

Folgende Doppelseite
Am Owschlager See fand ich einen traumhaften Platz für mein Nachtlager und ließ für meinen Dokumentarfilm »Deutschland zu Fuß« vor der Kamera die letzten Tage Revue passieren.

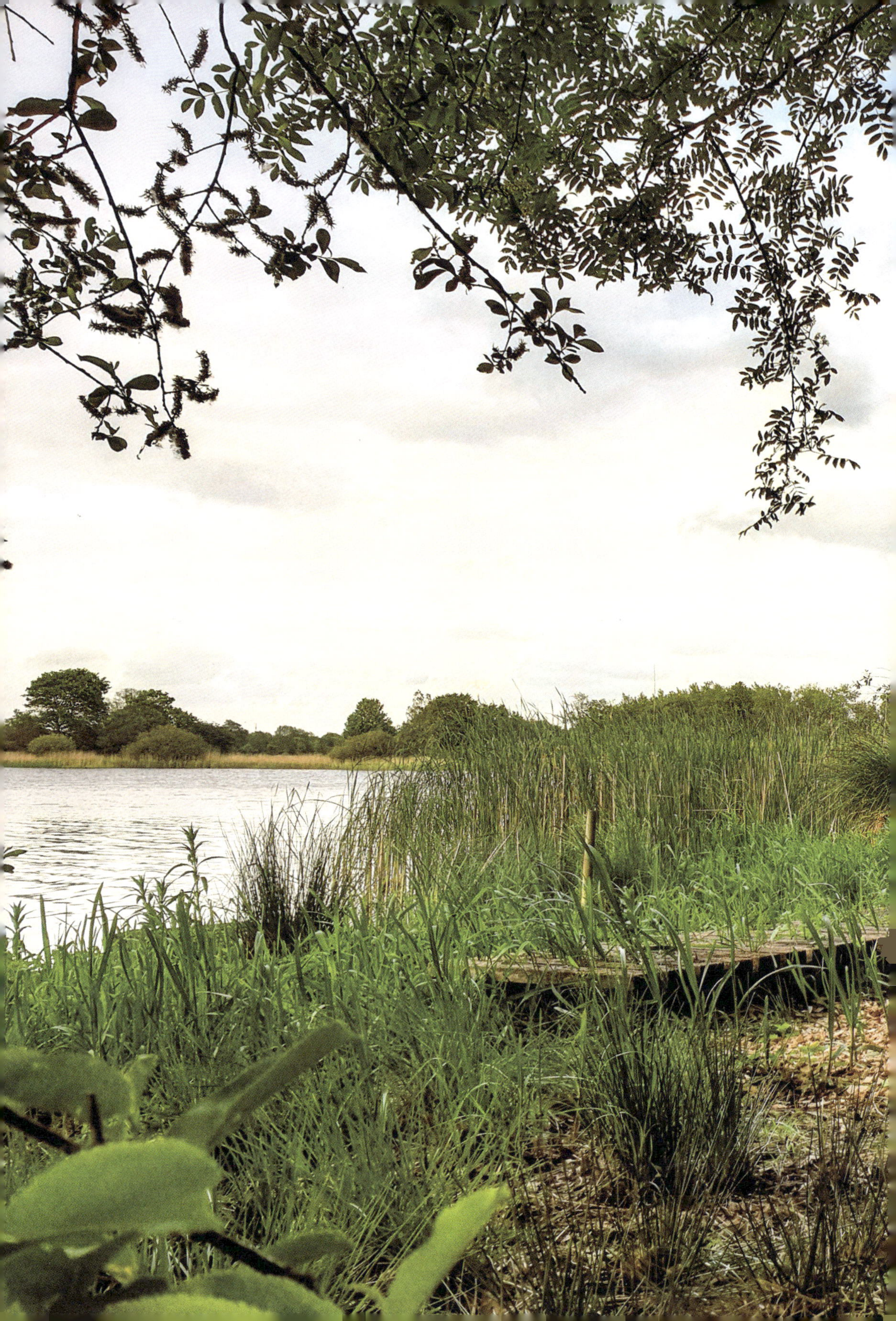

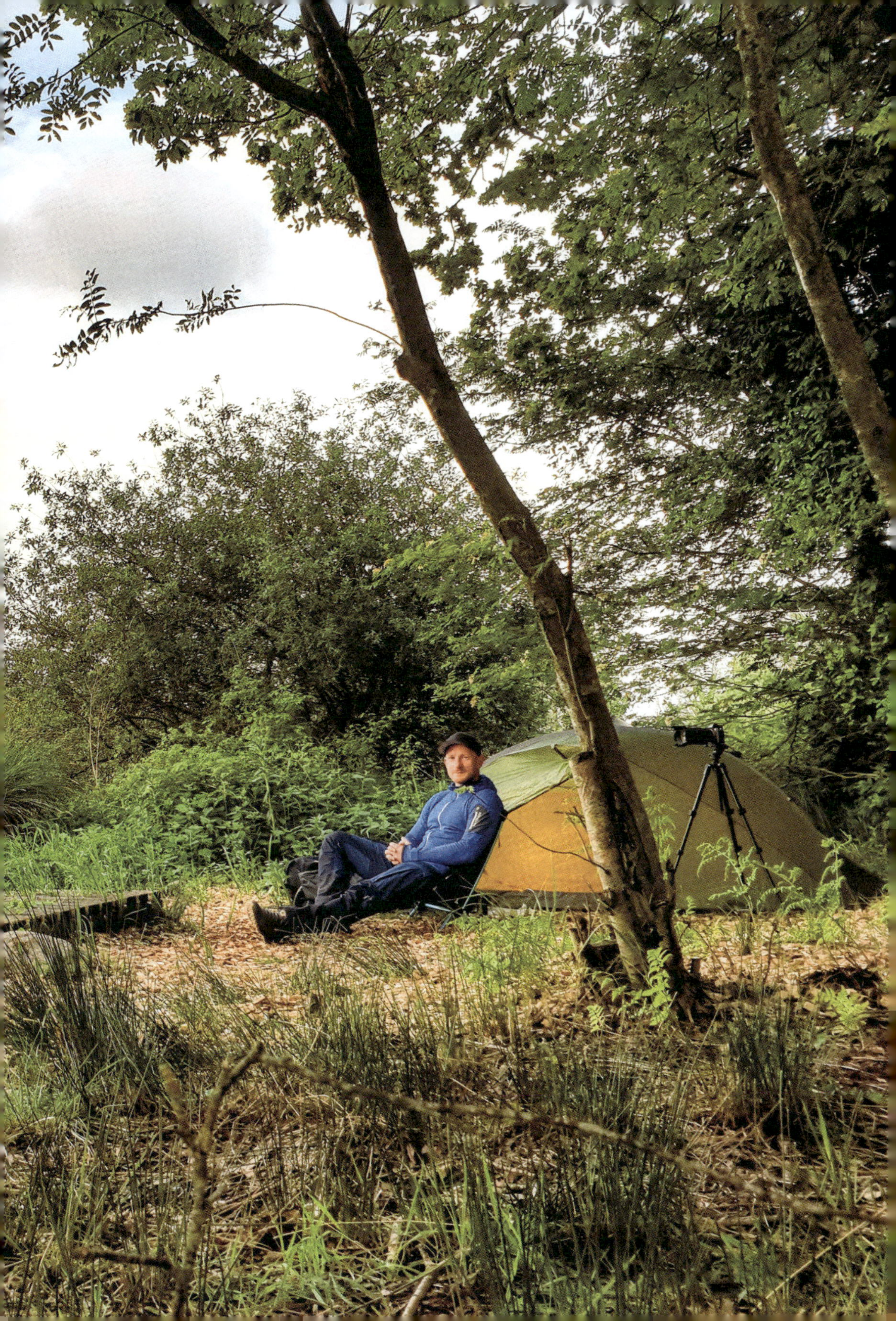

# Abenteuer Schlafplatzsuche

Mein Weg nach Lübeck verlief auf einem asphaltierten Fahrradweg. In Abständen setzte immer wieder Regen ein. Durch die Hitze konnte die Regenjacke entspannt im Rucksack bleiben, war meine Kleidung doch ohnehin von Schweiß durchnässt. Da ich bereits am Vortag in Lübeck eine Unterkunft für zwei Nächte gebucht hatte, wusste ich, dass ich meine Sachen am Abend aufhängen und trocknen konnte. Worauf ich mich allerdings am meisten freute, war nicht die Unterkunft an sich. Es gab eine Badewanne, meine liebste Entspannungsmaßnahme. Ich blieb zwei Tage, um mir in Ruhe die Stadt anzuschauen. Die Hansestadt ist mit rund 220 000 Einwohnern eine kreisfreie Großstadt im Südosten Schleswig-Holsteins und nach der Landeshauptstadt Kiel die Stadt mit den meisten Einwohnern. Lübeck gilt als »Königin« und »Mutter der Hanse« und wird auch »Stadt der Sieben Türme« und »Tor zum Norden« genannt. Die Altstadt mit mehr als tausend Kulturdenkmalen gehört seit 1987 zum UNESCO-Welterbe.

Von Lübeck aus lief ich weiter Richtung Osten, durch Misch- und Kiefernwälder, über lange Feldwege und durch kleine Dörfer. Ab Lochwisch hörte ich aus der Ferne das Grollen eines nahenden Gewitters, das sich mit dunklen Wolken langsam näherte, bis es mich bei Schönberg erreichte. Eigentlich ein ganz gutes Timing, denn in der Nähe der Teiche, an denen ich mein Zelt aufschlagen wollte, gab es ein kleines Fußballstadion mit Gastronomie. Dort gönnte ich mir eine Falafel, füllte meine Wassersäcke auf und wartete unter einem Sonnenschirm das Ende des Gewitters ab. Anschließend lief ich zu den Teichen. Ich lief und lief, erst an einem Teich vorbei, dann am zweiten und so weiter und so fort. Es ist nicht so, dass ich nicht ausreichend geeignete Schlafplätze entdeckt hätte, doch irgendwie denke ich oft: Es geht bestimmt noch schöner. Das hatte zur Folge, dass ich irgendwann durch hüfthohes Gras lief und meine Hose und Schuhe komplett durchweicht waren. Umkehren erschien mir allerdings sinnlos. Der Weg zurück war mittlerweile länger als der bis zum nächsten Wanderpfad. Meine Dummheit wurde überraschenderweise belohnt. Ich fand eine herrliche Nische zwischen Bäumen mit traumhaftem Blick über den Pappendorfer Teich, der wieder einmal eine herrliche Kulisse für einen weiteren Sonnenuntergang abgab, begleitet von einem tosenden Froschkonzert.

Normalerweise hielt ich immer spätestens eine Stunde, bevor es am Abend dunkel wird, Ausschau nach einem geeigneten Lagerplatz für die Nacht. Manchmal hatte ich aber auch schon ein Ziel im Visier, mit Vorliebe an einem Fluss oder See. So muss ich auf den letzten Kilometern des Tages weniger Ballast mit mir herumschleppen. Außerdem bietet sich mir so die Möglichkeit, noch ins kühle Nass zu hüpfen und mich um meine Körperhygiene zu kümmern. Ab und an stand der Zeiger während meiner Schlafplatzsuche allerdings auch schon auf 23 Uhr. Es gibt einfach nicht immer ein passendes Fleckchen Erde, wo man sich gemütlich niederlassen kann. Der Wanderer, der schon morgens um halb acht losläuft und am Nachmittag bereits seinen Schlafplatz findet, hat da vielleicht weniger Probleme. Da ich aber oft den ganzen Morgen entspannt an meinem Zelt abhing, ging es erst gegen Mittag los. Gegen Abend wurde es dann schon mal etwas knapp, und ich musste gegen die einbrechende Dunkelheit anlaufen. Oft waren auch angepeilte Wanderschutzhütten unauffindbar, oder eingezeichnete Wanderwege meiner App existierten in der Realität nicht. Das endete häufig damit, dass ich auf der Suche nach einem Anhaltspunkt mitten durch dichtes Gestrüpp im Wald umherirrte. Oft umrundete ich einen halben See, an dem es wegen des dichten Schilfs am Uferrand keinen Platz gab, wo mein Zelt hingepasst hätte. Ich kreuchte Hänge hoch und wieder runter und suchte an Feldrändern, an denen es oft keine Möglichkeit gab, da das Korn direkt bis zum Rand gesät und so gewachsen war, dass es mir bis zum Bauch reichte. Doch all das gehört auf einer solch langen Reise auch dazu und macht selbst eine Wanderung durch Deutschland ab und an zu einem kleinen Abenteuer.

---

Folgende Doppelseite
Solche beeindruckenden Sonnenuntergänge wie hier an den Pappendorfer Teichen begleiteten mich auf der gesamten Reise. Sonnenaufgänge blieben mir als Langschläfer dagegen meistens verborgen.

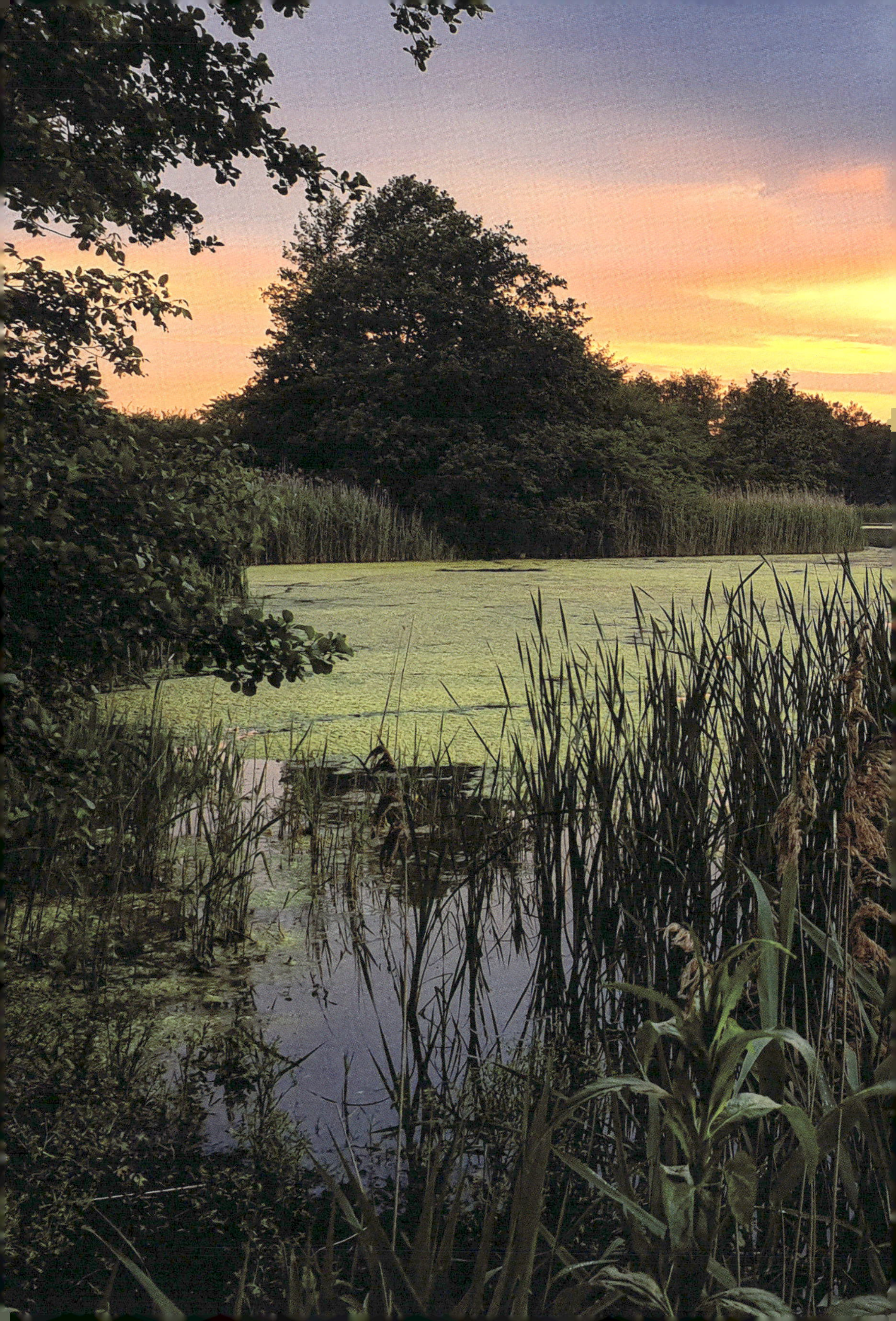

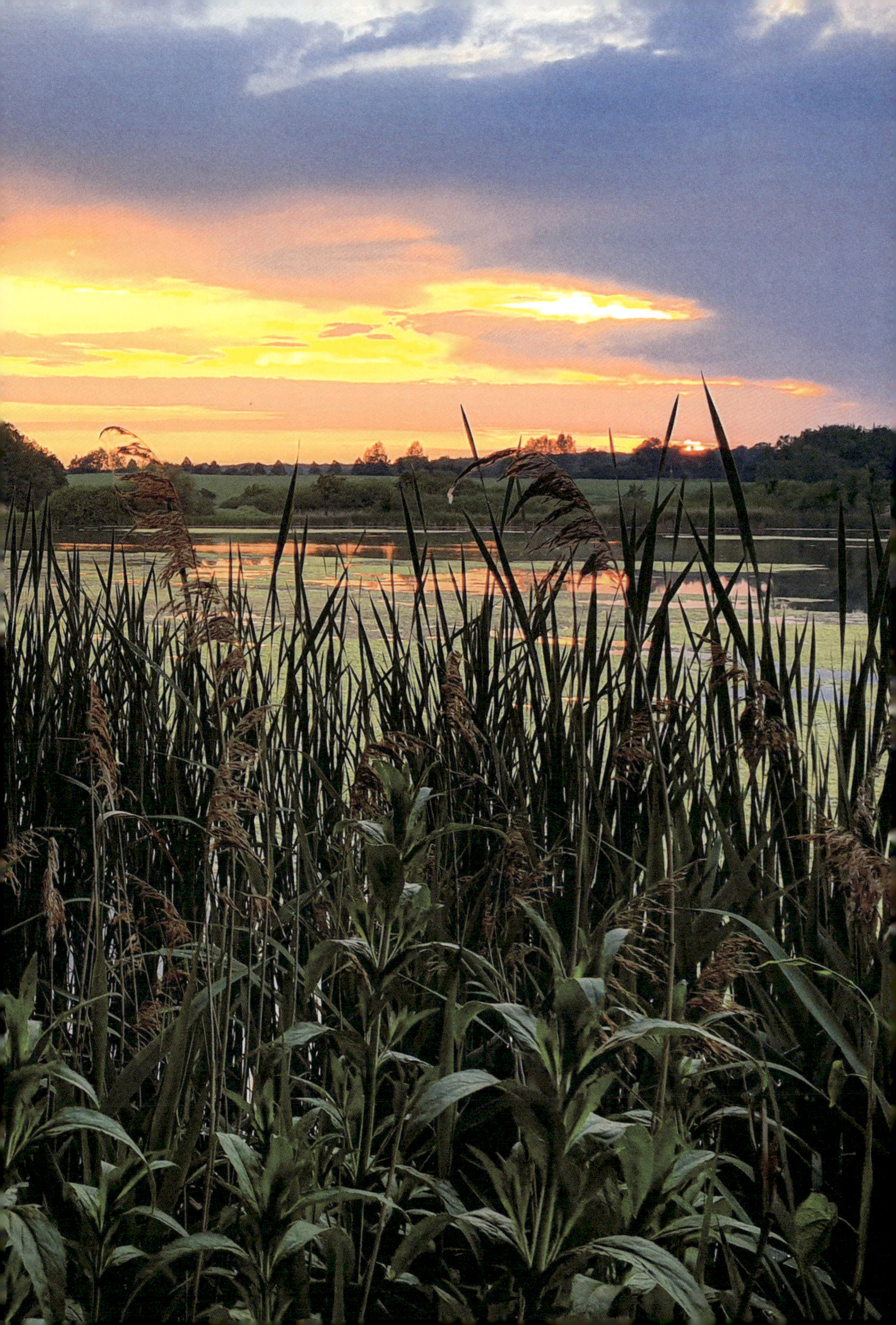

# Eine neue Etappe

Der Weg auf eine Anhöhe bei Hamberge sollte traumhaft werden. Von dem Dorf aus hatte ich einen wunderbaren Ausblick über den letzten Teil der Strecke, den ich zuvor gelaufen war. Von Hamberge ging es weiter nach Jamel. Dort durfte ich bei einer älteren Dame meine Wasservorräte füllen, wobei sie mir noch zwei Flaschen zusätzlich schenkte. Davon abgesehen, dass ich das natürlich auch alles schleppen musste, freute ich mich.

Später kam ich am Kunstweg bei Alt Jassewitz und Weitendorf vorbei. Auf diesem zwei Kilometer langen Weg sind zeitgenössische Skulpturen verschiedener Künstler zu sehen, die durch ihre ländliche Umgebung eine besonders kontrastreiche Wirkung entfalten sollen. Der Kunstweg wurde 1993 ins Leben gerufen und ist eine schöne und interessante Abwechslung am Wegesrand.

An der Nordsee war ich auf dieser Reise zumindest bewusst zum ersten Mal und regelrecht fasziniert von der Endzeitstimmung bei Ebbe. Auch das Inland zwischen Nord- und Ostsee begeisterte mich und konnte mit landschaftlich schönen Ecken überzeugen. Vor allem die Holsteinische Schweiz sowie die vielen Seen, von denen ich noch nie zuvor gehört hatte und die ich auch gar nicht erwartet hätte, hatten es mir angetan. Ab Wismar stand für mich eine neue Etappe an: die Ostsee-Etappe, auf die ich mich schon sehr freute. Die Hansestadt blühte im Spätmittelalter auf, was noch heute im Stadtbild durch viele gotische Baudenkmäler erkennbar ist. Ich schlenderte durch die Altstadt, hing am Marktplatz rum und aß mich bei einem Italiener am Hafen satt. Eine ruhige, aber sehenswerte Stadt, wie ich finde. Im Jahr 2002 wurde die Altstadt von Wismar in die UNESCO-Welterbeliste aufgenommen. Heute ist sie ein beliebtes Besucherziel, zunehmend auch bei Kreuzfahrtschiffen.

Nördlich von Wismar kam ich das erste Mal an die offene Ostsee. Kurz vor der Insel Poel erwartete mich auch schon ein kleines Highlight: das Betonschiff von Redentin, das während des Zweiten Weltkrieges zur »Transportflotte Speer« gehörte. Diese Frachtmotorschiffe wurden aus Leichtbeton gebaut, da Stahl in Kriegszeiten knapp war.

Als das 40 Meter lange Betonschiff von Redentin für die Aufrüstung nach Wismar überführt wurde, strandete der Koloss in der Wismarer Bucht vor dem ehemaligen Fischerdorf Redentin. In den 1960er-Jahren sollte es in den Hafen geschleppt werden, lief aber auf einer Sandbank auf und liegt bis heute dort im flachen Wasser auf Grund. Leider konnte ich das Schiff nur vom Wanderweg aus sehen, da ich keine Ahnung hatte, wie man direkt hingelangte. Ohne das Gepäck auf meinem Rücken wäre ich eventuell die geschätzten zwei Kilometer einfach durchs flache Wasser gelaufen, aber in diesem Falle erschien mir das Unterfangen als zu unsicher.

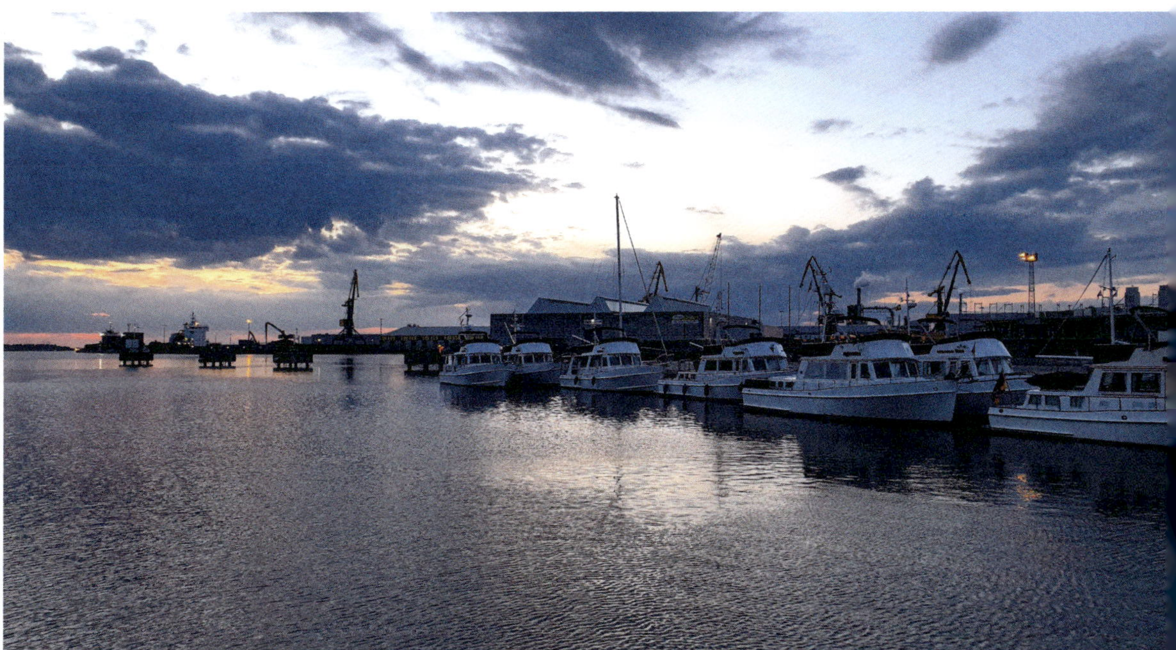

Im Hafen von Wismar. In kleineren Städten entlang meiner Route gönnte ich mir ab und an eine Pause vom Zeltalltag, buchte eine Unterkunft und aß mich in den Restaurants satt.

# Wandern ohne Wanderweg

Bei Pepelow stieß ich auf eine riesige Ferienanlage. So etwas hatte ich noch nicht gesehen: Bungalows, Zelte, Wohnwagen, so weit das Auge reichte. Dazu ein Betrieb und Lärm wie auf einem Festivalgelände. Und Massen von Menschen. Mir war es ein Rätsel, wie man sich für so einen Urlaubsort entscheiden konnte. Für mich wäre das die reine Folter. Und ich übertreibe nicht. Ich empfand es wirklich schon als extrem anstrengend, nur durch die Anlage zu laufen. Alle fünf Meter dröhnte eine andere Musik aus irgendeiner Bluetooth-Box, Kinder kreischten hier und da, und es herrschte ein Treiben, das für mich weit jenseits meiner Vorstellung von Urlaub und Erholung liegt. Aber wer weiß, das empfindet sicher jeder anders, und vielleicht waren diese tausend Gäste auch gar nicht auf der Suche nach Erholung.

So plötzlich wie der Trubel der Ferienanlage begonnen hatte, so schnell war er auch wieder vorbei. 200 Meter weiter war kein Mensch mehr unterwegs, und ich lief nun an der Küste des Salzhaffs, auf einem Pfad entlang der Dünen, der seine besten Tage als Wanderweg allerdings hinter sich hatte. Es war schon abenteuerlich, den Weg überhaupt zu finden. Ständig blieb mein Rucksack an irgendwelchen Zweigen großer Sträucher hängen. Eigentlich sah mein Plan vor, bis zu einem Wald zu laufen, den ich auf der Karte gesehen hatte. Doch plötzlich stand ich vor einer verrotteten Bank, die bereits etwas zugewachsen war. Sie bot jedoch ausreichend Freifläche, um mein Zelt hinter ihr aufzustellen. Ich hatte einen super Blick über das Haff, und ein toller Sonnenuntergang kündigte sich an.

Das Salzhaff ist ein durch die Halbinsel Wustrow fast abgetrennter Teil der Ostsee in der Mecklenburger Bucht. Auch am nächsten Morgen ging es ähnlich abenteuerlich weiter. Bis auf eingestürzte Fußgängerbrücken und Stege, die wohl einmal den Sumpf überbrückt hatten, war von einem Wanderweg nichts mehr übrig geblieben. Ich kämpfte mich voller Abenteuerlust durch das Gestrüpp. Da es sehr schwül war, kam ich bei diesem Hindernisparcours sehr schnell ins Schwitzen. Als ich dann irgendwann gar nicht mehr weiter wusste, lief ich quer über ein Feld, bis ich wieder vernünftigen Boden, vor allem einen Weg unter den Füßen hatte. Auch wenn nicht mehr viel davon vorhanden war, hat mir dieser Wanderweg auf jeden Fall richtig Freude bereitet und war darüber hinaus landschaftlich ein echter Genuss.

Bei Rerik, einem typischen Touristennest mit den üblichen Cafés und Strandzugängen, erregte die Halbinsel Wustrow meine Aufmerksamkeit. Mehrere Jahrhunderte lang war die Halbinsel im Besitz von Adelsfamilien. 1933 kaufte die Wehrmacht die Landzunge und errichtete dort die größte Flakartillerieschule Deutschlands. Nach dem Zweiten Weltkrieg gründeten die sowjetischen Truppen eine Garnison, sprengten sämtliche Militäranlagen und errichteten neue Gebäude. Im Oktober 1993 zogen sie ab, hinterließen jedoch militärische Altlasten, sodass die Insel gesperrt blieb. Im Jahr 1998 ging das Gelände an die Fundus-Gruppe über, und es sollten eine Ferienanlage und Eigentumswohnungen entstehen. Mehr Besucher bringen aller-

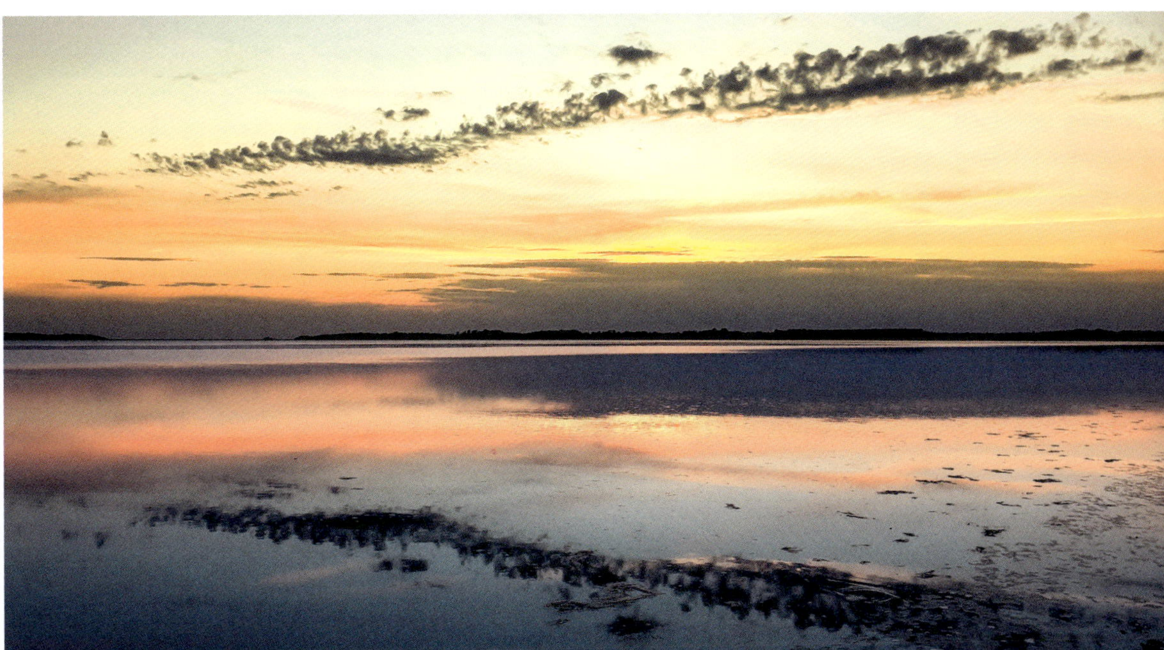

Nach einem anstrengenden Wandertag gibt es für mich nichts Erholsameres, als das Schauspiel und die Ruhe der Natur zu genießen, wie hier am Salzhaff südlich von Rerik.

dings auch mehr Verkehr mit sich. So entschied sich die Kleinstadt Rerik dagegen und untersagte den öffentlichen Verkehr auf der Zufahrtsstraße. Profitiert hat von der Situation bis heute vor allem die Natur: Statt Hotels und Hafenbauten gedeihen hier nun Bäume und Büsche. Das Ufer wird von Dünen, Schilfgürteln und Salzwiesen gesäumt. Es leben rund 90 verschiedene Vogelarten auf der Halbinsel. Leider blieb es mir verwehrt, dieses Fleckchen zu besichtigen. Zwar ist es möglich, die Insel vom Wasser aus bei einer geführten Bootstour zu umrunden oder sie bei einer Kutschfahrt zu entdecken, aber die Bootstour war leider schon vorbei, als ich ankam, und die Kutschfahrt wurde an diesem Tag nicht angeboten. Also lief ich am Strand bis zum Stacheldrahtzaun, der mich erfolgreich von der Insel fernhielt. Entlang der Absperrung erhoffte ich mir, wenigstens von außen einen Blick auf den geschichtlich ausgesprochen interessanten Lost Place werfen zu können.

Anschließend folgte ich bis Meschendorf einem traumhaften Wanderweg, der direkt auf der Steilküste verlief und immer wieder schöne Ausblicke auf die Ostsee freigab. Irgendwann hörte dieser Weg plötzlich auf beziehungsweise war mein Wanderweg am Salzhaff offensichtlich schon lange nicht mehr begangen worden. Mir blieb nur noch der Strand. Wer schon mal mit einem 15 Kilogramm schweren Reiserucksack und Wanderstiefeln im Sand gelaufen ist, weiß, was das bedeutet. Bei jedem Schritt hat man das Gefühl, es zieht einem von unten jemand die Füße in den Boden.

Dennoch kam ich glücklich und zufrieden an meinem Tagesziel an. Ich entschied mich für einen Schlafplatz auf der Sandzunge zwischen Ostsee und Rieder See. Vom Zelt konnte ich direkt auf die Ostsee blicken und den Wellen beim Brechen zusehen. Nachdem ich mich bettfertig gemacht hatte, setzte auch der Regen ein. Er hielt zwar bis zum nächsten Morgen an, hörte aber gerade rechtzeitig genug auf, um alles wieder trocken einzupacken und weiterzuziehen.

---

Der Glücksmoment, einen geeigneten Lagerplatz für die Nacht zu finden, nachdem man sich stundenlang durchs Unterholz gekämpft hat, ist einfach unbeschreiblich.

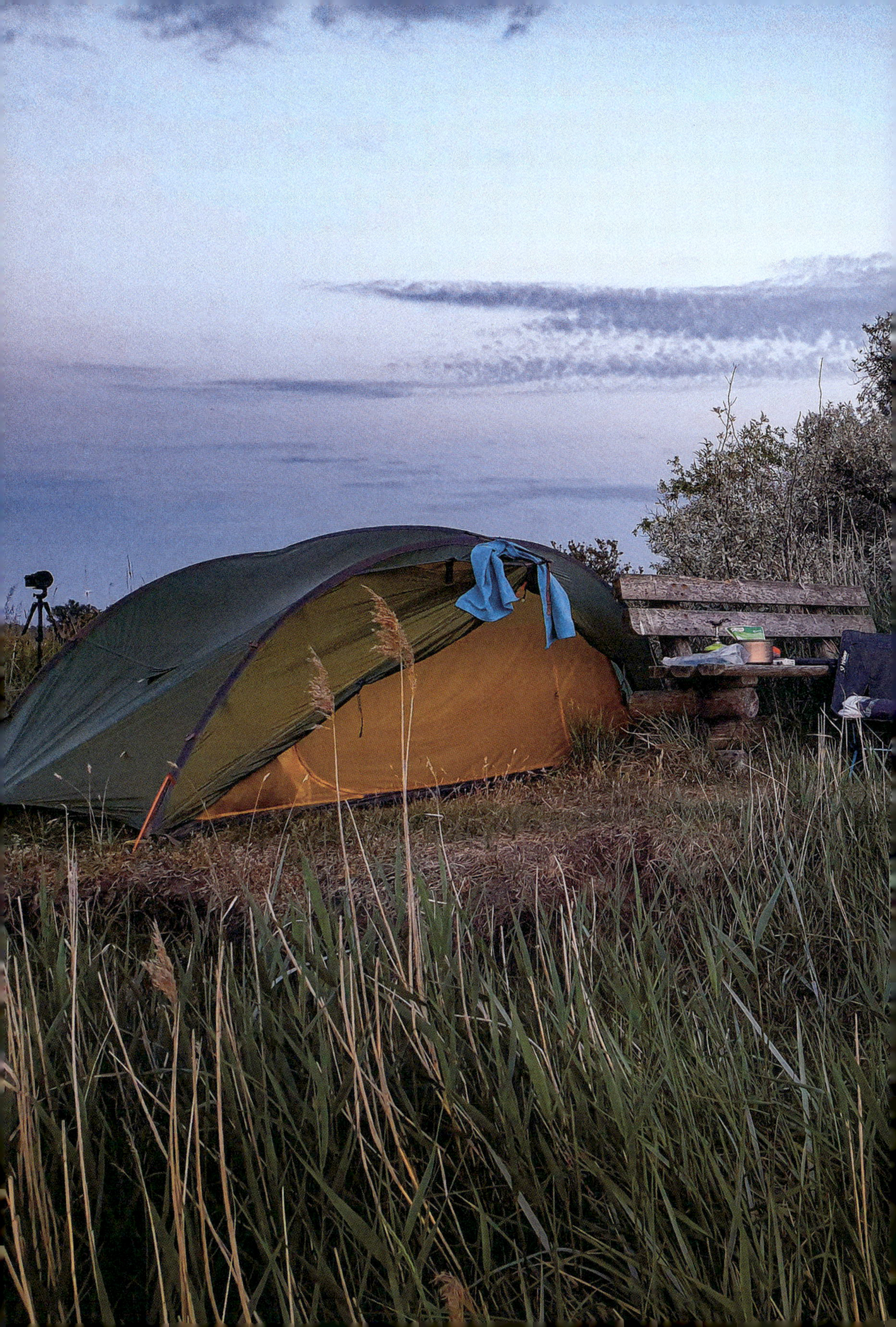

# Erste Unwetter

Ab Kühlungsborn, wo ich mir vornahm, ein opulentes Frühstück zu genießen, wurden es deutlich mehr Menschen. Vor allem Radfahrer kreuzten oft meinen Wanderweg. Auch wenn dieser meist separat verläuft, befand ich mich dennoch auf dem Ostseeküstenradfernweg, der hier einen Teil des Europafernwanderweges ausmacht. Der Internationale Küstenweg E9 ist einer der zwölf Fernwanderwege, die von der Europäischen Wandervereinigung initiiert wurden. Insgesamt hat der Weg eine Länge von 5000 Kilometern und führt von Portugal entlang der Küsten des Atlantiks, der Nordsee und der Ostsee bis nach Estland. Ich beobachtete, dass es meist Pärchengruppen waren, die hier den Ostseeküstenradweg bestritten. Immer wieder bot sich mir das gleiche Bild: Zwei Kerle schwatzend auf dem Rad vorneweg und zwei Damen etwa zehn Meter hinter ihnen, etwas lauter schwatzend. Pärchenzeit ist dann wahrscheinlich nur während der Pausen oder am Abend in der gemeinsamen Pension möglich.

Bei einem Italiener in Börgerende, wo ich ein Tiramisu verspeiste, füllte ich auch meine Wasservorräte auf und lief das letzte Stück Steilklippe bis kurz vor Nienhagen in den Gespensterwald. Der Name ist wirklich zutreffend. Der Wald könnte mit seinen verwachsenen, bizarr anmutenden Baumformen direkt einem Märchen entsprungen sein. 1943 wurde der Gespensterwald Nienhagen zum Naturschutzgebiet erklärt und ist seither Teil des 100 Hektar großen Waldgebietes Nienhäger Holz. Die Eichen, Buchen, Hainbuchen und Eschen des Waldes wurden mit der Zeit vom Seewind der Ostsee geprägt. Es hat den Anschein, als ob die Kronen und Stämme vor dem Wind fliehen wollen, was ihnen auch die Bezeichnung »Windflüchter« eintrug.

Im Gespensterwald zeigte mir meine Wanderkarten-App am Waldrand zur Ostsee zwei Schutzhütten an, in denen ich die Nacht verbringen wollte. Die erste war nicht schön gelegen. Die zweite hingegen war ein Traum, direkt am Rand der Klippe mit freiem Blick übers Meer. Ich überlegte nicht lange und machte mein Bett mit Isomatte und Schlafsack auf einer der beiden Bänke in der Hütte zurecht. Allerdings die ganze Zeit mit einem Gefühl von »Sollte ich nicht doch lieber das Zelt aufbauen?« Es könnte sich durchaus als problematisch erweisen, dass die Hütte alt und morsch ist. Hier und da fehlen ein paar Holzlatten. Wenn es regnen würde, wäre ich genauso nass, als wenn ich unter freiem Himmel schliefe.

Mein Gefühl täuschte mich nicht, denn gerade als ich zu Bett gehen wollte, erhellte ein Blitz die Nacht. Ich überlegte nicht lang und baute mein Zelt außerhalb der Hütte auf. Während ich das Zelt errichtete, kam die Gewitterfront rasend schnell näher. Ich schaffte es gerade noch so, vor dem Einsetzen des Regens trocken in mein Zelt zu springen. Allerdings sollte der Spaß hier nicht aufhören. Es schüttete, blitzte und donnerte so heftig, dass ich bald merkte: Unter mir stimmt irgendetwas nicht. Das Zelt stand in einer Vertiefung im Boden, die in etwa meine Körpergröße hatte. Eigentlich perfekt, um gerade samtig-weich eingebettet in den Tiefschlaf zu fallen. Allerdings hatte ich im Eifer des Gefechts nicht bedacht, dass das natürlich auch ein super Ablauf für das niederprasselnde Regenwasser war. Einmal mehr nachgedacht wäre schon hilfreich gewesen! Auf jeden Fall bildete sich nun unter der einen Längshälfte des Zeltes eine Pfütze. Kein Problem, sagte ich mir und räumte im Zelt alles um: Isomatte auf die andere Seite und gut. Es dauerte nicht lang, da durfte ich über die vielleicht zehn Zentimeter tiefe Pfütze staunen, die sich direkt unter dem Zelt staute, und ich konnte nun kleine Wellen unter dem Zeltboden zaubern. Da auf der anderen Seite des Zeltes kein Druck mehr lastete, drang das Wasser tatsächlich bis zum Morgen nicht ins Innere. Trotzdem ließ mich das Unwetter nicht so recht schlafen. Normalerweise ziehen Gewitter recht schnell vorüber, und der Himmel beruhigt sich bald darauf. In der Nacht wurde ich allerdings halbstündlich munter von dem Getöse. Morgens um vier Uhr stellte ich fest, dass die Intensität, mit der das Wasser auf den Boden prasselte, so heftig war, dass es unter den Rändern des Außenzeltes durchspritzte und das Innenzelt bereits an allen Ecken ordentlich durchnässte. Mit Kamerastativ, Wasserbeuteln und allem, was ich dabeihatte, baute ich nun innerhalb des Zeltes einen Wall, damit der

---

Folgende Doppelseite
Der Gespensterwald bei Nienhagen machte seinem Namen alle Ehre und überraschte mich mit einem heftigen Unwetter inklusive »Wasserspiel« unter dem Zeltboden.

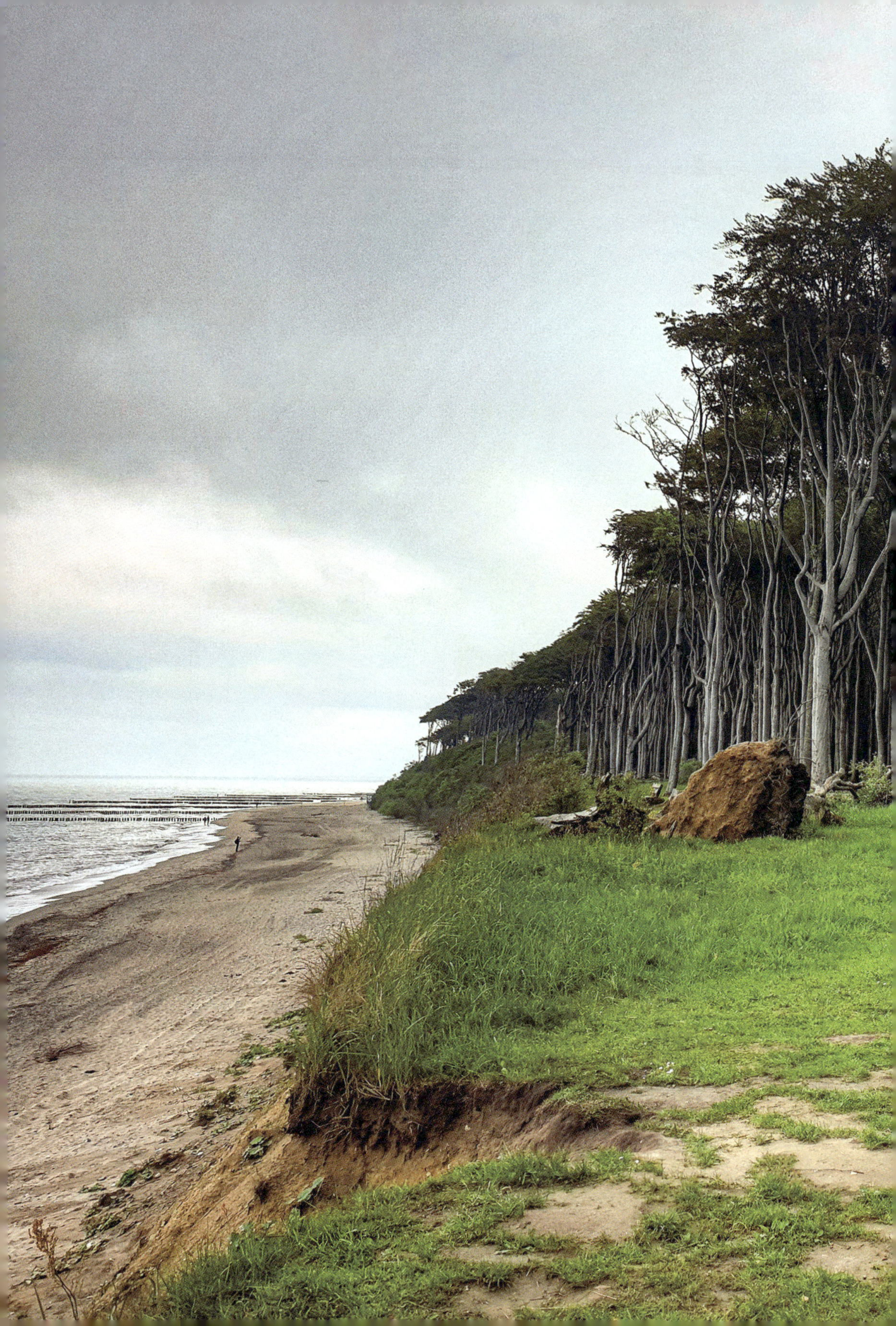

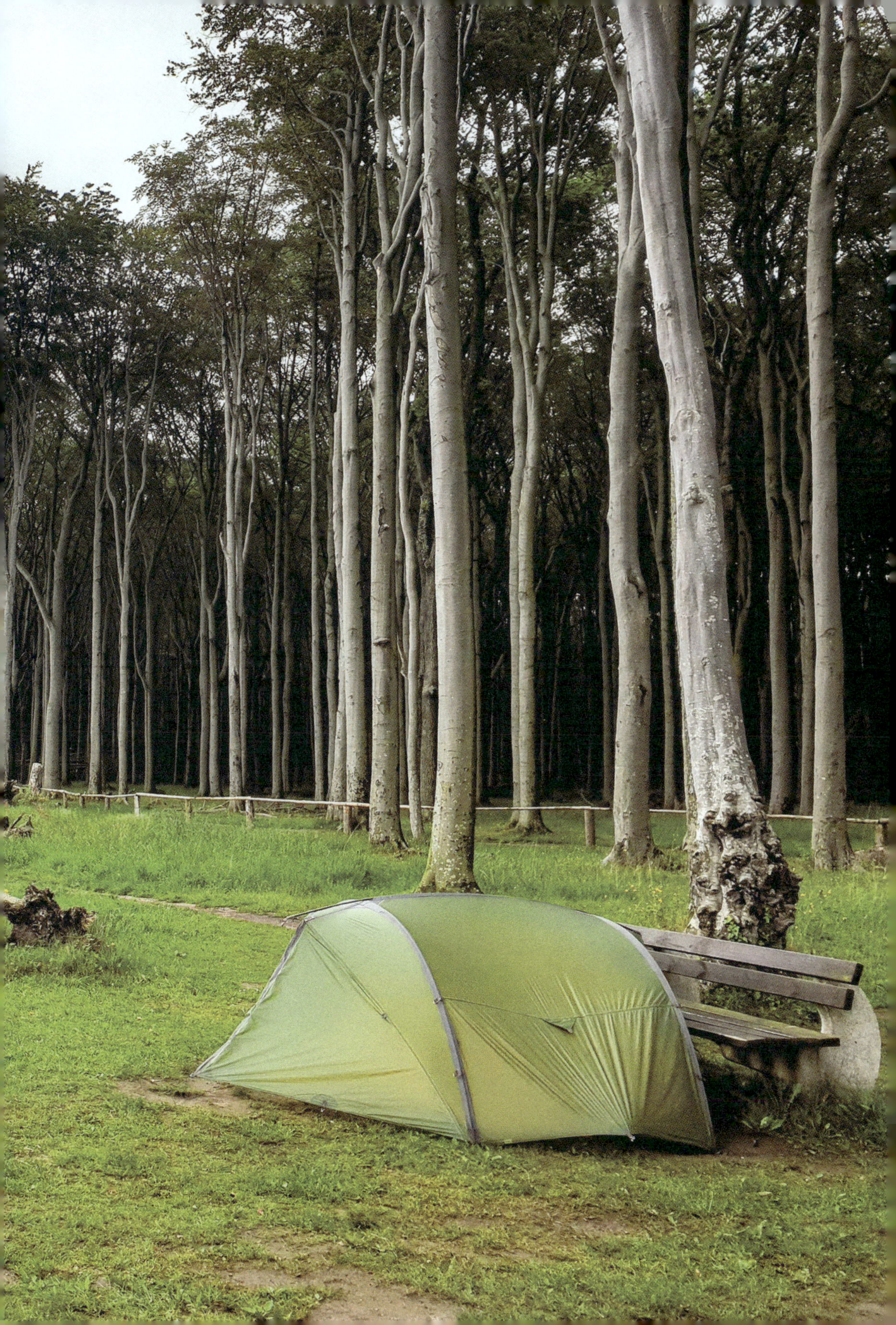

Rucksack und vor allem der Schlafsack nicht mit der Nässe in Berührung kamen. Irgendwann fühlte ich mich dann so sicher, dass ich noch ein paar Stunden durchschlief. Auch wenn solche Unwetter die Nachtruhe natürlich beeinträchtigen, genieße ich sie. Die Stimmung, die Naturgewalten aus nächster Nähe zu erleben und das zusätzliche Erfolgserlebnis, Zelt und Equipment durch einfachste Mittel erfolgreich vor einer Havarie gerettet zu haben, hinterlassen tiefe Zufriedenheit und ein Glücksgefühl. Solche Momente kann man vermutlich nur außerhalb seiner Komfortzone erleben. Wenn man so eine Nacht auch noch an einem Ort erlebt, der sich treffenderweise Gespensterwald nennt, hätte der Moment besser gar nicht sein können.

Entlang schmaler Trampelpfade auf den Dünen über Graal-Müritz lief ich Richtung Dierhagen und durch das Naturschutzgebiet Ribnitzer Großes Moor, das vom Niedermoor bis zum Hochmoor und den damit verbundenen Übergangsformen alles in sich vereint. Die Vermoorung fand vor circa 11 000 bis 12 000 Jahren statt. Durch den hohen Salzgehalt und die Ausdehnung bis an die Ostsee treffen sich im Ribnitzer Moor kontinentale und maritime Flora mit einigen vom Aussterben bedrohten Pflanzenarten wie Sonnentau, Moosbeere und Glockenheide.

Auf Höhe des Moores wechselte ich vom Wanderweg an den weißen weiten Strand der Ostsee und suchte mir eine Stelle, wo ich die Nacht verbringen wollte. In der Ferne erkannte ich schon, dass da etwas sehr Dunkles am Himmel in meine Richtung zog. Blitze erhellten die Ostsee. Gegen 22 Uhr hatte mich ein weiteres Unwetter erreicht, welches das Zelt erbeben ließ. Blitze und Donnerkrachen sorgten für Weltuntergangsstimmung. Der Sturm war so heftig, dass ich mich mit meinem Körper von innen gegen die Zeltwand und das Dach lehnen musste, da es trotz kräftigen Abspannens an vier Seiten immer wieder eingedrückt wurde. In weiser Voraussicht hatte ich vorher zwei, etwa ein Meter lange, gestrandete Baumstämme an meinen Platz geschleppt und damit die Heringe beschwert. Nach etwa einer Stunde war diesmal allerdings alles vorbei, und ich konnte den Blitzen noch lange hinterherschauen, die nun über Dierhagen ihr Unwesen trieben.

# Naturgewalten am Weststrand

Über Dierhagen erreichte ich die Halbinsel Fischland-Darß-Zingst und lief immer in Küstennähe, entweder auf Dünenpfaden oder dem Radweg, der über die Insel führt. So oft hatte hatte ich gehört, dass ich mir diese Halbinsel auf keinen Fall entgehen lassen solle. Auf einem der Dünenpfade der Steilküste entdeckte ich völlig unerwartet einen alten verlassenen Bunker der ehemals 7. Beobachtungskompanie der DDR. Natürlich entfachte das sofort meine Neugier und weckte den Lost-Place-Entdeckerdrang in mir. Teile der Bunkeranlage, riesige Betonklötze, waren bereits wortwörtlich aus der Steilküste gespült worden und ragten mittlerweile zehn Meter vom Strand entfernt aus dem Wasser. Ein Anblick wie in einem meiner geliebten Endzeitfilme. In einem Bunker, der noch in der Steilküste verankert ist, sah ich mich ebenfalls um.

Um auf den letzten Kilometern des Tages den Anstrengungen eines sandigen Untergrundes zu entkommen, lief ich in den Wald. An geeigneter Stelle wollte ich zum Strand hinunter. Ich war recht flott unterwegs, da sich der Wald als wahres Mückenparadies entpuppte. Nach etwa drei Kilometern entschied ich mich, doch Richtung Strand zu laufen und die letzten Meter im Sand zurückzulegen. Direkt an der Stelle, an der ich aus dem Wald kam, mündete ein Kanal in die Ostsee. Ich zog ich die Schuhe aus, krempelte die Hose hoch, querte den Kanal, fand etwa einen Kilometer weiter den perfekten Platz für die Nacht und wollte noch einmal schnell in die Fluten springen. Im Wasser stehend stellte ich fest, dass alles voller Algen war. Im Halbdunkel der Dämmerung erkannte ich auch nicht, ob die Algen nur

---

Folgende Doppelseite
Mein Weg entlang der Ostsee überraschte mich immer wieder mit landschaftlicher Vielfalt und bestätigte mich darin, dass ich etwas verpasst hätte, wäre ich die übliche Nord-Süd-Route durch Deutschland gelaufen.

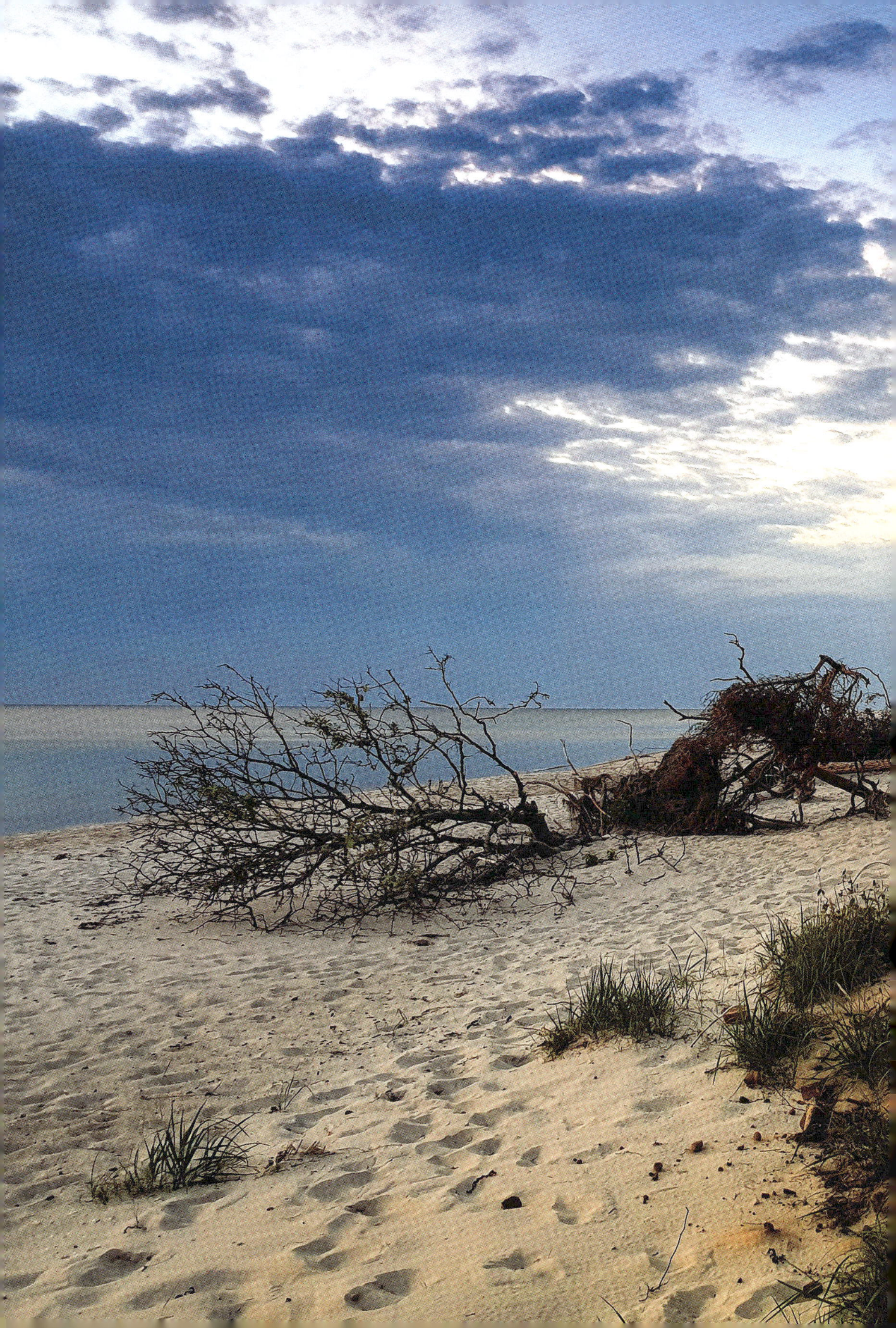

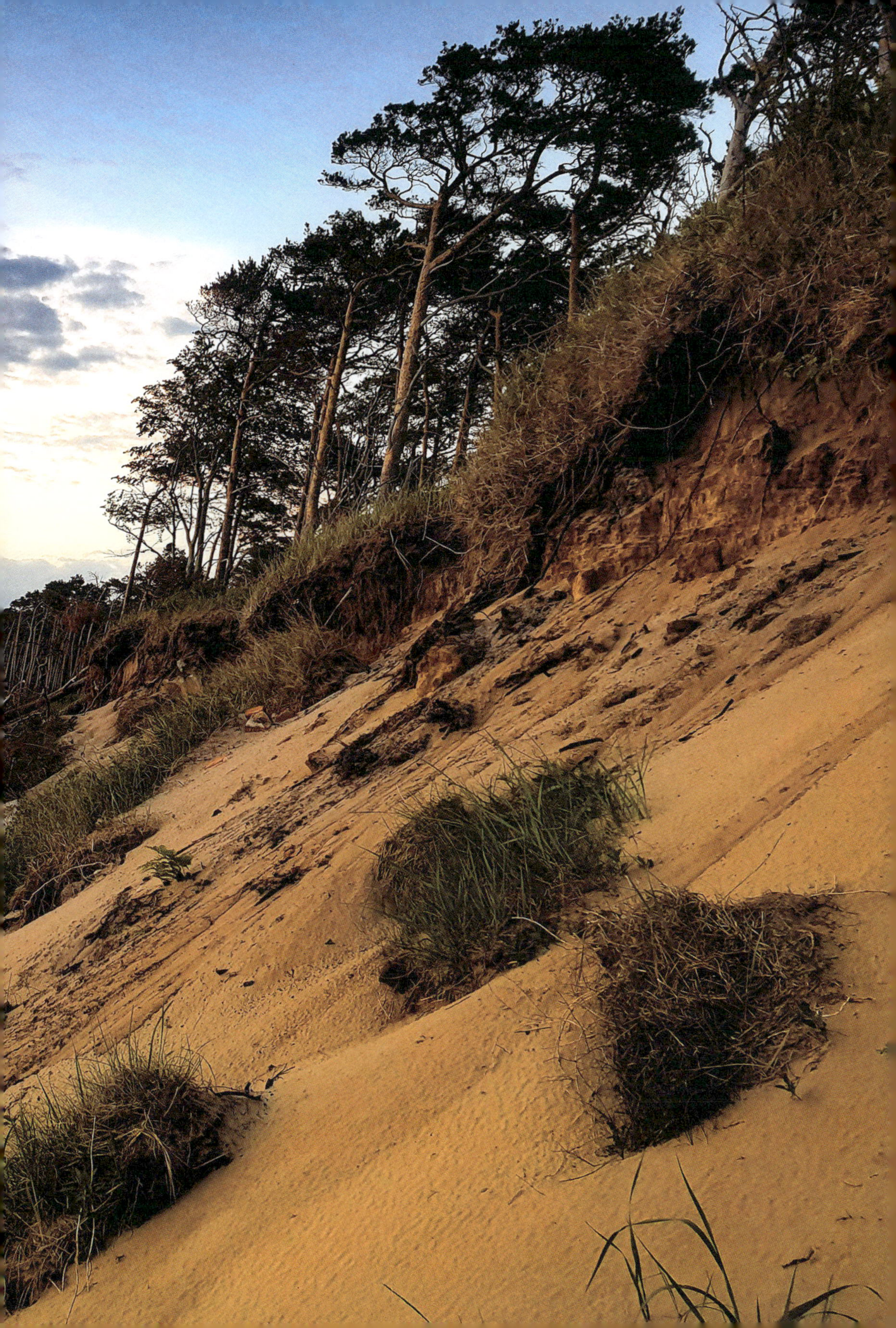

am Rand hin und her gespült wurden oder weit ins Wasser reichten. Da ich nun aber schon nackt am Strand entlanghüpfte, wollte ich nicht ungewaschen aufgeben und überwand mich einfach, durch die Algen zu stapfen. Wirklich ein befremdliches Gefühl. Ich lief immer weiter in die Ostsee, die allmählich tiefer wurde. Bald spürte ich keine Algen mehr an Beinen und Bauch, nur noch sauberen Sandboden unter den Füßen. So konnte ich mein abendliches Ostseebad genießen und anschließend frisch gewaschen im Tiefschlaf versinken.

Am Morgen, als ich am Weststrand des Darß aufwachte, regnete es leicht. Als der Schauer vorüber war, wartete ich noch, bis das Zelt getrocknet war und packte schnell zusammen. Anschließend nahm ich das letzte Ostseebad auf dieser Reise, da ich an diesem Tag vorhatte, die Insel und damit die Ostsee zu verlassen. Allerdings machte ich mich nicht sofort auf. Vorher genoss ich das Naturschauspiel, das sich mir in der Ferne über der Ostsee bot. Unglaubliche Wolkenformationen zogen weit entfernt vorüber, die Blitze und Donner mit sich führten. Da die Wolken immer abnormere Formationen bildeten,

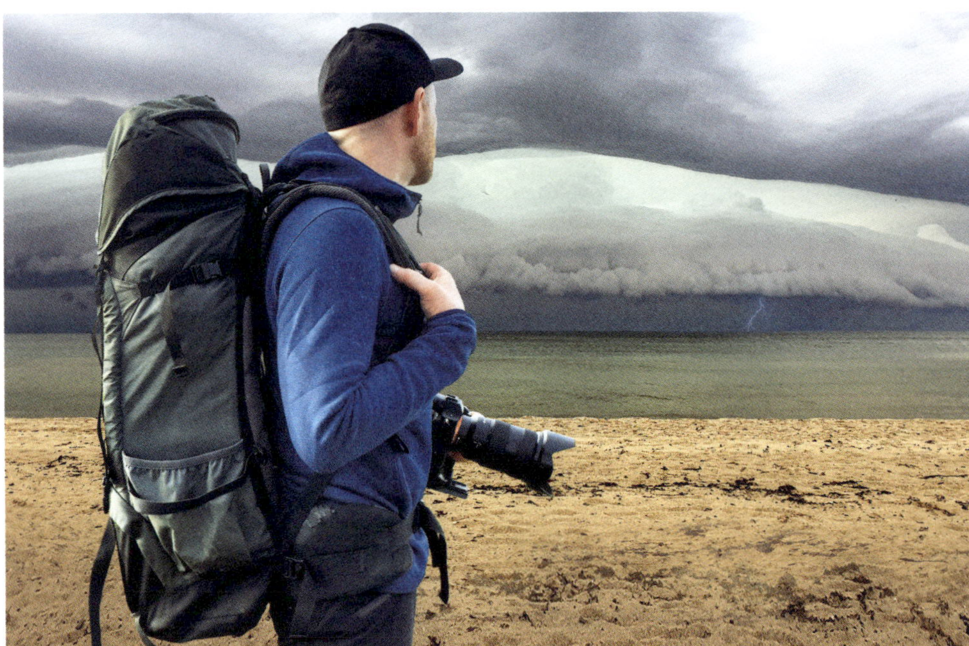

Wer begeistert vom fantastischen Naturschauspiel alles um sich herum vergisst und beobachtet anstatt zu fliehen, muss auch die Konsequenzen tragen. So geschehen am Weststrand der Halbinsel Fischland-Darß-Zingst.

holte ich noch einmal die Kamera raus und begann einen Zeitraffer. Irgendwann wurde mir plötzlich bewusst, dass diese Wolkenwand nicht wie vermutet nach Norden, sondern nach Osten zog. Das Problem daran war, dass ich im Osten der Front stand und der Himmel plötzlich sehr schnell auf mich zukam. Als ich das realisierte, war es allerdings zu spät für eine Flucht oder die Suche nach einem sicheren Unterschlupf. In der Hoffnung, wenigstens dem Strand und dem offenen Gelände zu entkommen, nahm ich die Beine in die Hand, was sich mit einem vollem Trekkingrucksack nicht ganz einfach gestaltete. Vor allem nicht, wenn die Füße bei jedem Schritt tief in den Sand gedrückt werden.

Es dauerte nicht lange, bis mich die Unwetterfront eingeholt hatte. Sie flößte mir gehörigen Respekt ein, da ich so etwas in der Art noch nie erlebt hatte. Ich wurde von einer Walze aus zwei Schichten, die übereinander herzogen, im wahrsten Sinne des Wortes überrollt. Hinzu kam das Gefühl, die untere Wand sei zum Greifen nah. Die Blitze, die anschließend um mich herum aus der Front schossen, waren so hell und so bedrohlich nah, dass ich einfach nur hoffte, heil herauszukommen. Ich lief mit zugehaltenen Ohren, denn bei jedem Blitz ertönte ein kurzer, lauter Knall, der sich nach einer nahen Explosion anhörte. Man könnte meinen, ich dramatisiere die Situation gehörig, mache womöglich aus einer Mücke einen Elefanten. Doch ungelogen, das war das unglaublichste Unwetter, was ich je erlebt habe. Und mir ist von heftigen Alpengewittern bis hin zu Hagelhieben bei Orkanwindstärke auf einer Segeltour schon einiges widerfahren. Ende gut, alles gut! Ich wurde weder vom Blitz geschmort, noch bin ich heute taub oder wurde vom Regenguss ertränkt. Nach etwa einer Stunde war plötzlich alles vorbei, später ließ sich sogar die Sonne wieder blicken, und ich konnte meine vom Regen und Schweiß durchweichten Klamotten trocknen.

In Prerow angekommen, kaufte ich zunächst Lebensmittel ein. Am letzten Abzweig wollte ich noch einen Blick auf die Ostsee genießen, als mich erneut ein Gewitter überraschte. Allerdings war das im Gegensatz zur Weltuntergangstimmung nur wenige Stunden zuvor eher der Versuch eines Unwetters. Und so lief ich lächelnd darunter hinweg, über die 470 Meter lange Meiningenbrücke aufs Festland nach Pressewitz.

# Der Nordosten

1364 km

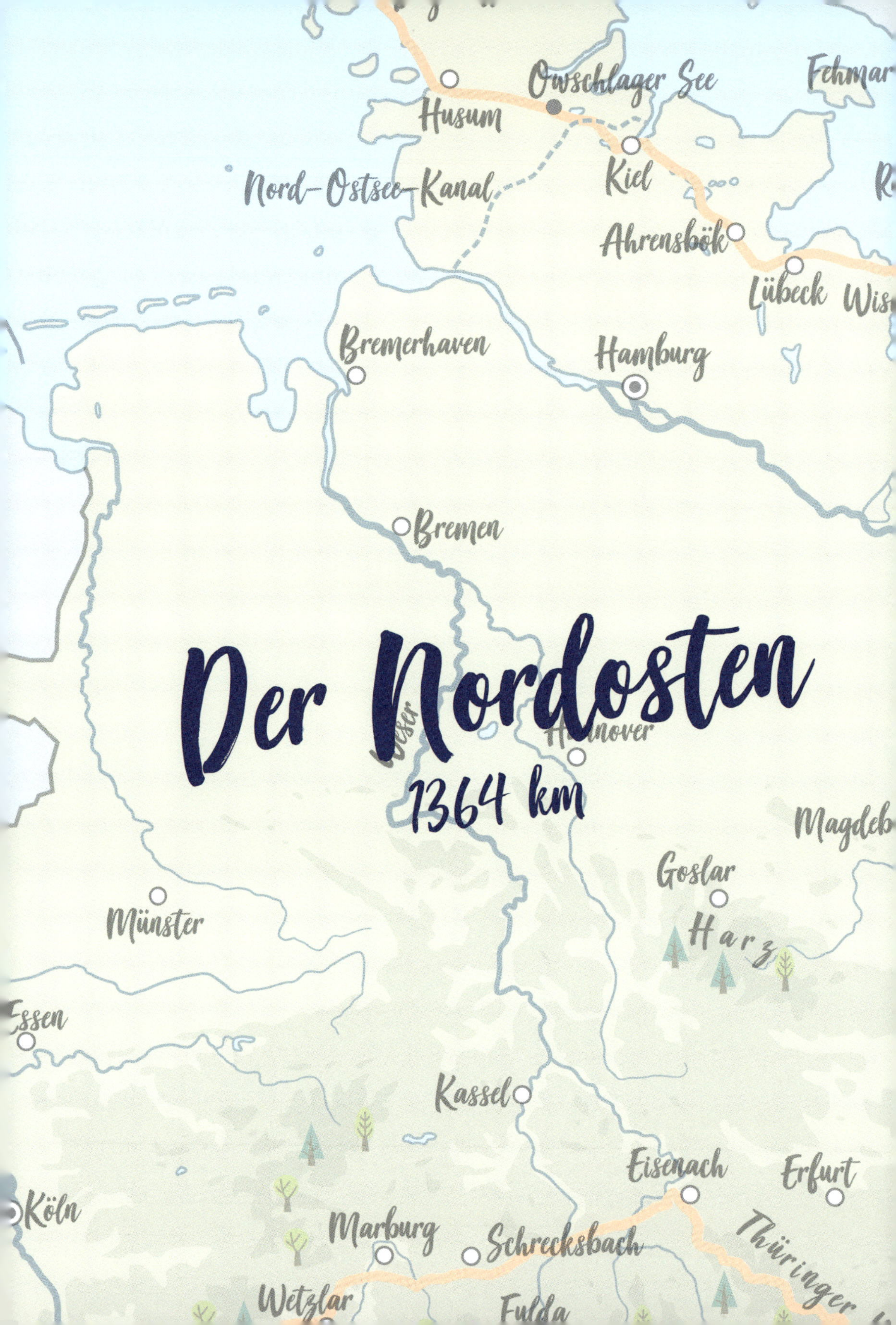

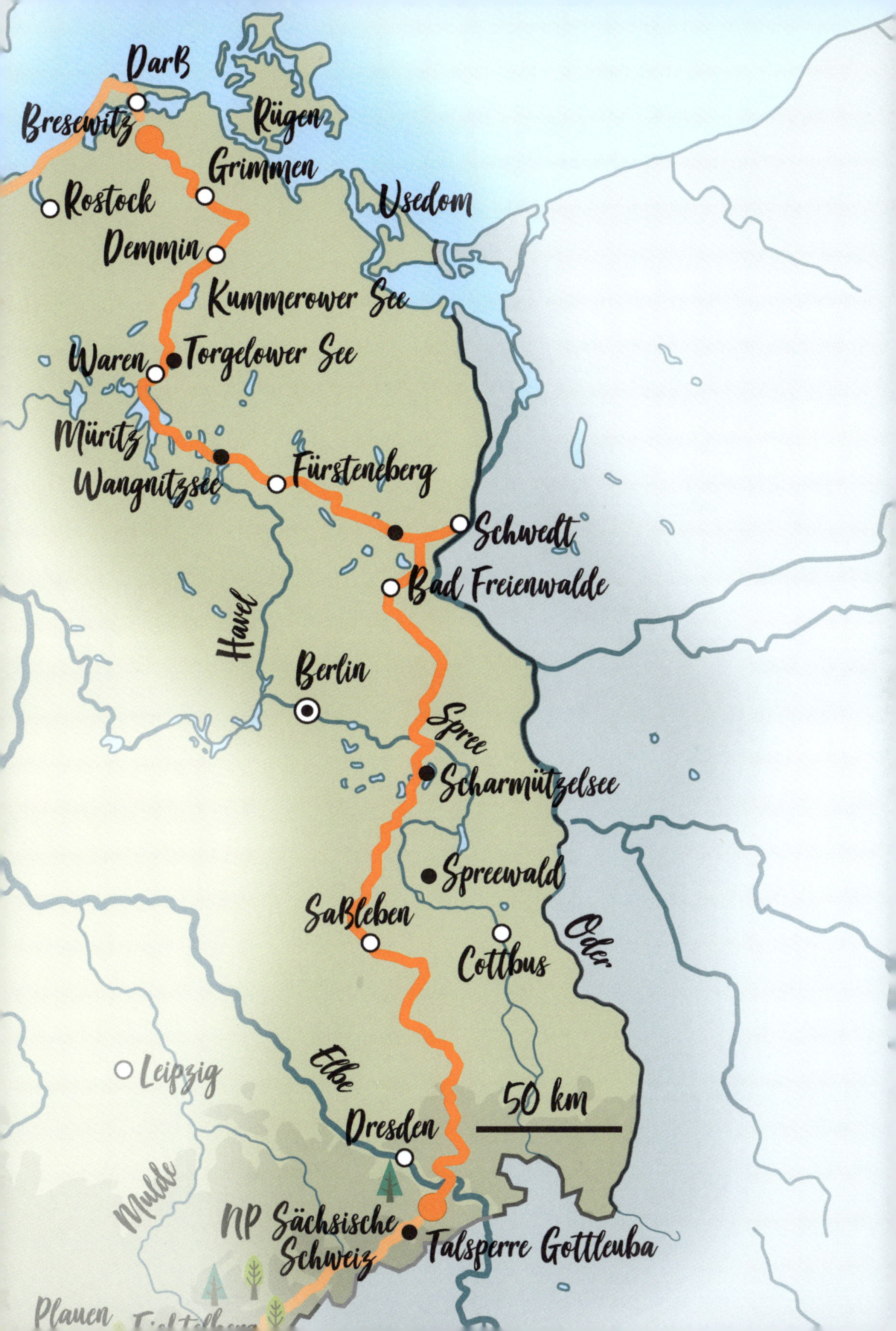

Darß
Bresewitz
Rügen
Grimmen
Rostock
Usedom
Demmin
Kummerower See
Waren
Torgelower See
Müritz
Wangnitzsee
Fürsteneberg
Schwedt
Bad Freienwalde
Havel
Berlin
Spree
Scharmützelsee
Spreewald
Saßleben
Cottbus
Oder
Elbe
Leipzig
50 km
Dresden
Mulde
NP Sächsische Schweiz
Talsperre Gottleuba
Plauen

# Auf dem Festland zum Hünengrab

In Bresewitz überfiel mich wieder mal der Heißhunger auf Süßes, und tatsächlich gab es dort ein Lokal, wo mir selbst gemachtes Brennnessel-Limetten-Eis mit in Honig gedünsteten Walnüssen und Biskuit serviert wurde. Eine mir völlig neue Kreation und … eine kulinarische Offenbarung. Von hier aus verlief mein Weg entlang einer stillgelegten Bahntrasse, die einst Teil der Bahnstrecke Velgast-Prerow war.

Später wanderte ich über gemütliche, kaum befahrene Dorfstraßen, die die kleinen Orte der Gegend miteinander verbinden. Diese Art von Wegen habe ich immer als sehr angenehm empfunden. Es ist ruhig, der Blick kann schweifen, und immer, wenn gerade das Wasser alle ist, kommt man durch eine kleine Ortschaft, wo man es nachfüllen kann. Schon von Weitem sah ich vor einem Haus eine Frau auf und ab gehen, die ich auch direkt anpeilte, um nach Wasser zu fragen. Sie konnte es kaum glauben, hier einen Wanderer zu sehen. Deswegen hatte sie auch so interessiert am Zaun gewartet. Sie und ihr Mann hatten erst vor Kurzem ihren Traum vom Leben auf dem ruhigen Land verwirklicht und waren aus Rostock in das Dorf gezogen. Während wir uns unterhielten, merkte man ihr den Stolz über die Erfüllung ihres Lebenstraums an. Ich freute mich mit ihr, zumal sie unglaublich liebenswert, freundlich und interessiert war. Irgendwann kam auch ihr Mann zum Tor. Sie meinte: »Schau, ich habe dir doch gesagt, da kommt ein Wanderer.« Es ist immer wieder eine schöne Erfahrung, wenn jemand mit Neugier und Freude auf unbekannte Menschen reagiert, die unvermittelt des Weges kommen. Ihr Mann war leidenschaftlicher Radfahrer und hatte ein eigenes Radgeschäft in Demmin. Er wollte mir unbedingt einen besseren Weg empfehlen als den von mir gewählten. Seine Frau winkte nur ab und meinte schmunzelnd, dass er gern federführend sei und ich das lieber so machen solle, wie ich es für richtig halte. Irgendwann verabschiedeten wir uns, und ich zog mit einer vollen Flasche Wasser und einem Lächeln im Gesicht über die schöne Begegnung weiter.

Als ich mir an einer Tankstelle in Grimmen eine Cola kaufte, grüßte ein langhaariger vollbärtiger Mann um die 30 und bat mich auf den Beifahrersitz seines VW-Busses. Nach dem üblichen Small Talk erzählte er, dass er gerade Feierabend habe und sich noch ein paar Hünengräber anschauen wolle. Er bot mir an, zusammen in den Wald zu fahren, wo er mir einiges über die Gräber erzählen könnte. Eine gute Idee, wie ich fand. Da auf dem Sitz neben mir Sticks lagen, fragte ich ihn, ob er Schlagzeug spiele. Er verneinte, sagte aber, dass er Sänger in einer Death-Metal-Band sei und die Sticks seinem Drummer gehörten. Nun war ich neugierig geworden, da ich diese Musikrichtung ebenfalls sehr mag. Es dauerte nicht lange, da liefen auch schon die melancholischen Gitarrenriffs seiner Band im Autoradio. Wir mussten ordentlich aufdrehen, da sein Auspuff defekt war und die Karre so einen Höhlenlärm machte, dass es vorher schon schwierig war, die Worte des Anderen zu verstehen.

Im Wald angekommen, liefen wir querfeldein durchs Unterholz. Er kannte sich offenbar gut aus und wusste genau, wo im Wald sich die Gräber befanden. Bis zu diesem Zeitpunkt hatte ich mich nicht viel mit Hünengräbern beschäftigt. Als wir eines der Gräber gefunden hatten, frischte der entspannte Death-Metal-Sänger mein Allgemeinwissen auf. Er erzählte mir, dass Hünengräber Großsteinsetzungen aus der Jungsteinzeit seien. Diese Steingräber gehören zu den ältesten Grabanlagen, die im Norden Deutschlands wie auch in den skandinavischen Ländern nachgewiesen werden können. Da das Wort »Hüne« vom mittelhochdeutschen Wort »Huine« abgeleitet ist, das wiederum »Riese« bedeutet, nahm man bis ins 17. Jahrhundert an, dass es sich bei diesen Gräbern um die Ruhestätten von Riesen gehandelt hätte.

# Begegnungen auf der Seenplatte

Vom Zeitlow aus lief ich Richtung Süden weiter durch die Region Mecklenburgische Seenplatte, die mit über 5000 Quadratkilometern den größten Landkreis Deutschlands darstellt. Über 1000 natürliche Seen bilden auf dieser Fläche das größte vernetzte Wassersportrevier Europas. Im Peenetal erwartete mich unberührte Natur, dort konnte ich unzählige Störche mit ihren Jungen aus nächster Nähe beobachten. Die Peene ist eine der letzten naturbelassenen Flüsse in Deutschland, gilt als größtes zusammenhängendes Niedermoorgebiet Mitteleuropas und wird auch »Amazonas des Nordens« genannt.

In der Kleinstadt Demmin begab ich mich auf Shoppingtour, da ich dringend eine neue Gaskartusche benötigte. Ein Sport- oder Outdoor-Geschäft gab es nicht, also rief ich in Fahrradläden und Geschäften für Anglerbedarf an. Erfolglos! Zufällig kam ich an einem kleinen Haushaltsladen vorbei, in dem es von der Kaffee- bis zur Waschmaschine so ziemlich alles gab. Ich war arg verblüfft, dass sie genau die Gaskartusche im Sortiment hatten, die ich benötigte. Noch mehr erstaunte mich allerdings, dass sogar eine Ersatzpinzette für mein Victorinox-Taschenmesser vorrätig war. Ein paar Tage zuvor, als ich mir eine der zahlreichen Zecken aus der Haut gezogen habe, hatte ich meine wohl verlegt. Die beiden Frauen, die das Geschäft betrieben, waren ganz glücklich, mir helfen zu können und auch ein wenig stolz, dass sie als Einzige im Ort die ausgefallenen Utensilien anbieten konnten, die ich benötigte. Wir unterhielten uns noch eine Weile und lachten viel. Ihnen fehlte jegliche Vorstellungskraft, wie man so viele Kilometer zu Fuß zurücklegen könne und konnten gar nicht nachvollziehen, dass ich keine Angst hatte, allein nachts im Wald oder überhaupt in der Natur zu schlafen. Sie witzelten darüber, dass sie große Lust hätten, mich nachts im Zelt zu erschrecken. Doch da sie sich selber mehr fürchten würden als ich, würde es wohl nicht dazu kommen. Die beiden Damen waren wirklich sehr lustig, freundlich und aufgeschlossen, auch wenn sie mein Vorhaben, durch Deutschland zu laufen, völlig weltfremd fanden.

Am Kummerower See, dem achtgrößten See Deutschlands, traf ich Alexander, einen 66-jährigen Mann, der ursprünglich aus Kasachstan kam und schon seit vielen Jahren in Deutschland lebte. Mit unverkennbar russischem Akzent fragte er mich: »Was bist du für ein komischer Mensch?« Etwas verwundert über diese Frage antwortete ich: »Ein Wanderer.« Er begründete sein Erstaunen damit, dass er sonst hier kaum noch Menschen träfe, die mit dem Rucksack durchs Land zögen. Und lud mich gleich auf ein Bier ein. Ich baute meinen Campingstuhl auf, setzte mich zu ihm, und wir stießen an. Er erzählte, dass er vor vielen Jahren mit Freunden wochenlang mit Rucksack durch Sibirien gewandert sei. Sie hätten Waffen und Angeln bei sich getragen, seien auf die Jagd gegangen und hätten sich unterwegs von dem ernährt, was sie in der Wildnis erbeuteten. Auch in Deutschland hatte er später den Jagdschein erworben. Es ging ihm dabei aber eher um die Erlaubnis, eine Waffe mit sich führen zu können. Jagen hierzulande sei nur Geldschneiderei und fürs

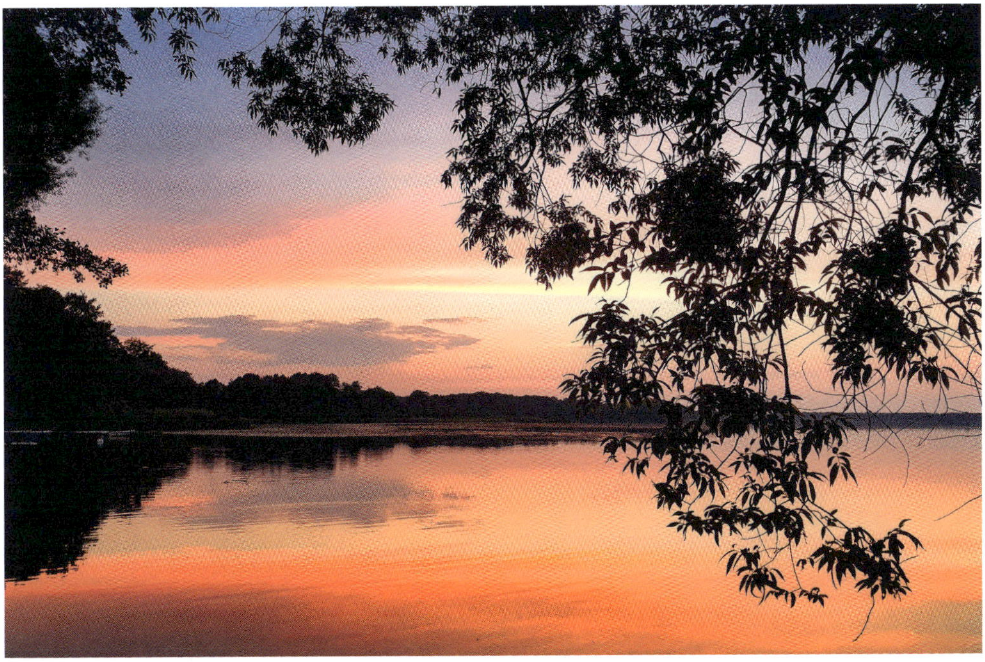

Die Mecklenburgische Seenplatte erinnerte mich mit ihren glasklaren Seen auf hellem Sandgrund und den weiten Waldgebieten an eine vergangene Tour in Schweden.

Überleben nicht notwendig, meinte er. Als richtiger Russe sei er es jedoch gewohnt, eine Waffe bei sich zu tragen, da er diese dort, wo er herkam, wohl dringend brauchte. Nach dem Bier bot mir Alexander an, seinen selbst gebauten Grill anzuwerfen. In seiner Heimat sei es selbstverständlich, Reisende zum Essen und Trinken einzuladen. Ich sagte ihm, dass ich erstmal aus meinen verschwitzten Klamotten raus und ins Wasser springen wolle, dann aber gern wiederkomme. Er war völlig tiefenentspannt und agierte mit einer Ruhe, die ich als sehr angenehm empfand. Nach meinem Bad im See öffnete er eine weitere Flasche Bier, heizte den Grill an, verschwand in seinem Wohnwagen und bereitete Gemüse und Schaschliks vor, die er anschließend auf den Grill legte. Mein Gastgeber meinte, bei ihm sei es Tradition, zum Essen einen Schnaps zu trinken. Er stellte eine Flasche und zwei kleine Becher auf den Tisch und verriet mir, dass er schon lange keinen Wodka mehr kaufe, da das alles nur Schrott sei. Er trinke nur noch seinen Selbstgebrannten. Das Zeug war kräftig, schmeckte gut, und im Lauf des Abends gingen einige Becher davon über den Tisch. Er trank auf mich, ich auf ihn, wir auf uns, und dann ging es wieder von vorne los. Irgendwann nach drei Schaschliks und einem Teller voller gegrillter Pilze, Zucchini und Paprika war ich pappsatt und hatte ordentlich einen sitzen. Ich glaube, es war so gegen 3 Uhr morgens, als wir den Abend beendeten. Ich schulterte meinen Rucksack, torkelte noch 200 Meter zu meinem abgeschiedenen Schlafplatz, baute rasch mein Zelt auf und schlief umgehend ein.

Am nächsten Morgen wurde ich gegen 8 Uhr wach, fühlte mich aber nicht so recht fit und stellte fest, dass mein noch vom Alkohol benebeltes Gehirn nicht so recht in den Wachmodus wechseln wollte. Also drehte ich mich um und schlief noch mal tief und fest bis gegen 10. Dann trank ich ganz viel Wasser, kletterte etwas behäbig aus dem Zelt und startete in den Tag. Etwa eine Viertelstunde später kam Alexander zu mir. Gastfreundlich wie er war, ließ er sich nicht nehmen, mich auch noch zum Frühstück einzuladen. Da es schon gegen halb elf war, war er etwas besorgt, dass es mir vielleicht nicht gut gehen könnte. Immerhin habe sein Selbstgebrannter um die 50 Prozent, und das vertrage nicht jeder so gut, wie er aus Erfahrung wisse. Ich erklärte ihm, dass soweit mit mir alles okay sei. Ich müsse nur noch kurz in den kalten See springen und wäre dann fit fürs Frühstück. Nach dem Bad war ich wieder halbwegs zu gebrauchen und leistete ihm Gesellschaft. Das Frühstück mit Brot, Käse und Gemüse hatte er schon vorbereitet. Wir saßen noch eine ganze

Weile zusammen. Er war seit einer Woche mit Wohnwagen und Boot an dem See. Tagsüber fuhr er zum Angeln hinaus. Gefangen hatte er bisher noch nichts, aber das störte ihn nicht. Ihm ging es hauptsächlich darum, etwas Ruhe zu finden, zu entspannen und die freie Zeit zu genießen. Normalerweise lebt er in Paderborn und genießt seine Rente. Auch wenn seitdem das Geld wohl etwas knapp ist, war er doch zufrieden. Er hatte eine gute Frau, zwei eigenständige Kinder, einen Wohnwagen und mehrere Boote. Er sagte, das sei alles, was er brauche, um glücklich zu sein. Das Wasser und seine Boote seien seine große Leidenschaft, und wann immer er die Zeit finde, verbringe er sie entweder auf einem stillen Zeltplatz oder segle oder fahre zum Angeln raus. Die Wildnis von Russland und Sibirien vermisse er zwar ein wenig, aber das Leben habe ihn nun mal hierher verschlagen, und er wolle sich nicht beschweren. Für gewisse Dinge hatte Alexander allerdings überhaupt kein Verständnis. Zum Beispiel empfand er es als Unverschämtheit, dass man bezahlen müsse, wenn man zu Fuß durchs Land läuft und am Abend irgendwo sein Zelt aufbaut, um am nächsten Morgen weiterzuziehen. Er bestand regelrecht darauf, dass ich nicht zahle. Naja, und ich gab mir auch keine große Mühe herauszufinden, wo ich das hätte tun sollen und zog nach einer herzlichen Verabschiedung weiter. Als ich meine Sachen zusammenpackte, sah ich noch, wie Alexander langsamen Schrittes mit Cowboyhut zu seinem Boot lief und auf den Kummerower See hinausfuhr.

Durch ein weites Waldstück kam ich Richtung Gülzow, meinem Tagesziel. Dort angekommen, machte ich einen kleinen Umweg durchs Dorf, da ich nicht so recht wusste, wo ich schlafen wollte und außerdem noch Wasser benötigte. Ganz in meiner Nähe hielt ein Lieferwagen vor einem Haus. Auf der Fahrerseite stieg eine Frau aus, auf der Beifahrerseite ein kräftiger Typ mit Glatze, tätowiert, ein Sternburg-Bier in der Hand und mit bereits ziemlich geröteten Augen als Folge seines Alkoholpegels. Ich ergriff meine Chance und fragte nach Wasser. Er bat mich auf sein Grundstück. Während seine Freundin im Hauseingang verschwand und meinen Wasservorrat auffüllte, fragte er mich, was ich hier treibe. Ich erzählte von meinem Plan, durch Deutschland zu laufen. Er konnte jedoch mit dieser Art der Fernwanderung überhaupt nichts anfangen und stellte mir immer wieder die gleiche Frage: »Du läufst also mit deinem Rucksack allein völlig sinnlos in der Gegend umher?« Ich versuchte ihm zu erklären, dass es für mich keineswegs sinnlos sei, sondern eine positive Erfahrung und es

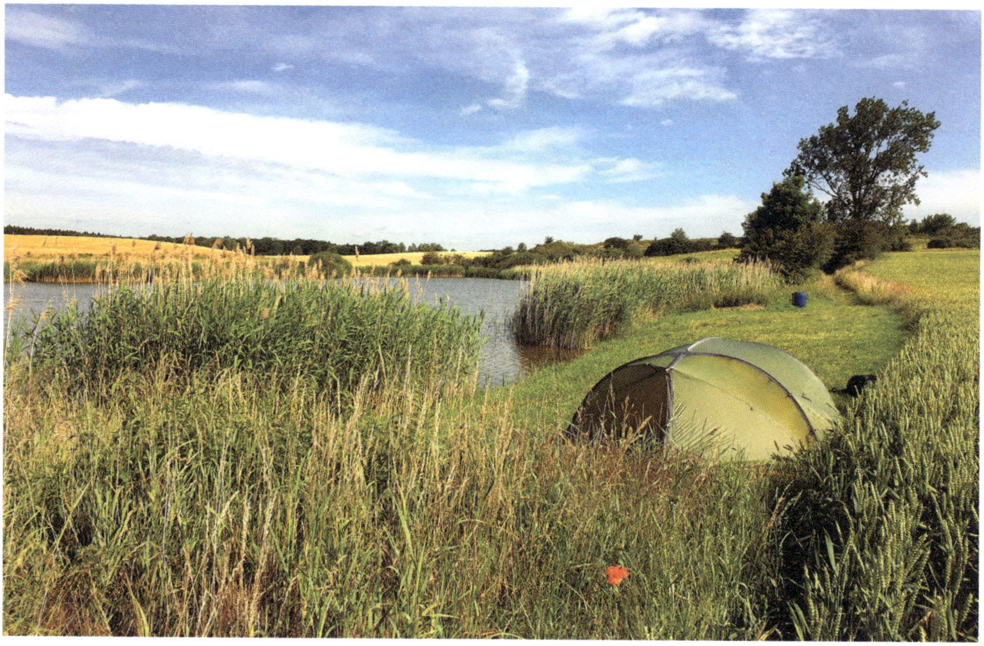

mir einfach Spaß mache, in der Natur unterwegs zu sein. Er konnte es dennoch nicht nachvollziehen. Für mich war es pure Erfüllung, für ihn ein an Sinnlosigkeit kaum zu überbietender Zeitvertreib. Trotzdem war er sehr freundlich und bemüht, fragte, ob ich sonst noch etwas brauchen könnte und bot mir Essen und frische Eier an. Er war der beste Beweis dafür, dass es völlig egal ist, ob man gleiche Interessen teilt. Es kommt nur darauf an, wie man aufeinander zugeht. Denn auch wenn er mein Vorhaben total sinnlos fand, wollte er mich dabei unterstützen. Sein Angebot, mir frische Eier mitzugeben, lehnte ich dankend ab, fragte ihn, ob er vielleicht wüsste, wo ich in der Nähe ungestört mein Zelt aufbauen könne. Er meinte, etwa drei Kilometer etwas abseits vom Weg gebe es einen kleinen See, wo ich ungestört sei, baden könne und wo es sogar eine Feuerstelle gebe, für den Fall, dass ich noch etwas »zündeln« möchte. In solchen Momenten ist es ein Glück, wenn man auf freundliche Einheimische trifft, die sich auskennen und einem weiterhelfen. Der See war in der Tat perfekt. Ich konnte baden und baute mein Zelt direkt am See mit Weitblick über das Wasser und das angrenzende Feld auf.

Wenn die Wanderkarte streikt und sich kein geeigneter Platz für das Nachtlager offenbart, kommt glücklicherweise irgendwo ein Einheimischer mit dem ultimativen Schlafplatztipp daher.

# Mit Heißhunger nach Waren

Nachdem ich an einem der vielen Seen auf der Reise mein geliebtes Morgenbad genossen hatte, zog ich los. Das Laufen fiel mir heute unheimlich schwer, daher legte ich spätestens alle fünf Kilometer eine Pause ein. Auch das gehört dazu und ist nicht planbar. Mal hat man einen besseren Tag, mal einen, an dem es nicht so rund läuft. Aber ich war schließlich nicht auf der Flucht, und nichts und niemand drängte mich. Also nahm ich die Tage, wie sie kamen, und hörte auf die Signale meines Körpers.

Gerade an einem Tag, an dem man sich nicht so fit fühlt, ist die Lust auf Süßigkeiten und Cola besonders groß. In Groß Gievitz am Torgelower See wurde mein Heißhunger gestillt. Es gibt dort einen kleinen Laden, der täglich von 17 bis 19 Uhr geöffnet hat. Als ich ankam, war es genau 17 Uhr, und die »Bedürftigen« des Dorfes standen bereits in den Startlöchern, um sich mit Nachschub zu versorgen. Der Kühlschrank des Ladens beinhaltete zwei kalte 0,33 ml-Cola-Flaschen, die ich mir sofort sicherte, bevor einer meiner Mitbewerber auf die Idee kam. Dazu kaufte ich mir einen dieser abgepackten Marmorkuchen, um die man eigentlich sonst aus kulinarischen Gründen einen Bogen macht. Doch es gibt Momente, wo es genauso etwas sein muss. Nachdem ich den ganzen Kuchen gierig verschlungen hatte, schwor ich mir, nie wieder auf so einen Industriekram zurückzugreifen. Keine Ahnung, wie oft ich mir das auf solchen Touren schon vorgenommen hatte.

Über einen ausgeschilderten Radweg, der einen herrlichen Blick über bunte Blumenfelder bot, wanderte ich nach Waren. Dort checkte ich umgehend in einer Pension ein. Nachdem ich meine Klamotten und

---

Folgende Doppelseite
Mein Weg nach Waren: perfektes Wanderwetter und wilde Blumen- und Kräuterwiesen, so weit das Auge reicht.

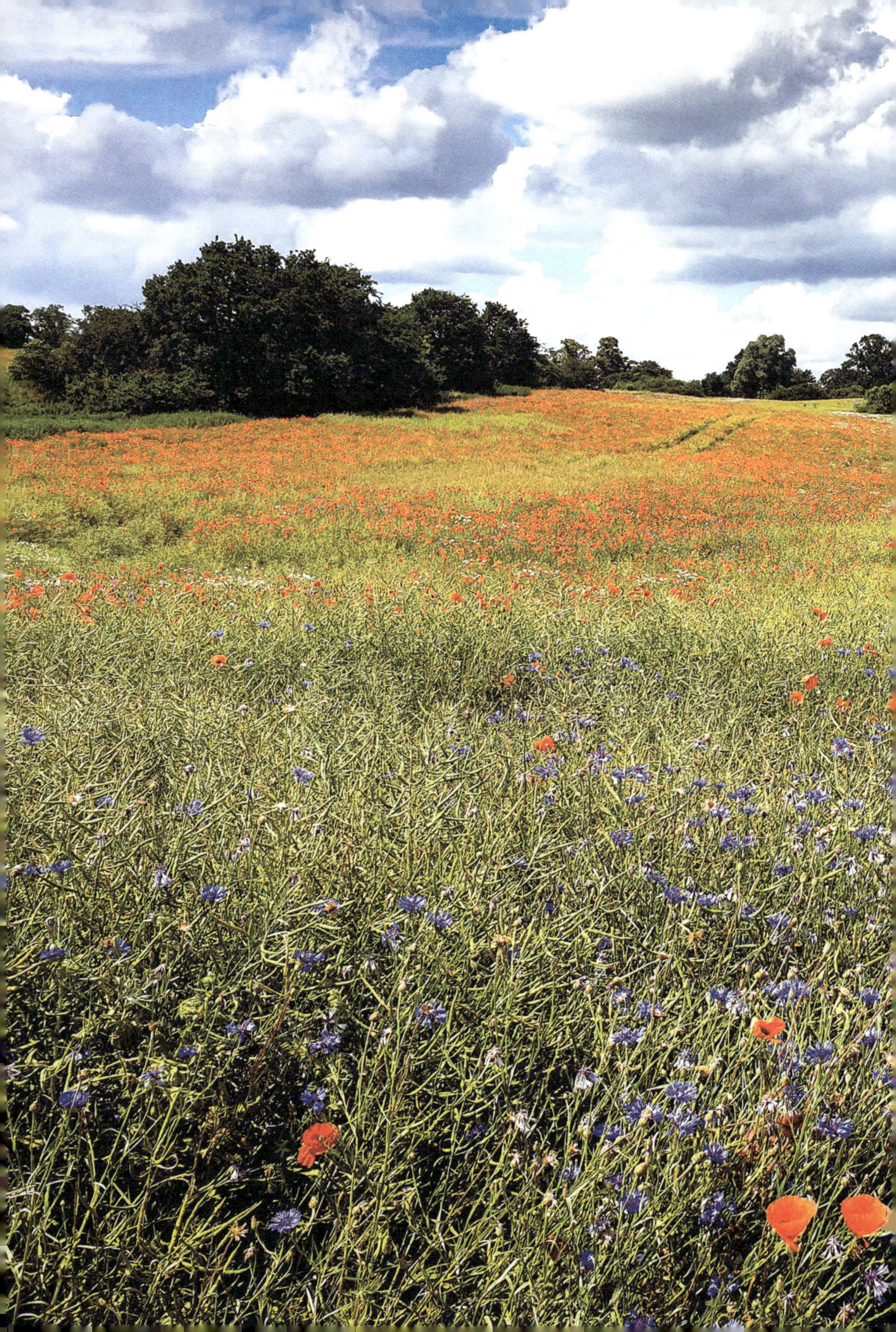

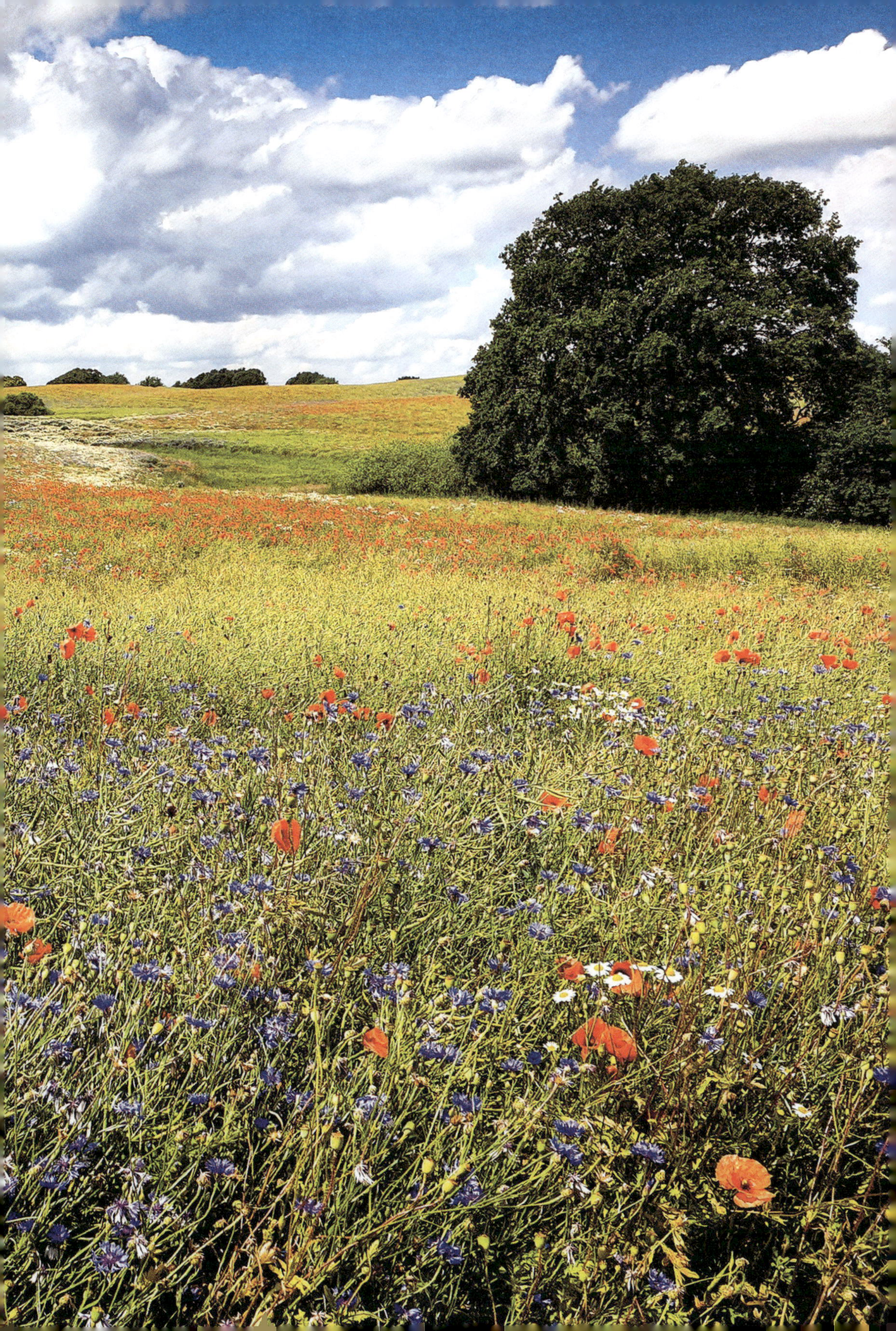

mich unter der wohltuenden Dusche vom Schmutz der letzten Tage befreit hatte, lief ich ein paar Schritte durch den Ort. Ich sah mich am Hafen um und gönnte mir am Abend ein opulentes Mahl in einem der unzähligen Restaurants, bevor ich mich in meinem Zimmer gemütlich einrichtete. Da ich für diverse Dinge, die ich unterwegs erledigen wollte und zum Sortieren meiner Filmaufnahmen einen Laptop mit mir herumschleppte, konzentrierte ich mich bei Bier und weißer Schokolade auf Netflix und Chillen und zog mir eine alberne Komödie rein, die mein Gehirn nur in geringem Maße beanspruchte. Ich wollte einfach nur entspannen und freute mich schon auf den nächsten Tag, an dem ich ausruhen und mir im Schlenderschritt die Stadt anschauen wollte.

Waren ist mit über 21 000 Einwohnern der Hauptort an der Müritz und Zentrum der Urlaubsregion Mecklenburgische Seenplatte. Die gut erhaltene Altstadt, das Natur-Erlebnis-Zentrum, die Festspiele, der Stadthafen und nicht zuletzt die herrliche Natur sind Hauptanlaufpunkte der vielen Besucher. Auch der Weltmarktführer für große Schiffspropeller, Mecklenburger Metallguss, hat seinen Firmensitz in Waren. Damit ist die Stadt neben dem Tourismus auch ein wichtiger Wirtschaftsstandort der Region.

# Slapstick

Den weiteren Weg entlang der Müritz beschloss ich, nicht zu laufen, sondern wollte mit dem Schiff bis zum Bolter Kanal übersetzen. Da die Fähre erst um 13.55 Uhr ging, leistete ich mir am nahe gelegenen Imbiss eine Portion geräucherten Heilbutt, Aal und eine Cola. Zu dem Imbissboot musste man einige Stufen vom Steg hinabsteigen. Dort war extra ein Schild angebracht worden, das darauf hinwies, nicht mit dem Kopf an die Ladenklappe zu stoßen, die aufgeklappt als Sonnen- und Regenschutz diente. Diesen Hinweis hatte ich auf dem Weg nach oben mit meinem Teller in der einen und Cola in der anderen Hand bereits wieder vergessen, da ich nur noch Augen für die Köstlichkeiten in meinen Händen hatte. Und schon blieb ich mit

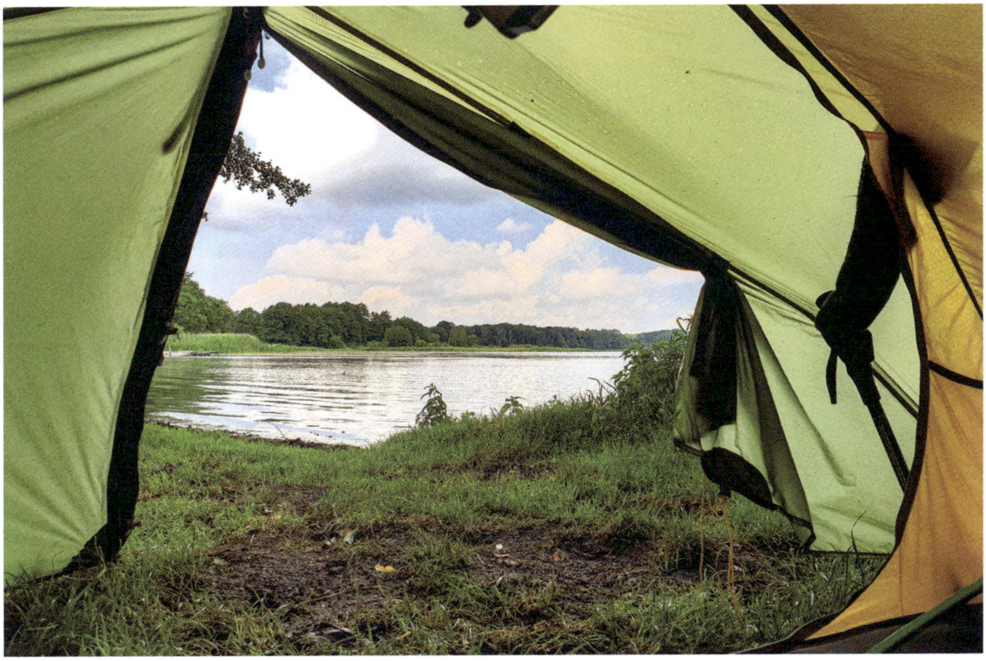

Zeltalltag – die Ausrüstung sollte sorgfältig gewählt sein und einen guten Kompromiss zwischen Gewicht und bestmöglichem Komfort bieten. Sonst wird es schnell ungemütlich.

dem Rucksack am Verdeck hängen und riss den Schaumstoff ab, der als Kopfschutz angebracht war. Nun folgte der Dominoeffekt: Ich erschrak, taumelte in der Gegend umher, stolperte, als ich mich bücken wollte, um den Kopfschutz aufzuheben, und verschüttete dabei die Hälfte der Cola über Hand und Teller. Wie in solchen Momenten üblich, hatte ich ausreichend Publikum, und etliche Menschen wurden Zeuge meiner Slapstick-Nummer. So souverän wie möglich bastelte ich den Kopfschutz wieder an das Verdeck, setzte mich an einen der Tische außerhalb des Bootes, ließ mir meinen mit Cola verfeinerten Fisch schmecken, tat so, als sei nichts passiert und wartete auf meine Fähre »Diana«.

Die Müritz ist der größte See, der vollständig innerhalb Deutschlands liegt. Der Name Müritz ist aus dem Slawischen abgeleitet und bedeutet so viel wie »Kleines Meer«. Nach etwa 90 Minuten Fahrt auf dem See legte die »Diana« an der Anlegestelle am Bolter Kanal an. Mein Wanderweg führte entlang eines Fischereilehrpfades. Doch irgendwie musste ich wohl abgedriftet sein, denn plötzlich standen da große Schilder »Betriebsgelände – Betreten strengstens verboten«. Ich war mir unsicher, ob das nur für die Fischteiche und den See galt oder auch für meinen Weg … und lief einfach weiter. Nach zwei Kilometern stand ich vor einem großen Tor, dessen Stacheldraht mich am Weiterkommen hindern wollte. Zurückgehen war keine Option, denn der Weg war weit. Also kletterte ich mit dem Rucksack auf dem Rücken über das Tor und achtete darauf, mich vom Stacheldraht nicht »zerfetzen« zu lassen. Das sah sicher ähnlich unbeholfen aus wie die Aktion mit dem abgerissenen Kopfschutz am Imbiss ein paar Stunden zuvor. Diesmal aber wenigstens ohne Publikum. Und diesmal ging auch alles gut, ich kam heil über den Zaun.

# Karin und der Wolf

In Wesenberg suchte ich mir auf der Karte gleich einen Campingplatz, den ich abends ansteuern wollte, um dort eine Nacht zu verbringen und im besten Fall meine Klamotten mal nicht im See oder Waschbecken einer Pension, sondern in einer richtigen Waschmaschine zu waschen. In den nächsten Tagen sollte ich meinen ersten Besuch bekommen und wollte den eigentümlichen Reisegeruch aus meiner Kleidung verbannen. Ich rief auf einem Zeltplatz am Wangnitzsee an und schilderte mein Anliegen. Die Frau am Telefon meinte, es sei für sie kein Problem, meine Sachen in der Waschmaschine ihrer Gaststätte zu waschen. Ich solle einfach anrufen, wenn ich da sei.

Der Campingplatz war ziemlich leer. Nur am Rand standen die Wohnwagen der Dauercamper und ein paar Tagesausflügler. Ich setzte mich an einen Tisch mit Bank abseits der anderen Gäste, zückte mein Telefon und rief wie abgesprochen an. Kurz darauf kam Karin, die Chefin des Platzes, auf ihrem Fahrrad angeradelt. Mit ihrer gelassenen Art war sie mir auf Anhieb sympathisch, und sie kam von ganz allein gleich auf ihr Angebot zurück, meine Sachen zu waschen. Vorsichtshalber hatte ich alles schon mal vorbereitet und sprang nur noch in Shorts und T-Shirt über den Platz. Wir gingen zusammen zur Gaststätte, die geschlossen war, stopften meine Wäsche in die Maschine und kamen ins Plaudern. Sie war 66 Jahre alt und hatte vor 13 Jahren den Platz übernommen. Die Gaststätte sei zwar nur am Wochenende geöffnet, aber natürlich würde sie niemanden verdursten oder verhungern lassen. Zapfhahn und Kühlanlage würden nie ausgestellt. In den nächsten Jahren würde sie die Verantwortung zwar gern abgeben, doch da sie selber auf dem Zeltplatz wohne, werde sie wohl immer Teil des Areals sein und aushelfen, so lange sie könne. Karin bot mir an, meine Wäscheleine auf dem überdachten Gaststättenfreisitz zwischen zwei Laternen zu spannen, damit sie nachts von der Feuchtigkeit verschont bliebe. Meine Befürchtung, dass die Spannung die Lampen aus der Verankerung reißen könnte, nahm Karin locker: »Dann muss ich sie halt wieder dranschrauben. Ich habe hier schon so viel Hand angelegt, da ist das nun wirklich kein Problem.« Als ich anschließend meine saubere Wäsche schwungvoll über die Schnur warf, seufzte sie nur »Männer!« und holte Wäscheklammern, da die Wäsche doch so viel besser im Wind wehen könne. Karin war wirklich der Knaller, ruhig und entspannt, hilfsbereit und liebevoll. Als ich mich noch mal für ihre Gastfreundschaft bedankte, antwortete sie nur: »Wie es in den Wald hineinruft, so schallt es auch heraus. Und so einem verrückten jungen Mann muss man einfach helfen.«

Am nächsten Morgen um sechs Uhr wachte ich auf, da die aufgehende Sonne mein Zelt beinahe in eine Sauna verwandelt hatte. Ich legte den Schlafsack zur Seite, öffnete beide Apsiden des Zeltes vollständig und atmete erleichtert den Windzug ein. Ich ließ mir heute viel Zeit, da der Platz viel zu gemütlich für einen schnellen Aufbruch war. Ich setzte mich noch ein wenig zu Karin, die auf dem Freisitz genüsslich eine rauchte. Kurz darauf gesellte sich ein weiterer Gast dazu: »Du Karin, die Gaststätte ist ja heute geschlossen, aber an so

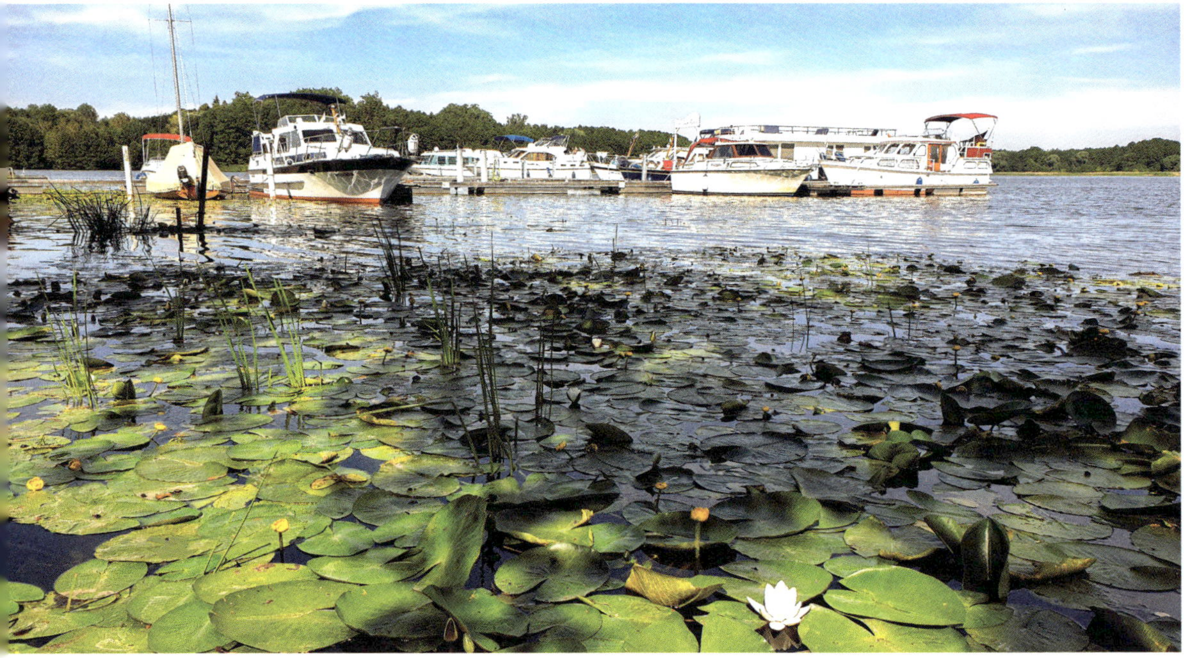

Fürstenberg an der Havel im Norden Brandenburgs wird wegen seiner Vielzahl an Seen, Flüssen und Bächen auch oft als Wasserstadt bezeichnet.

einem heißen Tag wäre ein kaltes Bier genau das Richtige.« Seine Sprache hatte einen russischen Akzent. Der zweite Russe also, den ich auf dieser Reise kennenlernen sollte.

Nachdem er sein Getränk bekommen hatte, packte er sein Smartphone aus, hielt uns ein paar Bilder von Spuren im Sand unter die Nase und fragte nach unserer Meinung. Während ich noch rätselte, worauf er hinauswollte, antwortete Karin: »Ja, das könnten die Spuren eines Wolfs sein.« Seit einiger Zeit waren in der Gegend wieder Wölfe heimisch, die auch schon mit Wildkameras aufgenommen wurden. Nachdem das Thema Wölfe abgearbeitet war, fragte der Russe, ob denn eine bestimmte Frau, die Karin und er schon kurz vorher erwähnt hatten, vielleicht etwas für ihn sei. Karin verneinte, und ein neues Thema war geboren. Der Gast beschwerte sich, dass alle Frauen gleich tickten. Er hatte bemerkt, dass seine letzten zehn Frauen – ja, er sagte wirklich zehn! – am Ende alle gleich gewesen waren. Wenn er unterwegs war, nervten sie ihn in Telefongesprächen, wie sehr sie ihn vermissten, und wenn er bei ihnen war, damit, seine Großzügigkeit als selbstverständlich anzusehen. Am Ende einigte er sich mit sich selber darauf, dass das Leben ohne Beziehung viel schöner und einfacher sei. Ohne Kompromisse und diese Gefühlsduselei. Karin stimmte ihm zu, indem sie sagte: »Also, mir kommt auch nie wieder ein Mann ins Haus.«

Als auch dieses beziehungsreiche Gespräch beendet war, bestellte der Russe sein zweites Bier, und ich beschloss aufzubrechen. Karin drückte mir eine Rechnung über acht Euro in die Hand. Darin waren der Stellplatz, die Dusche, das Wasser, das Bier am Abend und die gewaschene Wäsche enthalten. Ich fragte, ob das wirklich ihr Ernst sei, gab ihr 15 Euro und bedankte mich herzlich. Sie beschrieb mir noch den kürzesten Weg in meine geplante Richtung, ich verabschiedete mich und lief bei 38 Grad Richtung Fürstenberg, wo ich meinen ersten Besuch erwartete.

# Sabrina

Sabrina: »Wie spät ist es?« Ich: »Halb zehn.« Sie: »Warum weckst du mich dann?« Auch wenn wir noch eine Weile liegen blieben, war damit die Nachtruhe endgültig besiegelt, und wir starteten in unseren zweiten gemeinsamen Tag. Anfang des Jahres hatte ich an der Uckermärkischen Bühne Schwedt die Theatermusik zu Arthur Millers »Alle meine Söhne« komponiert und lernte Sabrina aus dem Schauspielensemble kennen. Die Tage mit ihr fühlten sich für mich wie Urlaub vom Urlaub an, und ich konnte obendrein meinen geschundenen Beinen die verdiente Auszeit gönnen. Wir badeten im Dagowsee, entspannten danach unter der Linde eines Cafés, in dem vielleicht schon der Dichter Theodor Fontane einen Eisbecher genossen hatte –

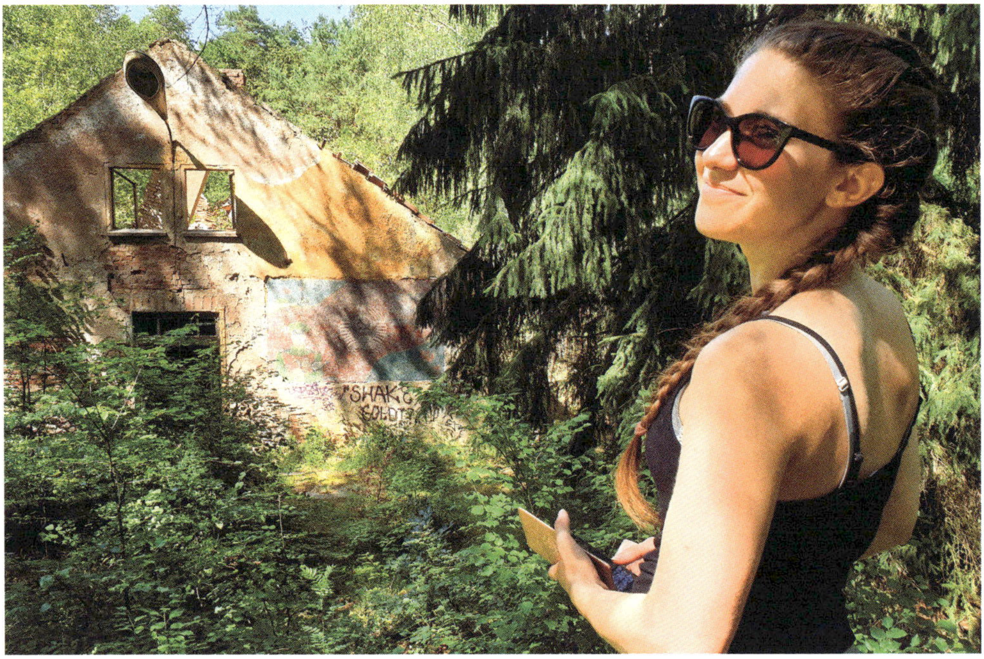

Auf Lost-Place-Erkundung mit Sabrina. Neben der Faszination des maroden Charmes sind es die Geschichten hinter vergessenen Mauern, die mich in ihren Bann ziehen und einst zum Dokumentarfilm brachten.

schließlich befanden wir uns in seiner Heimat –, besichtigten die markante, 1848 fertiggestellte Stadtkirche Fürstenberg, steigerten uns in Gesprächen über die Bedeutung und Eigenschaften unserer europäischen und die der chinesischen Tierkreiszeichen hinein, füllten unsere Mägen mit allerlei Leckereien und sahen uns noch einige Lost Places an. Eines der diesbezüglichen Highlights war das seit 1992 brachliegende Kraftfuttermischwerk. Das Hauptgebäude der am Röblinsee gelegenen Fabrik ist 36 Meter hoch und bietet einen traumhaften Blick auf die Umgebung. Nachdem wir alles ausgiebig erkundet hatten und gerade das Gelände verlassen wollten, krachte ein loser Ziegelstein vom Dach auf den Boden, direkt neben uns. Wir erschraken und waren heilfroh, dass der Stein uns verfehlt hatte. Nicht auszudenken, was hätte passieren können, wenn der Ziegel einen von uns getroffen hätte, aus einer Höhe von 30 Metern!

Ein weiterer Lost Place, den wir dieser Tage erkunden wollten, war das dreiflügelige Barockschloss Fürstenberg, erbaut zwischen 1741 und 1752 als Witwensitz für die Mecklenburg-Strelitzer Herzogin Dorothea Sophie. Die Nutzung des Schlosses wechselte im Lauf der Geschichte immer wieder – zuletzt diente es als Pflegeheim –, bis es 2004 geschlossen wurde. Das Schloss zog vor allem Sabrina in ihren Bann. Wir krochen durch ein größeres Loch im Gebüsch. Der dahinterliegende Zaun war stellenweise offen, wir waren also nicht die Einzigen, die sich bereits der Faszination hingegeben hatten, das Gelände des Schlosses näher zu erkunden. Hinein ins Innere kamen wir aber nicht. Offensichtlich gab es jemanden, der das Schloss vor Vandalen und sonstigen Eindringlingen schützen wollte, was wir auch grundsätzlich begrüßten.

Als ausgesprochen lustiger Zeitvertreib erwies sich unsere Tretbootfahrt auf der Havel. Wir starteten in der Abendsonne vom Schwedtsee über die Havel bis zum Stolpsee. Sabrina musste die Lenkung übernehmen, da ich damit nicht so recht klarkam und als Steuermann vermutlich einige der uns entgegenkommenden Boote gerammt hätte. So trat ich lieber munter in die Pedale. Auf dem Rückweg vom Stolpsee legten wir kurz am Ufer der Havel an und besuchten die Jugend-KZ-Gedenkstätte Uckermark. Das Jugendkonzentrationslager wurde 1942 von Häftlingen des Frauenkonzentrationslagers Ravensbrück errichtet. 1937 machte ein Erlass über die »vorbeugende Verbrechensbekämpfung« die Inhaftierung von als »asozial« kriminalisierten Mädchen möglich. Zu Beginn des Jahres 1945 wurde der größte Teil des Konzentrationslagers in einen Vernichtungsort für

Häftlinge aus Ravensbrück und anderen Konzentrationslagern umfunktioniert. Bis zur Befreiung 1945 wurden dort etwa 5000 Frauen umgebracht. Ein unfassbar dunkles Kapitel der deutschen Geschichte.

An unserem letzten gemeinsamen Abend wollten wir uns eigentlich einen gemütlichen Filmabend machen. Doch nach dem Kampf mit dem schlechten WLAN der Pension endete das Vorhaben in einem Massageabend für Sabrina, den doch eigentlich ich nach nahezu 1000 Kilometern Fußmarsch verdient gehabt hätte.

Am nächsten Tag musste Sabrina nach Schwedt zurück, um wieder in die Rolle des Pinocchio im Musical »Shrek« zu schlüpfen. Sie fuhr mich noch etwa zwei Kilometer bis an die Stadtgrenze, da ich keine Lust hatte, noch mal durch die ganze Stadt zu laufen. Ich wollte direkt in der Natur meinen Wanderweg fortsetzen. Wir verabschiedeten uns, und ich war traurig. Als ich so alleine dastand, überkam mich das erste Mal ein Gefühl der Einsamkeit, was vielleicht auch normal ist, wenn man die letzten Tage mit einem vertrauten Menschen verbracht hat und von einer Minute auf die andere wieder allein mitten in der Pampa steht. Ich konnte nichts dagegen tun, außer einfach loslaufen und das Gefühl ignorieren.

# Sehnsüchte und Vorurteile der Anderen

Weiter ging es für mich, vorbei am Sidowsee und durch den Ort Himmelpfort. Am Platkowsee schlug ich mich wiederholt abseits des Wanderweges durchs Unterholz auf der Suche nach einem geeigneten Nachtquartier. Ich baute mein Zelt unter den Bäumen des Waldes am Ufer auf und hatte einen super Zugang zum See, wo ich im glasklaren Wasser ein Bad nehmen wollte. Tausende Mücken lechzten am Abend nach meinem Blut – und an einigen Stellen meines Körpers auch mit Erfolg. Doch offensichtlich hatte sich mein Körper mittlerweile daran gewöhnt, denn meist war von den frischen Mückenstichen, die ich mir am Abend holte, am Morgen nichts mehr zu spüren. Nicht nur Mücken, auch Zecken überfielen mich regelmäßig. Allein am Morgen nach meiner Nacht am Platkowsee entfernte ich drei dieser Blutsauger, die sich in meiner Haut festgebissen hatten.

Die Tage wurden immer heißer, und ich lief schweißgebadet am Libbesickesee vorbei nach Ringenwalde. Bei dieser Hitze musste auf jeden Fall ein gepflegter Eisbecher her. Auf einem liebevoll gestalteten Freisitz wurde mir wenig später selbst gemachtes Eis serviert. Dort kam ich ins Gespräch mit einem jungen Paar, das hauptsächlich damit beschäftigt war, sein fünf Monate altes Baby zu beruhigen, das die Hitze wohl auch nicht so prickelnd fand, durchgängig am Quengeln war und unzufrieden dreinblickte. Der Mann fand mein Vorhaben großartig, meinte aber, dass so etwas mit Baby und – nebenbei bemerkt auch mit seiner Frau – wohl eher schwierig wäre zu realisieren. Die Frau schaltete sich ebenfalls in das Gespräch ein, widersprach nicht und gab zu, dass es auf sie wenig Reiz ausübe, im Zelt draußen in der Natur zu schlafen. Er hingegen geriet immer mehr ins Schwärmen und unternahm den Versuch, seine Frau zu überreden, vielleicht doch auch mal etwas Ähnliches zu planen. Während ich den beiden so zuhörte, ging ich fest davon aus, dass es bei dem Überredungsversuch bleiben würde.

Telefonisch hatte ich mit Sabrina ausgemacht, dass ich über Schwedt laufen und sie noch mal besuchen würde. Die Strecke von Angermünde bis Schwedt legte ich allerdings mit dem Bus zurück, da es nach meinen Informationen keine guten Wanderwege gab und ich keine Lust verspürte, auf der Straße zu laufen. Als ich nach 20 Kilometern Busfahrt in Schwedt ausstieg, fiel ich Sabrina regelrecht in die Arme. Nicht weil ich es kaum fassen konnte, sie so bald wiederzusehen, sondern weil ich auf den letzten Metern über meinen eigenen Schnürsenkel stolperte und ihr direkt entgegenfiel.

Da bei Sabrina aufgrund eines neuen Engagements am Theater in Plauen ein Umzug bevorstand, war sie gerade dabei auszumisten, während ich mich abmühte, mit Löschpapier die Wachsflecken aus der Couch zu bügeln, die vom Kerzenhalter an der Wand darauf getropft waren. Statt allerdings ihren Umzug vorzubereiten, saßen wir beide schon bald auf dem Fußboden und blätterten die Fotoalben durch, die sie aus dem Schrank gekramt hatte. So verging die Zeit bis zum nächsten Hungergefühl. Dann lief ich los und besorgte Pizza und ein Stück Kuchen aus dem Café um die Ecke. Während ich im Café

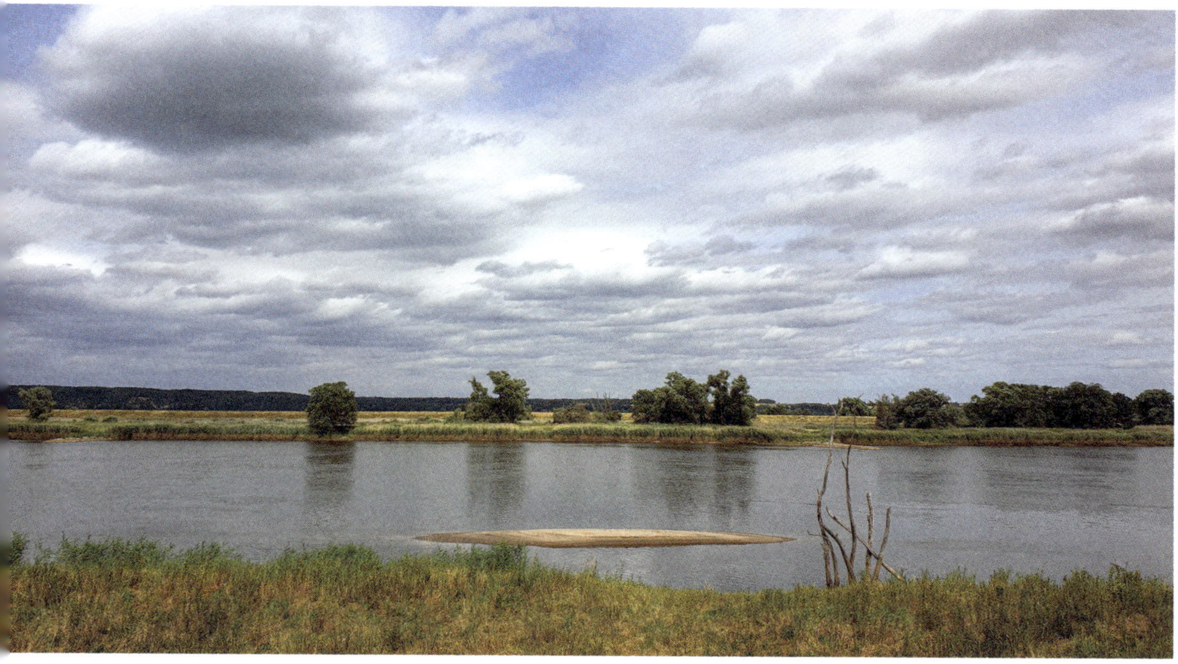

Unberührte Natur an der Oder im Nationalpark Unteres Odertal. Der 866 Kilometer lange mitteleuropäische Strom ist mit mehr als 40 Arten berühmt für seine üppige Fischfauna.

auf den Mohnkuchen wartete, fragte mich ein Gast, warum ich so komische Schuhe anhätte. Irgendetwas an meiner Beschreibung der Deutschland-Wanderung musste er offensichtlich falsch verstanden haben, denn nun dachte er, ich wohne auf Sylt, und fing an, mir Vorträge darüber zu halten, dass wir Millionäre auf unserer Insel nicht verdrängen sollten, dass Sylt bald im Meer versinke. Außerdem seien andere Inseln ohnehin viel schöner. Als es mir gelang, seinen Redeschwall (mit der offensichtlichen Abneigung gegen Sylter) kurz zu unterbrechen, um ihm noch mal klarzumachen, dass ich aus Leipzig stamme, war er kurzzeitig ruhig. Doch gleich hatte er einen neuen Angriffspunkt gefunden: Wir Leipziger würden ja nun langsam auch nur so im Geld schwimmen und immer unsympathischer werden … Was genau sein Problem war, hat sich mir nicht erschlossen, aber offensichtlich hatte es etwas mit Geld zu tun beziehungsweise mit Menschen, die davon mehr haben als er. Dabei saß er selber gerade in einem noblen Café, wo ein Stück Kuchen mindestens sechs Euro kostete, und trank einen überteuerten Kaffee.

Bald hieß es für uns erneut Abschied nehmen. Während Sabrina ihr morgendliches Yogaprogramm absolvierte, packte ich meinen Rucksack, und wir gingen unserer Wege. Ich lief von Schwedt direkt in den Nationalpark Unteres Odertal und anschließend immer entlang der Hohensaaten-Friedrichsthaler Wasserstraße. Der Nationalpark Unteres Odertal ist Deutschlands einziger Auennationalpark und zugleich das erste grenzüberschreitende Großschutzgebiet mit Polen. Der deutsche Teil ist seit 1995 als Nationalpark ausgewiesen und zählt zu den artenreichsten Lebensräumen des Landes. Das Untere Odertal hingegen gehört zu den letzten großflächigen, unverbauten und unzerschnittenen Naturlandschaften.

Ich genoss den Blick über die weiten Feuchtwiesen und die unberührte Natur, in der weit und breit kein Mensch zu sehen war. Ohnehin ein Fan von großen Flüssen, begeisterte mich auch mein Weg entlang der Oder, die auf 162 Kilometern die Grenze zwischen Polen und Deutschland bildet. Überhaupt kann ich sagen, dass mich die Uckermark begeistert hat. Unzählige wunderschöne klare Seen lagen auf meinem Weg. Die geringe Bevölkerungsdichte und der Blick über weite unbebaute Flächen ließen hin und wieder das Gefühl zu, sich in unberührter Wildnis zu befinden. Ein Gefühl, das in Deutschland eher selten ist.

# Ursula und mein eigener Strand

Als ich die Hauptstraße durch Bad Freienwalde entlanglief, hielt neben mir ein Lieferwagen. Die Tür ging auf, eine kleine zierliche Frau mit langen grauen Haaren und Kopftuch stieg aus und wünschte mir einen guten Tag. Direkt im Anschluss begann sie, mir ihre Lebensgeschichte zu erzählen. Das etwas heruntergekommene einstöckige Fachwerkhaus, an dem ich gerade vorbeilief, gehörte laut ihrer Aussage ihr, und sie sammelte und bewahrte darin eine Fülle von Antiquitäten auf. Sie erzählte mir, dass sie einst für die Allianz auf Führungsebene gearbeitet habe, heute als Rentnerin aber endlich nur noch ihren Hobbys nachgehe. Eines davon war eben, alte Dinge zu sammeln.

Sie redete die ganze Zeit auf mich ein, fasste mich dabei immer am Arm und wechselte ständig das Thema. Sie wollte mich auch überreden, zu ihr ins Auto zu steigen, um mir viele spannende Dinge in der Umgebung zu zeigen. Die Überredungsphase dauerte nicht lange, und dann kam sie darauf zurück, dass sie bei der Allianz eine Unmenge Geld verdient hätte und irgendwo im Ort noch eine Villa besäße. Vor ihrem Haus mähte gerade jemand den Rasen, und im Garten war noch eine Frau zugange. Sie rief die beiden zu sich, um uns einander vorzustellen: Udo und Elisabeth. Die beiden hatten eine Behinderung, und Elisabeth wiederholte einfach immer wieder den Satz »Was für ein netter Mensch«. Es war schon eine skurrile Situation, in die ich da hineingeraten war, mit drei – im positiven Sinn – sehr eigenartigen Menschen.

Während Elisabeth »Was für ein netter Mensch« herunterbetete, warf mir Ursula vor »Du rast durch dieses Land und bekommst dabei gar nicht mit, was es alles Interessantes zu entdecken gibt.« Diese Kritik entbehrte nicht einer gewissen Ironie, vor allem wenn man bedenkt, dass ich die langsamste Art der Fortbewegung gewählt hatte, um das Land zu erkunden. Ihr Vorwurf war dennoch auch irgendwie liebevoll, sie fasste mich anschließend wieder am Arm und lachte.

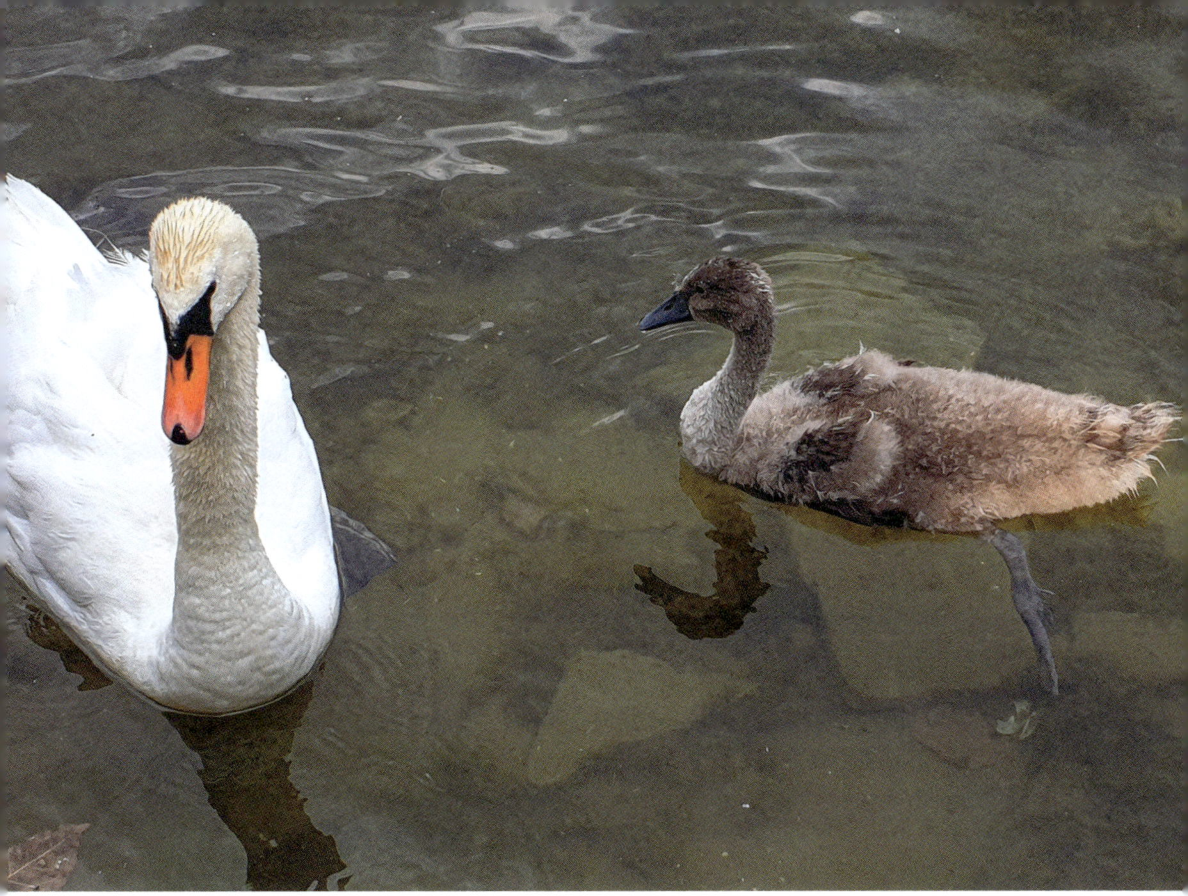

Irgendwann schaffte ich den Absprung, wir verabschiedeten uns ungefähr zehn Mal voneinander. Die letzten Worte, die ich bereits im Lauf unseres Gesprächs mehrfach vernommen hatte, waren »Was für ein netter Mensch«.

Ich bog kurz darauf von der Hauptstraße ab und lief auf dem Wanderweg im Wald entlang der Bahngleise Richtung Wriezen. Nach ein paar Kilometern musste ich noch mal zurück auf die Straße. Als ich vielleicht fünf Minuten auf der Straße war, hielt ein flacher Zweitürer Mercedes-Sportwagen mit roten Ledersitzen neben mir, und zu meiner Überraschung schaute Ursula aus dem Fenster. Es war fast unglaublich, dass ich sie nun ein zweites Mal traf, in einem anderen ihrer – wie sie mir erzählte – fünf Autos. Diesmal hatte sie einen Hut auf und erklärte, dass sie auf dem Weg zum Bahnhof sei, um ihren Liebsten abzuholen. Deswegen habe sie sich ein wenig schick

Noch mehr als die tierischen Begegnungen beeindruckten mich vor allem die Gastfreundlichkeit, die Offenheit und das Interesse der Menschen in diesem Land.

gemacht und das Auto gewechselt. Sie fing wieder an zu erzählen, blieb dabei aber im Wagen sitzen, während ich meinen Kopf zum Beifahrerfester hineinstreckte. Dass hinter ihr die Autos warten mussten, bis kein Gegenverkehr mehr kam, interessierte sie nicht die Bohne. Sie stand parkend mitten auf der Straße und redete. Diesmal meinte sie noch, dass ihr Leben so spannend sei, dass ich einen Dokumentarfilm darüber drehen sollte. Er würde mich mit Sicherheit reich machen. Ob ich damit wirklich reich werden würde, wagte ich zu bezweifeln. Dass das Leben dieser rätselhaften, lebenslustigen Frau spannend war, glaubte ich ihr jedoch aufs Wort.

Obwohl der Scharmützelsee, der zweitgrößte natürliche See Brandenburgs, ein beliebtes touristisches Ziel ist, entdeckte ich etwa auf der Hälfte meines Wanderwegs entlang des Ufers eine verlassene, marode Bootsanlegestelle, die offensichtlich schon lange nicht mehr genutzt worden war. Ein paar neugierige Schwäne schwammen zu mir ans Ufer; ich baute dort meinen kleinen Campingstuhl auf und aß etwas. Als ich weiterlief, stellte ich fest, dass das umliegende Gebiet ein verlassenes Feriendorf war. Das reizte mich als Liebhaber von Lost Places natürlich sehr, und ich beschloss, mich in Ruhe umzusehen und in der Nähe auch die Nacht zu verbringen.

Ich konnte es kaum fassen, dass in dieser Region eine so große Fläche brachlag und im Lauf der letzten Jahre von der Natur zurückerobert wurde. Selbst auf der weitläufigen Terrasse der zweiten Etage im Haupt- und Küchentrakt der Anlage wuchsen bereits Bäume. Im Wald standen unzählige verfallene Bungalows, ferner die ehemalige Anmeldung des ebenfalls verlassenen angrenzenden Zeltplatzes und ein weiteres großes Steinhaus, das wegen Baufälligkeit aber nicht betreten werden durfte. Was für ein Glück, dass zu dem verlassenen Feriendorf auch ein eigener Strand mit Spielplatz gehörte, an dessen Klettergerüsten sich bereits bis zur obersten Sprosse Efeu hochgerankt hatte.

Der Strand war für mich der ideale Platz, mein Nachtlager aufzuschlagen. Ich hatte es am Tag gar nicht für möglich gehalten, dass am Scharmützelsee eine Stelle existiert, an der ich ungestört, geschweige denn wild campen könnte. Plötzlich hatte ich einen Strand, groß wie ein Fußballfeld und ganz für mich allein. Ein Traum.

---

Lange saß ich an diesem verlassenen Bootssteg am Scharmützelsee und fragte mich, was wohl dazu geführt hat, dass dieser idyllische Platz einst dem Verfall preisgegeben und bis heute nicht neu genutzt wurde.

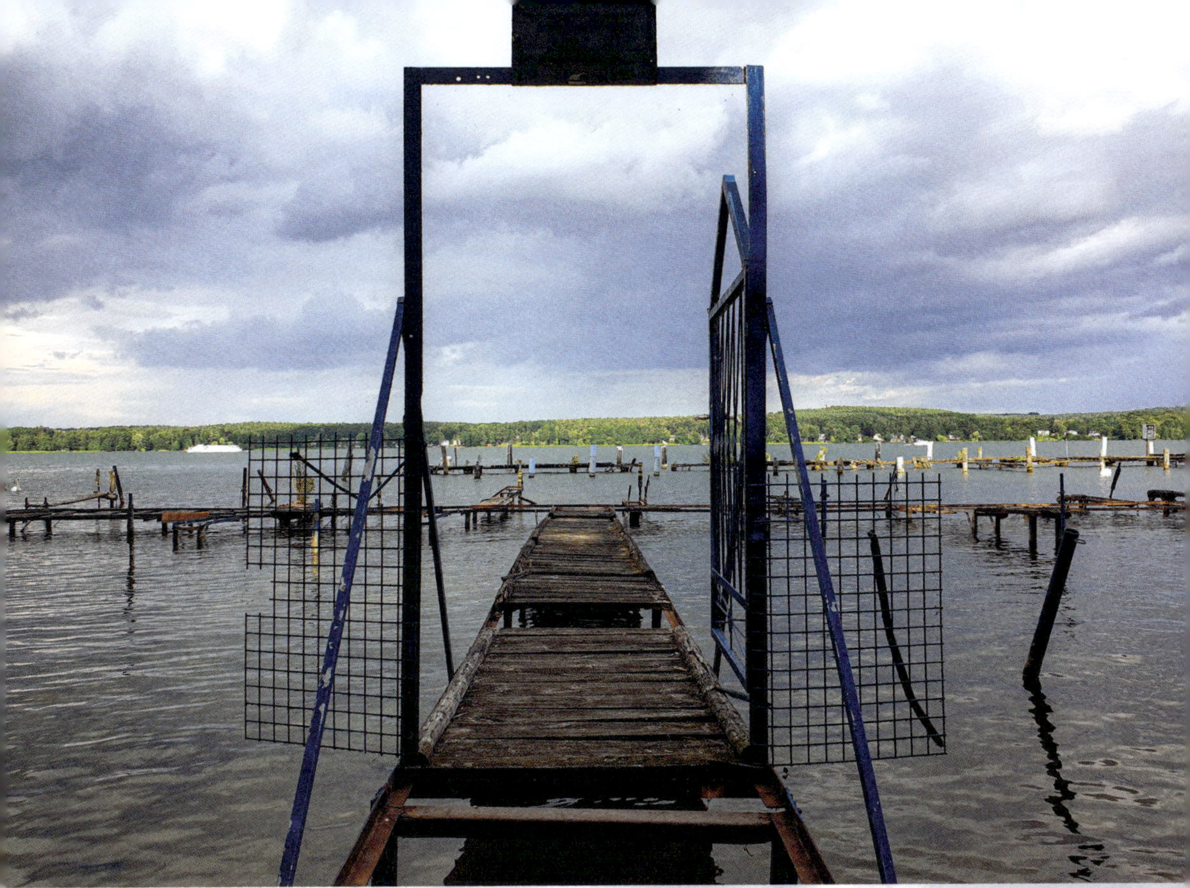

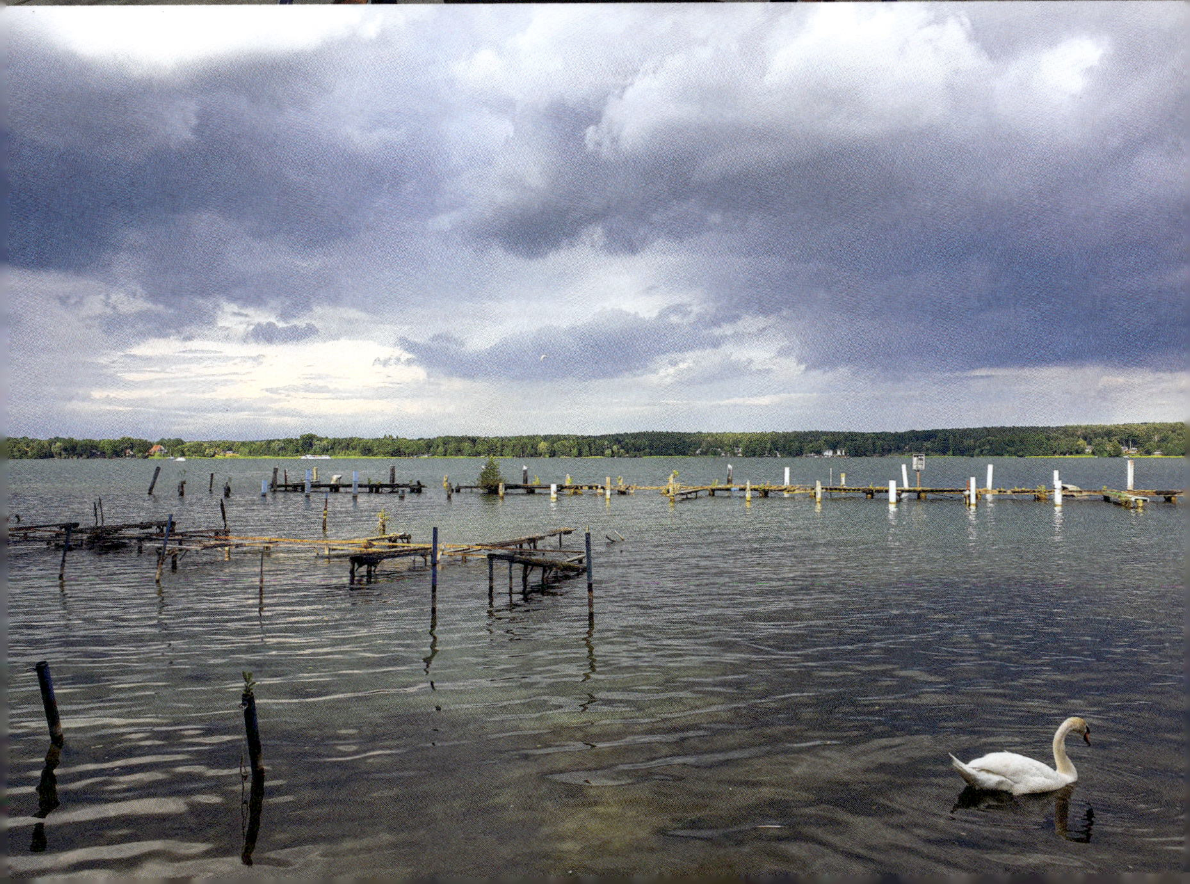

# Geräusche in der Abenddämmerung

Der Spreewald ist mit seinen reizvollen, labyrinthartigen Wasserstraßen eine ausgedehnte Auen- und Moorlandschaft sowie eine historische Kulturlandschaft im Südosten Brandenburgs. Hauptmerkmal ist die natürliche Flusslaufverzweigung der Spree, die durch angelegte Kanäle erweitert wurde. Aufgrund der zahlreichen Biotop-Arten der 1991 als Biosphärenreservat ausgeschriebenen Naturlandschaft sind hier rund 18 000 Tier- und Pflanzenarten heimisch. Das Gebiet zählt zu den bekanntesten und beliebtesten Reisezielen Brandenburgs.

In Schlepzig trat ich meinen Weg durch den Unteren Spreewald an, vorbei am Inselteich, Sommerteich und entlang der Spree. Vom ersten Moment an war ich von der Landschaft begeistert. Die Gegend war ruhig, zunächst sogar beinahe menschenleer, und ich lief auf dem weichen Untergrund schön angelegter Wanderwege. An der Spree konnte ich dann unzählige Angler beobachten, die alle hundert Meter das Ufer säumten und auf den großen Fang warteten. Die Spree, ein Nebenfluss der Havel, ist etwa 400 Kilometer lang und entspringt im Lausitzer Bergland, nahe der Grenze zu Tschechien, aus drei Quellen.

Kurz nach Lübben, Richtung Lübbenau, fand ich unerwartet und zeitiger als geplant einen optimalen Schlafplatz an der Spree, in einer kleinen abgelegenen Nische unter Bäumen – mit Badezugang. Als ich gerade anfangen wollte, mein Zelt aufzubauen, machte ein Pärchen mit seinen Rädern Halt. Ich hörte, wie die Frau fröhlich kichernd zu ihrem Begleiter sagte »Nein, komm, da ist jemand«. Ihr Freund oder Mann, ähnlich gut gelaunt, erwiderte immer wieder, dass ihm das egal sei, weil er baden wolle. Vielleicht 20 Meter von mir entfernt, zog er sich aus und sprang in den Fluss, wobei ihm fast das Herz stehen

Regenschauer und Sonnenschein vereinen sich im Spreewald. Kurz nach diesem Ausblick fand ich einen Lagerplatz und vernahm seltsame Geräusche in der Abenddämmerung.

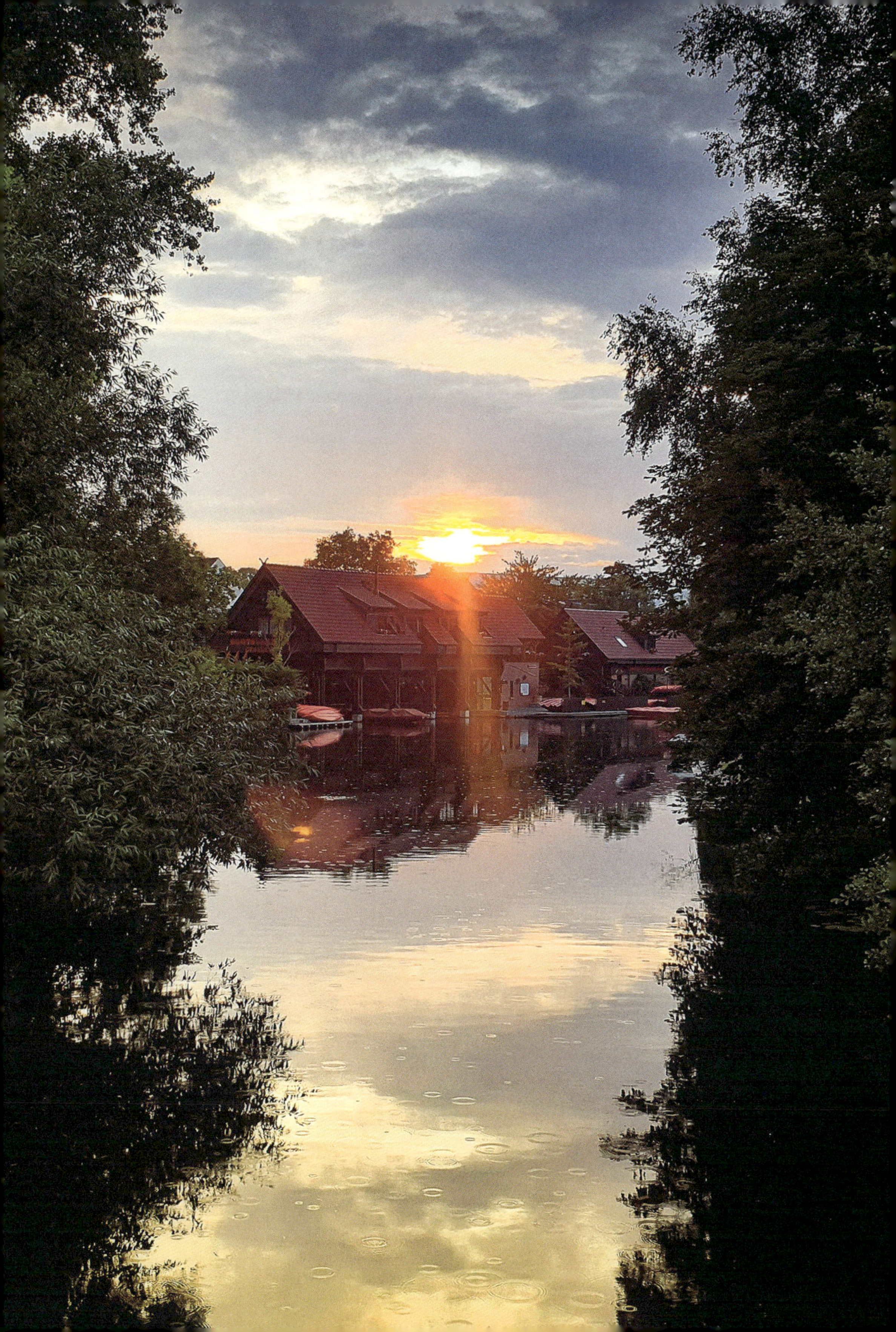

blieb. Zumindest hörte sich das so an, so wie er schnaubte und nach Luft japste. Ich hatte das Paar, er in Anzughose und Hemd, sie im Kleid, zwar kommen sehen, doch an der Stelle, wo sie sich niederließen, trennte uns ein großes Gebüsch. Hören konnte ich sie allerdings recht gut.

Nach dem Bad kehrte Ruhe ein, auch das fröhliche Kichern verstummte. Ich vernahm dafür auf einmal eine ganz andere Art von Geräusch. Die beiden liebten sich wild und leidenschaftlich, und das gleich hinter dem nächsten Busch, während ich unter meinem Baum festsaß. Ich tat also mein Bestes, unbeeindruckt mein Zelt aufzubauen und die Geräusche zu ignorieren, was mir nur bedingt gelang. Irgendwann kehrte wieder Ruhe ein, und beide gingen noch mal schwimmen. Offensichtlich war ihr nun warm geworden, sodass sie das Bad in der kalten Spree genoss.

Es war fast 22 Uhr, und auch ich wollte gern noch ein Bad nehmen. So beschloss ich, nicht länger zu warten. Ich zog mich aus, lief um den Busch, grüßte freundlich und entschuldigte mich, dass ich ihre Zweisamkeit mal eben stören müsse. Und hüpfte ins Wasser. Der Mann sagte ab diesem Moment keinen Ton mehr. Die Frau hingegen war freundlich und lachte verlegen in die Abenddämmerung. Ich hoffte, ihnen mit meiner Haltung signalisiert zu haben, dass ich die Situation ganz locker sah.

Als die Verliebten dann aufbrachen, wünschte ich ihnen mit einem Lächeln noch einen aufregenden Abend. Der Mann schwieg noch immer, die Frau aber bedankte sich und wünschte mir ebenfalls einen schönen Abend, bevor sie lächelnd auf ihrem Rad in der Dunkelheit verschwand.

# »Schraube«

In Koßwig südlich des Spreewalds besorgte ich mir in einer Gaststätte Wasser. Auf dem Freisitz fragte ich vier Leute nach dem Wanderweg nach Saßleben. Später holten mich die vier mit dem Rad ein. Auf der Karte hatte ich mir bereits einen Schlafplatz am Inselteich ausgesucht und fragte nun die Radfahrer, ob dieser ihrer Meinung nach eine gute Idee sei. Sie empfahlen mir, rüber auf die Insel zu laufen und besser dort zu schlafen. Wir verabschiedeten uns, und sie überließen mir noch ihren letzten Liter Wasser. Anschließend marschierte ich direkt zum Inselreich – der Platz war wirklich wunderschön. Früher soll dort ein Schloss gestanden haben, das 1945 aus bisher ungeklärten Ursachen einem Brand zum Opfer fiel. Der Berliner Kaufhausbesitzer

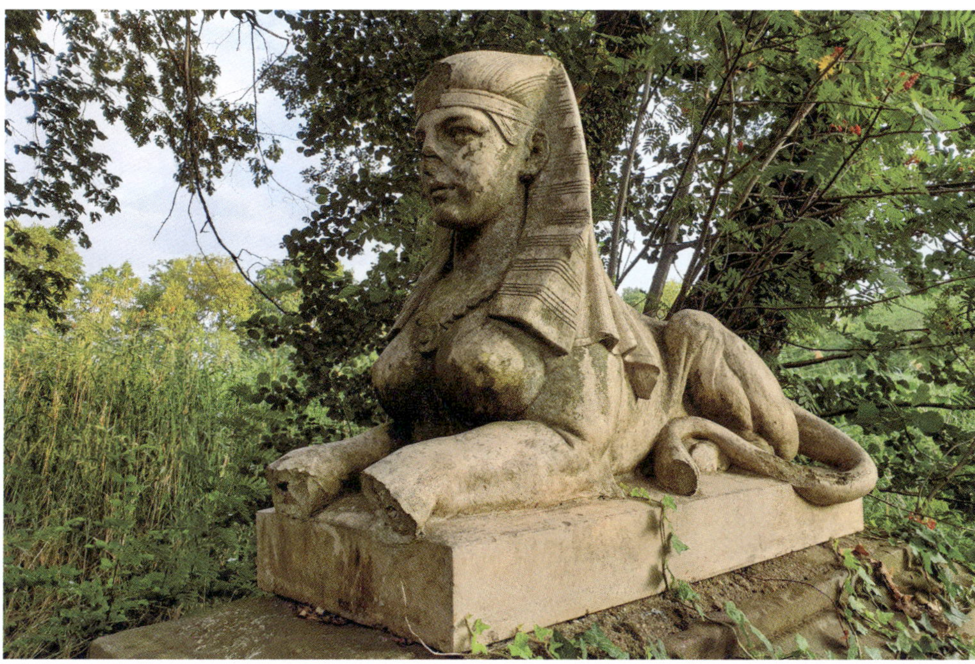

Die angeschlagene Sphinx, die meinen Schlafplatz auf dem Inselteich bei Saßleben bewachte, begrüßte einst die anlegenden Besucher am Bootssteg.

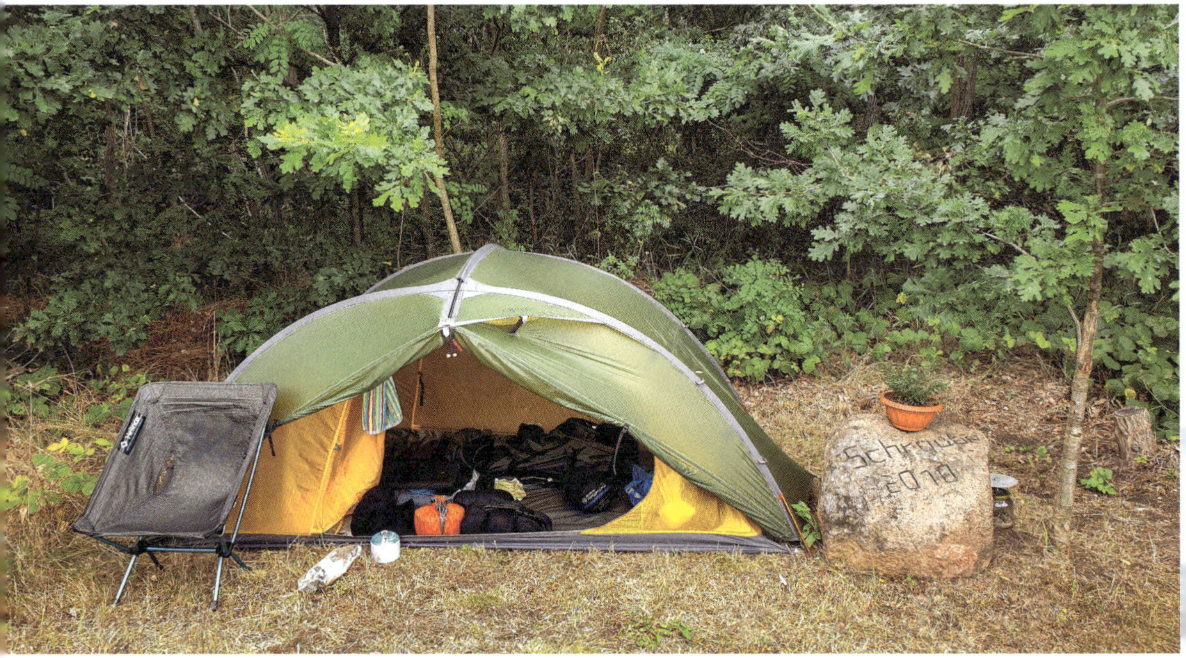

Georg Wertheim hatte das Lustschlösschen Mitte der 1920er-Jahre erbauen lassen. Zu DDR-Zeiten wurde auf der Insel dann ein kleines Teehaus errichtet und erhaltene Teile des alten Jagdschlosses darin integriert. Bis 1992 fanden auf dem Inselchen noch Dorffeste statt, die aus Gründen der Sicherheit und Hygiene allerdings eingestellt werden mussten. Seitdem liegt der kleine, aber feine Ort im Dornröschenschlaf. Während ringsherum alles von der Natur zurückerobert wird, zieren vier eindrucksvolle überlebensgroßen Statuen den Aufgangsbereich zum ehemaligen Teehaus. Auch die Begrenzungsmauer, mit Sphinx und weiteren Skulpturen, die die ehemalige Kahnanlegestelle einrahmen, kann man noch bestaunen.

Gegen 10 Uhr am nächsten Morgen beendete ich meine lange Nacht auf dem Inselteich. Als ich meinen Kopf aus dem Zelt streckte, entdeckte ich auf der anderen Seite des Teichs einen Mann, der interessiert in meine Richtung blickte. Da er einen recht zielstrebigen Schritt an den Tag legte, verließ ich schnell mein Zelt in der Ahnung, dass

Nach langer Lagerplatzsuche fand ich diese mehr oder weniger geeignete Stelle am Großräschener See, westlich von Senftenberg in der Niederlausitz.

ich gleich Besuch bekommen würde. Erst als er näherkam, erkannte ich in ihm Bernd, einen der Radfahrer vom Vortag. Er erzählte mir, dass sie am Abend noch lange zusammengesessen und darüber diskutiert hätten, wer von ihnen mich zum Frühstück einladen würde. Wir fuhren also zu ihm nach Hause, wo er schon frische Brötchen gekauft und Pfannkuchen vorbereitet hatte. Er erzählte mir, wie ärgerlich es sei, dass die Insel mittlerweile mehr und mehr verfalle. Zumal vor ein paar Jahren die kleine Holzbrücke, die auf die Insel führt, für 100 000 Euro saniert worden sei. In den Augen der Dorfbewohner eine völlig sinnlose Investition, wenn man sich nicht auch gleichzeitig um die Insel und das alte Teehaus kümmern würde. Nachdem wir noch lange auf seiner Terrasse gesessen und geschwatzt hatten, fuhren wir gemeinsam nach Calau, da Bernd mir noch die Innenstadt zeigen wollte, bevor ich weiterzog. Calau wird als Heimat des Kalauers bezeichnet, eines einfachen Wortspiels mit Begriffen unterschiedlicher Bedeutung von gleichem Klang oder Schreibweise. Oft werden diese Wortspiele auch Flachwitz oder Plattwitz genannt, da bei ihnen in der Regel ein eher geringer Humor in Kauf genommen oder sogar bewusst ironisch eingesetzt wird.

Am Großräschener See fand ich lange keinen geeigneten Platz für ein Nachtlager, bis sich in der Dunkelheit dann doch noch eine kleine Nische auftat. Ein schmaler Trampelpfad führte vom Weg ins Gebüsch. Plötzlich stand ich auf einer ebenen Fläche mit gemähtem Rasen und einem Stein, auf dem zwei Worte – Schraube 2010 – eingeritzt waren. Hinter mir verdeckten Bäume und Sträucher den Blick auf den Weg, vor mir konnte ich direkt über den See schauen. Was der Stein an meiner Schlafstelle bedeutete, konnte ich mir beinahe denken.

Meine Vermutung wurde am nächsten Morgen bestätigt. Gerade als ich meine Sachen im Zelt zusammenpackte, hörte ich das Geräusch eines Motorrades, das den Trampelpfad entlangfuhr. Kurz darauf hielt neben meinem Zelt eine riesige Maschine, und eine vom Motorradhelm gedämpfte Männerstimme grüßte freundlich: »Ich wollte nur mal meinen Kumpel besuchen.« Sofort befiel mich ein schlechtes Gewissen, denn der Stein mit der Aufschrift »Schraube 2010« war offensichtlich einem verunglückten Menschen gewidmet.

---

Folgende Doppelseite
Überreste des ehemaligen Lustschlösschens auf der Parkinsel bei Saßleben mit vier überlebensgroßen Statuen, die heute nur noch selten Besuch bekommen.

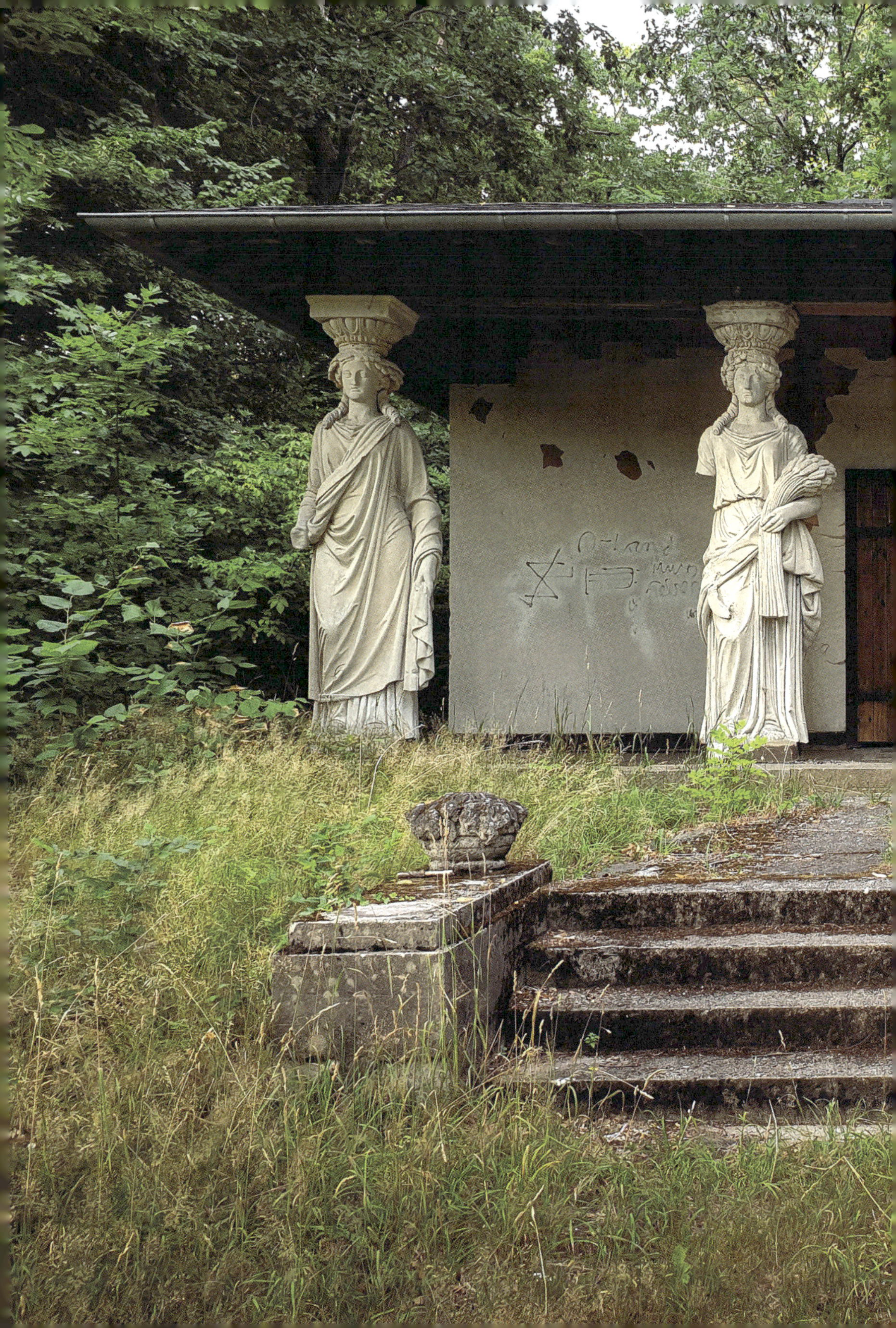

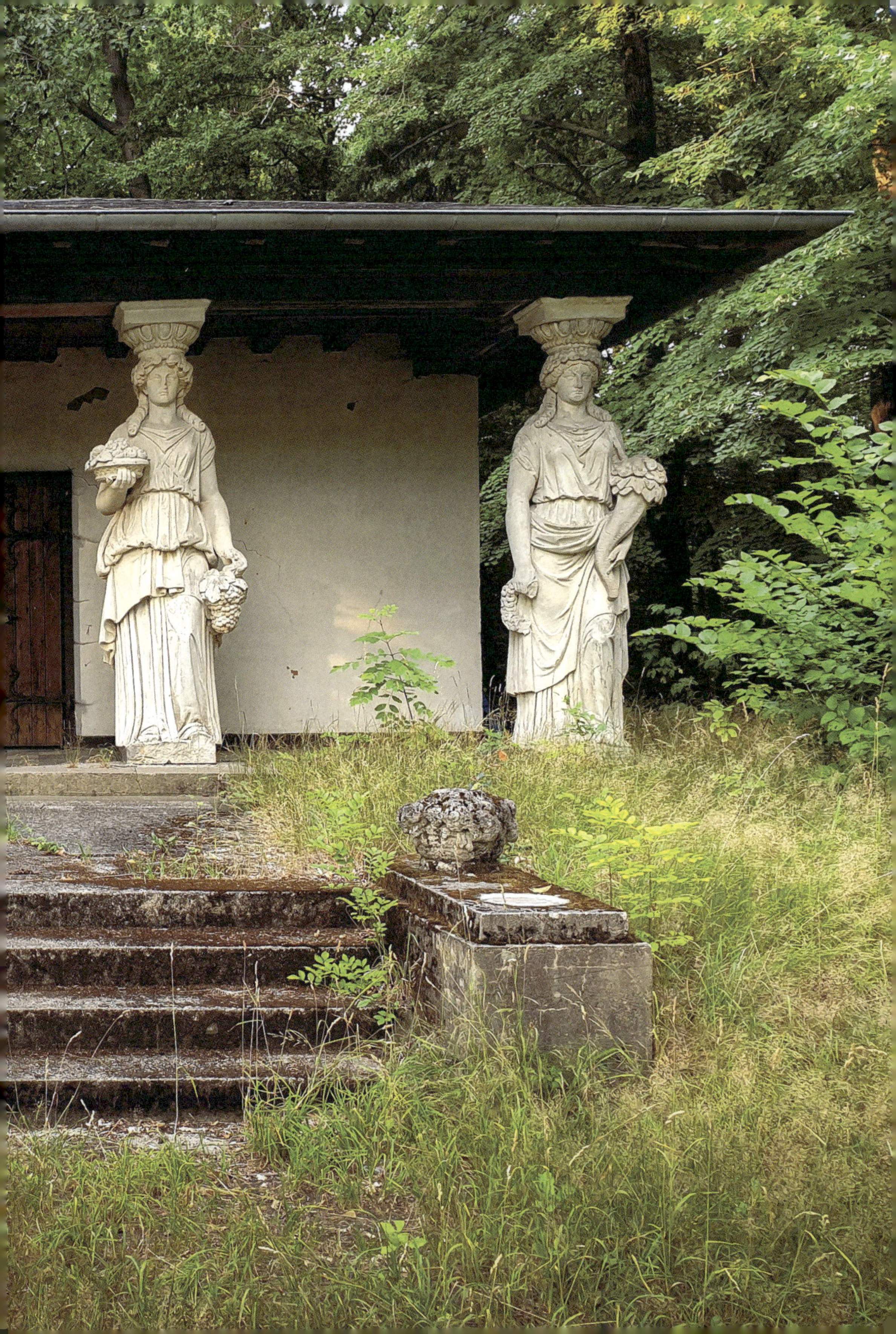

Ich hatte am Abend noch überlegt, ob es unverschämt oder pietätlos wäre, direkt daneben das Zelt aufzubauen. In dem Moment, als ausgerechnet ein alter Freund des Verstorbenen neben mir stand, fühlte ich mich ziemlich mies. Er erzählte, dass er früher mit »Schraube« und seinen Kumpels im Tagebau Motocross fuhr, und als »Schraube« die Böschung hochrauschte, dieser sich überschlug und sich das Genick brach. Er war sofort tot. Den Spitznamen »Schraube« erhielt er, weil er derjenige war, der an den Motoren schraubte, wenn etwas zu reparieren war. Der Besucher nahm mir auch meine Bedenken, indem er meinte, dass sich »Schraube« sehr über einen Typen gefreut hätte, der mit Rucksack durchs Land ziehe und an dem ihm gewidmeten Platz übernachte.

Gut zu wissen, dass sich weder »Schraube« noch sein Freund von mir beleidigt fühlten. Wirklich, das hätte mir sehr leidgetan. Vielen Dank an »Schraube« und seinen freundlichen Kumpel für den schönen Platz nach einer langen Schlafplatzsuche.

# Sue und Thomas

Sue und Thomas starteten an diesem Tag in ihrem Oldtimer-Wohnmobil, einem Orion, in ihren Sommerurlaub, und wir hatten geplant, uns in Kamenz zu treffen. Wir verabredeten uns an einem Eiscafé, und es gab ein freudiges Wiedersehen. Sue hatte einen Campingplatz ausgesucht, wo wir die Nacht verbringen wollten. Ich hievte meinen Rucksack ins Auto, und wir fuhren die paar Kilometer zum Deutschbaselitzer Großteich, wo uns ein ruhiger, sehr angenehmer Campingplatz erwartete. Der Teich östlich von Kamenz wird vorwiegend zur Fischerei und zur Freizeiterholung genutzt. Sue und Thomas parkten ihr Wohnmobil, und ich stellte daneben mein Zelt auf. Ab diesem Moment wurde alles sehr entspannt und lustig. Erneut befand ich mich im Urlaub vom Urlaub.

Da Sue und Thomas ihre Fahrräder dabeihatten, liehen wir uns noch ein Rad für mich und fuhren nach der ersten Nacht Richtung Kamenz. Dort sahen wir uns die Klosterkirche Sankt Annen an. Es war richtig gut, Thomas dabei zu haben. Da er Kunstgeschichte studiert hatte und sich auch privat sehr dafür interessiert, konnte er mir viel über die Bedeutung und Herkunft der Bilder, Skulpturen und Altäre des Gotteshauses erzählen. Die Klosterkirche Sankt Annen gehörte einst zum Franziskanerorden. Allerdings hatte diese Abtei nicht lange Bestand, denn der Grundstein wurde Ende des 15. Jahrhunderts gelegt, und bereits Mitte des 16. Jahrhunderts verließ der letzte Mönch das Kloster wieder. In der Vergangenheit wüteten dort mehrere Brände, sodass das Klosterinnere nicht mehr ursprünglich erhalten ist. Im Klostercafé stärkten wir uns mit Spargel auf Crêpe, bevor wir auf unseren Rädern durch die Stadt cruisten, uns den Marktplatz anschauten und zu guter Letzt der evangelischen Hauptkirche Sankt Marien einen Besuch abstatteten. 1729 wurde in dieser spätgotischen Hallenkirche Gotthold Ephraim Lessing getauft.

Wir waren spät dran, und der Aussichtturm war schon geschlossen. Wir fragten in der Informationsstelle, ob es nicht doch noch möglich wäre, den Turm kurz zu besteigen. Und siehe da, wir bekamen den Schlüssel zum Turm ausgehändigt und konnten uns Kamenz und Umgebung aus der Vogelperspektive anschauen. Wir sollten anschließend nur das Licht löschen und alles wieder ordentlich abschließen.

Erstens kommt es anders, und zweitens als man denkt. Am nächsten Morgen regnete es immer wieder in kurzen Abständen, sodass ich mein Zelt nicht einpacken konnte. Sue und Thomas hatten es auch nicht eilig und wollten mich nicht allein im Regen stehen lassen. So beschlossen wir, einen weiteren Tag gemeinsam zu verbringen. Gegen Mittag war dann mein Zelt getrocknet, und bevor wir den Campingplatz verließen, gingen Thomas und ich noch mal baden. Das Wasser des Teiches war graubraun, und allerhand Pflanzenreste schwammen an der Oberfläche. Auch der Boden war recht weich, wir versanken teilweise bis zum Knöchel im Schlick. Allerdings störte uns das wenig, denn erfrischend war es dennoch. Als wir ins Wasser stiegen, zeigte Thomas auf ein längliches daumengroßes Tier, das munter auf den Wellen schaukelte, und fragte: »Was ist das denn?« Wir waren uns ziemlich sicher, dass es sich um einen Blutegel handelte. Das Naturbestimmungsbuch von Sue klärte uns später auf, dass es auch Fischegel gibt, und die sich in einem Karpfenteich ausgesprochen wohl fühlen. Vom Baden hielt uns das nicht ab. Es bestärkte uns eher in der Annahme, dass das Wasser des Teiches eine gute Qualität haben müsse, wenn es eine solche Artenvielfalt besaß.

Nach dem Bad brachen wir zum Barockschloss Rammenau im gleichnamigen Ort auf und schauten uns das Anwesen und den dazugehörigen Park an. Das Schloss, erstmals 1597 erwähnt, gilt als eines der am besten erhaltenen Barockschlösser Sachsens. 1945 wurde es von der Roten Armee besetzt und später von der Hochschule für Bildende Künste Dresden genutzt, bevor 1961 die museale Nutzung begann.

Von Rammenau ging es weiter zur Talsperre Bautzen auf einen Campingplatz in der Nähe des Sees. Wir bekamen gerade noch einen Stellplatz, und ich kann sagen, dass mich dieser Campingplatz nie wiedersehen wird. Was für ein Trubel: Wohnwagen an Wohnwagen, Zelt an Zelt. Wir liefen zur Talsperre, gingen baden und wohnten einem wunderschönen Sonnenuntergang bei. Die Bauarbeiten für

Das Schäfer Orion-Wohnmobil Baujahr 1974 erinnert mehr an ein UFO als an ein Auto (oben). Das Barockschloss Rammenau beeindruckt mit stilvollen Salons und kunstvollen Wandmalereien (unten).

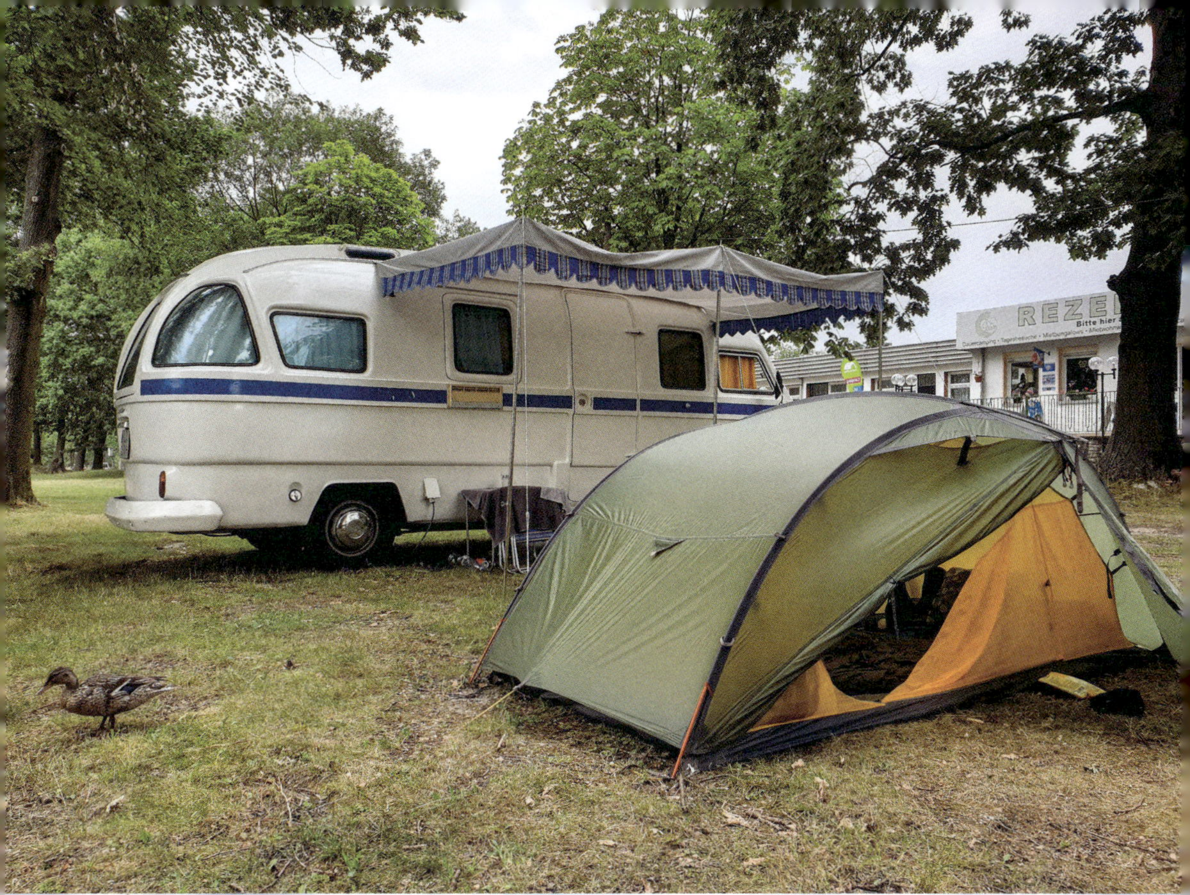

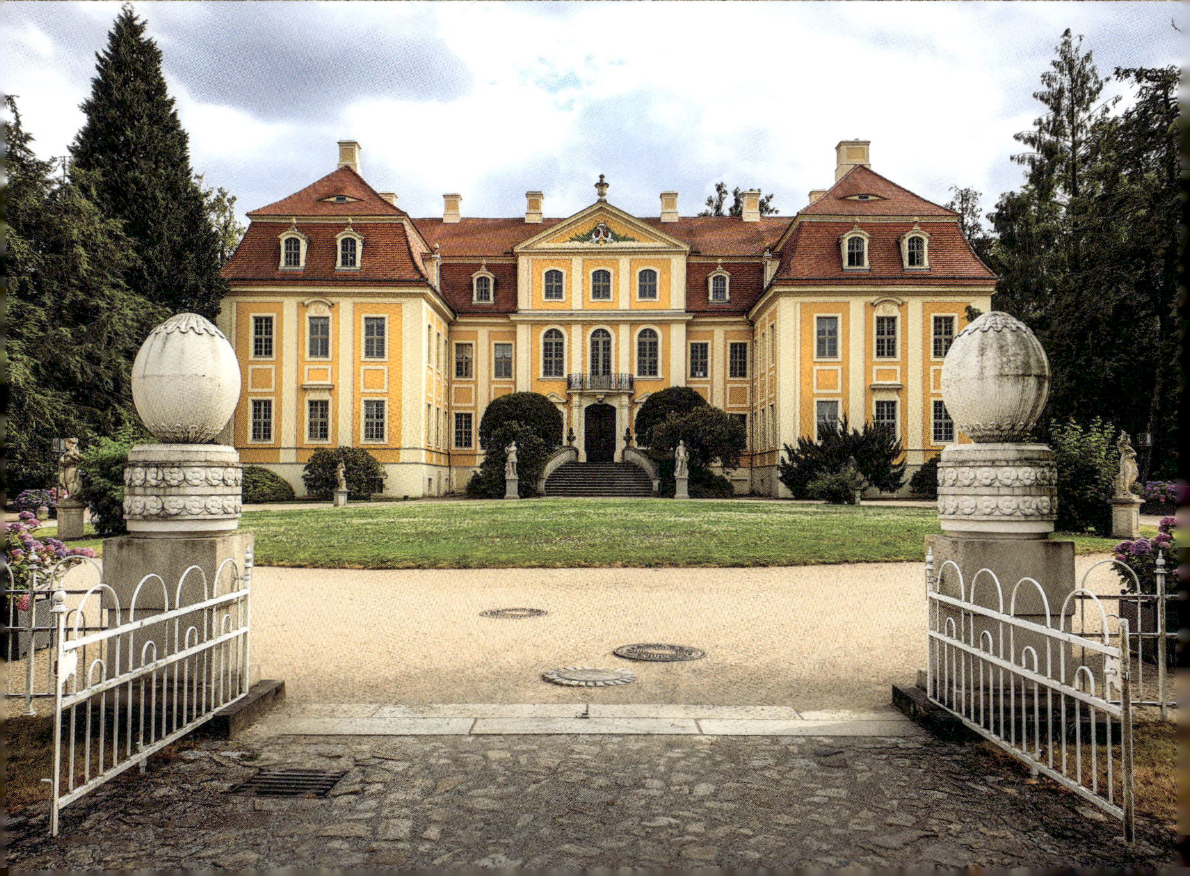

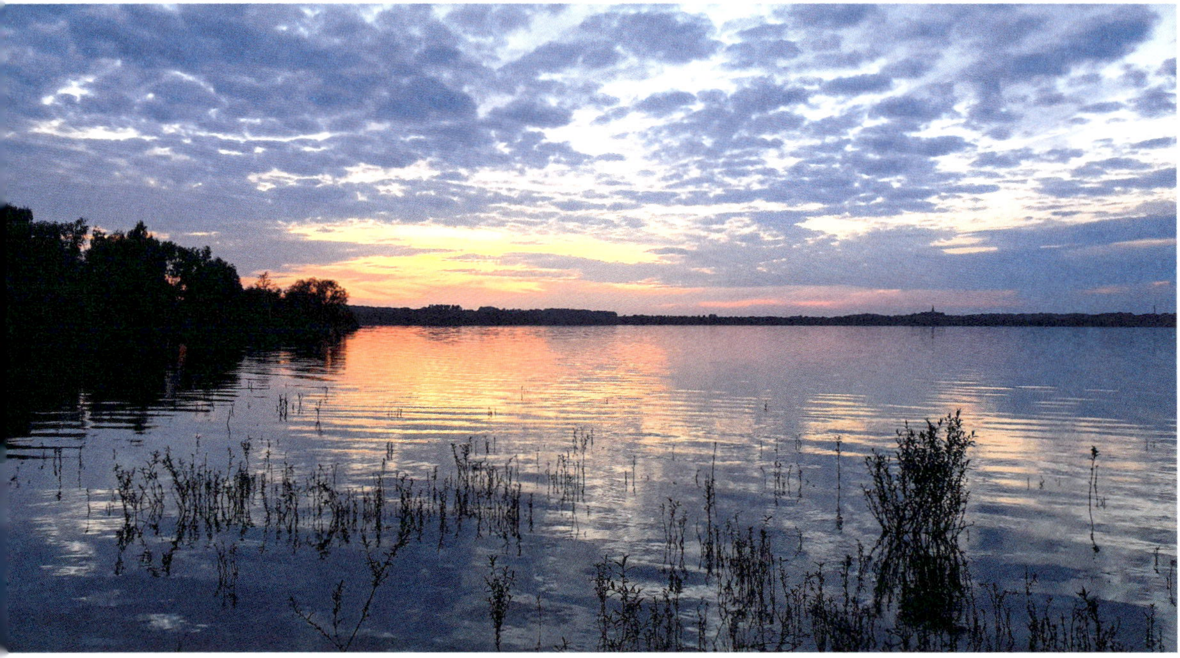

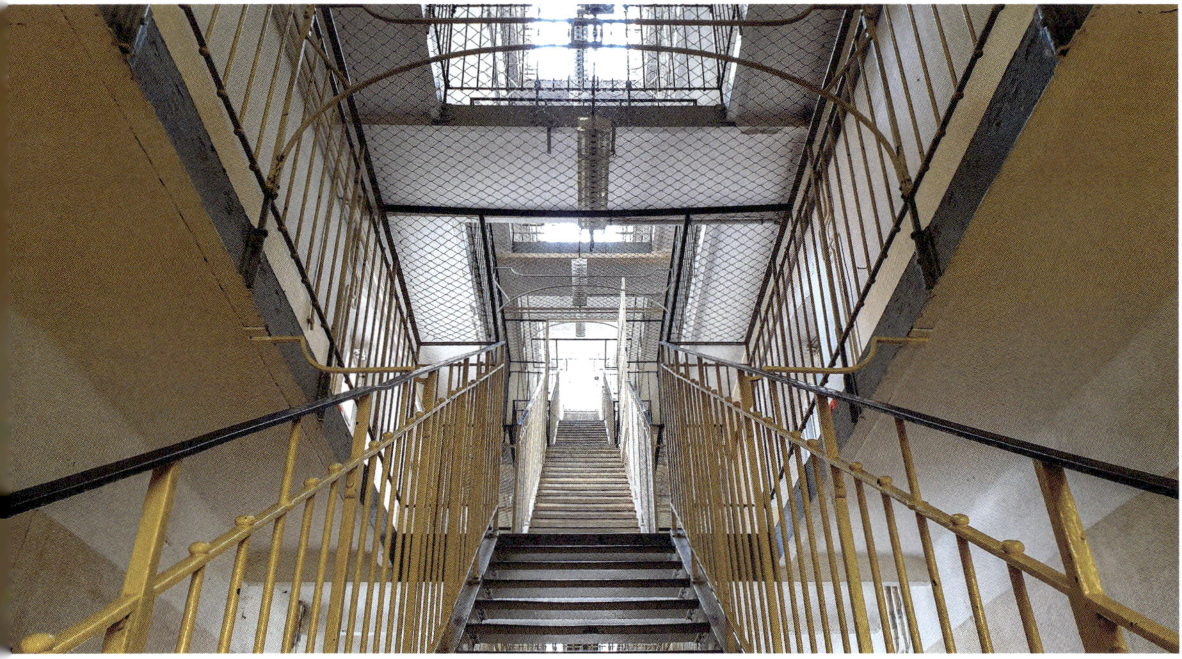

Im Freisitz einer gemütlichen Strandbar an der Talsperre Bautzen ließen wir den Abend ausklingen und genossen den Sonnenuntergang (oben). Der sogenannte Stasi-Knast in Bautzen (unten).

Sachsens zweitgrößte Talsperre begannen 1968, seit 1977 befindet sich die Talsperre Bautzen im Dauerbetrieb. Sie bietet einen Strandabschnitt am Ostufer, entlang der Strandpromenade locken Freizeitangebote wie Hochseilgarten, Minigolfanlage und Cafés.

Am nächsten Morgen sah der Plan erneut vor, dass ich weiterlaufe und Sue und Thomas ihren Urlaub zu zweit fortsetzen. Der Plan hatte aber nur so lange Bestand, bis Thomas vorschlug, dass wir uns den »Stasi-Knast« in Bautzen ansehen könnten. Natürlich wurde der Vorschlag gleich in die Tat umgesetzt. Wir fuhren also nach Bautzen. Die Haftanstalt Bautzen II, heute allgemein unter dem Namen »Stasi-Knast« bekannt, wurde 1906 als Gerichtsgefängnis im heutigen Bautzener Stadtteil Nordostring eröffnet und existierte bis 1992. Ab 1933 wurde sie zum Verhör von Schutzhäftlingen der SA genutzt, bevor sie nach dem Krieg als sowjetisches Untersuchungsgefängnis diente. Zu DDR-Zeiten erst als Strafvollzugsanstalt der sächsischen Justiz und später als Hochsicherheitstrakt für Sondergefangene wie Regimekritiker, Gefangene aus Westdeutschland und Spione oder Häftlinge mit prominentem Sonderstatus. Im Zug der Wende wurden alle politischen Gefangenen der DDR freigelassen. Kurz darauf wurde das Gefängnis geschlossen und zur Gedenkstätte ausgebaut.

Der Plan, uns am nächsten Tag nun wirklich zu verabschieden, stand wegen diverser Besichtigungsideen bereits wieder auf wackeligen Füßen. Zumindest hatten wir unsere Freude daran, ständig neue Pläne zu entwickeln. Jetzt aber beschlossen wir, noch einen letzten gemeinsamen Eisbecher zu verspeisen. Anschließend brachten mich die beiden zu meinem Ausgangspunkt zurück. Wir verabschiedeten uns, und ich lief los mit den Bedenken, ob ich nach so viel Gemütlichkeit überhaupt noch in Form war.

Erstaunlicherweise lief es trotz der Hitze vom ersten Meter an ganz gut. Der Wanderweg an diesem Tag entpuppte sich als wirklich sehr schön. Ich kam am frühen Abend im traumhaft schönen Polenztal an. Das Tal ist zwischen den Kleinstädten Stolpen, Neustadt und Hohnstein eingebettet und liegt auf der rechten Elbseite der Sächsischen Schweiz. Der Unterlauf der Polenz bildet ein tief eingeschnittenes Tal mit bis zu 150 Meter hoch aufragenden Felswänden aus Quadersandstein. Auf einer Lichtung am Fluss, irgendwo zwischen Knochenmühle und Bockmühle, fand ich einen optimalen Platz für die Nacht, wo ich das erste Mal ein erfrischendes Bad in einem Bergbach genießen konnte.

# Traumhafte Ausblicke

Mein Übergang vom Polenztal in den Nationalpark Sächsische Schweiz war der 291 Meter hohe Hockstein, den ich über die Wolfsschlucht erreichte. Der Nationalpark erstreckt sich auf einer Fläche von rund 100 Quadratkilometern über die Kerngebiete des Elbsandsteingebirges rechts der Elbe im Freistaat Sachsen. Der 1990 gegründete Nationalpark ist in meinen Augen eines der schönsten deutschen Landschaftsgebiete, und auch abseits meiner Deutschland-Tour zieht es mich immer wieder zum Wandern zu den Tafelbergen, Sandsteinnadeln und Felsriffen, durch Buchenwälder, entlang von Wildbächen.

Vorbei am Amselsee gelangte ich zu den Amselfällen. Hier ergießt sich die Grünbach an der größten Gefällestufe des verengten Amselgrundes über einen zehn Meter hohen Wasserfall in die Tiefe. Nach einer ausgedehnten Pause unterhalb der Amselfälle lief ich weiter Richtung Bastei.

Je näher ich dieser Sehenswürdigkeit kam, umso mehr füllte sich auch der Wanderweg mit Menschen. Die Bastei ist Hauptattraktion und berühmteste Felsformation der Sächsischen Schweiz. Von ihr aus bietet sich ein weiter Blick ins Elbtal und über das Elbsandsteingebirge. Fast 200 Meter fällt das schmale Felsriff hier steil zur Elbe ab. Über die Basteibrücke erreicht man auch die Burgruine Neurathen, eine mittelalterliche Felsenburg, die erstmals 1289 urkundlich Erwähnung fand und in böhmischem Besitz war, bevor sie von den sächsischen Kurfürsten erobert wurde. Teile der Burganlage wurden rekonstruiert und sind heute als Freilichtmuseum zugänglich.

Im Restaurant legte ich eine Pause ein und schob mich anschließend im Besucherstrom über die berühmte Basteibrücke bergab Richtung Rathen. Auch wenn ich in der Natur kein Freund von der-

Die Sächsische Schweiz: für mich eines der schönsten und beeindruckendsten Landschaftsgebiete der Bundesrepublik und ein Kletter- und Wanderparadies obendrein.

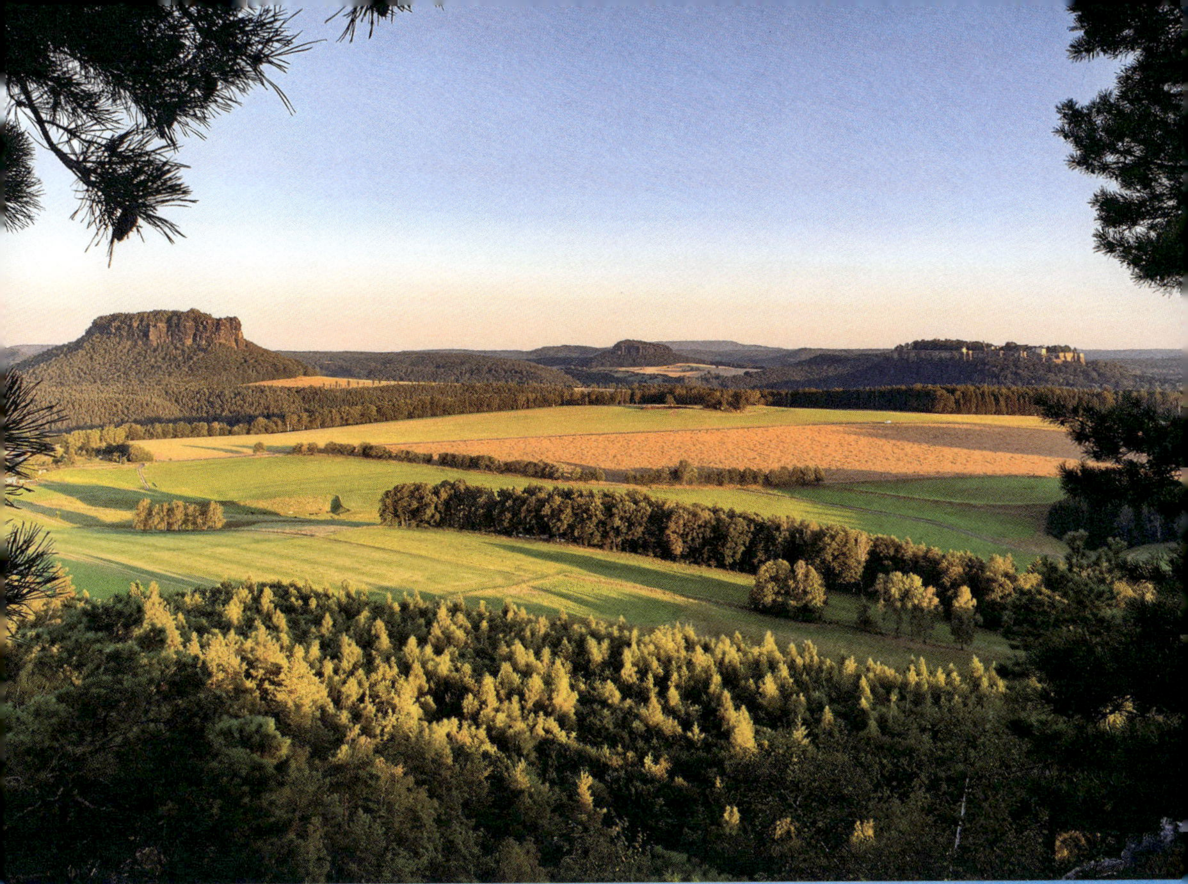

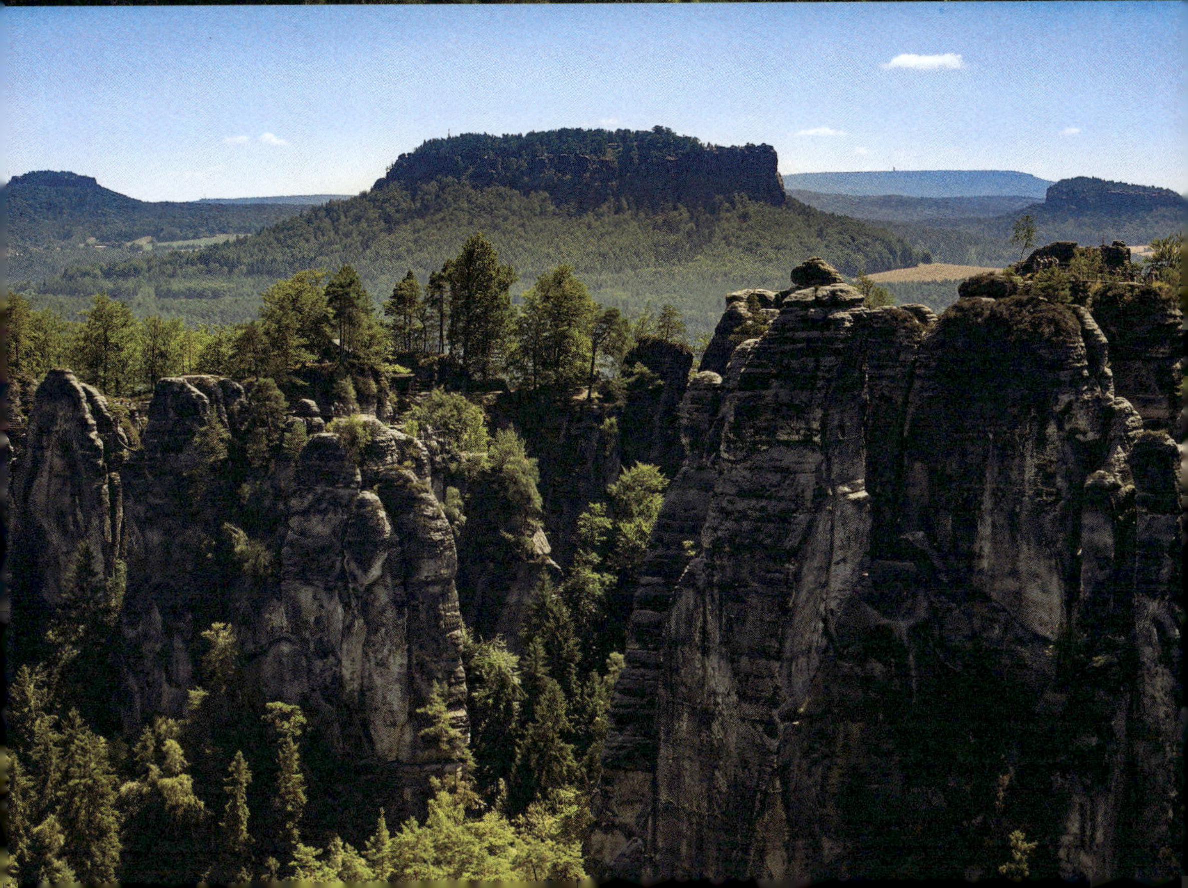

artigen Menschenaufläufen bin, konnte ich den Abschnitt trotzdem genießen. Zum einen wegen der beeindruckenden Kulisse, zum anderen, weil ich um diese Jahreszeit und bei dem schönen Wetter nichts anderes erwartet hatte.

In Rathen nahm ich die Personenfähre über die Elbe. Ich beschloss, ein letztes Mal an diesem Tag einen steilen Weg in Kauf zu nehmen, um vom 304 Meter hohen Rauenstein den Blick auf den hinter mir liegenden Teil des Elbsandsteingebirges nicht zu verpassen. Hier waren nur wenige Menschen unterwegs. Davon abgesehen ist der Rauensteingratweg wirklich spektakulär. Da ich mich von diesem Ausblick nicht verabschieden wollte und konnte, beschloss ich, die Nacht auf dem Rauenstein zu verbringen. Ich suchte mir einen schönen Platz abseits des Weges mit traumhaftem Ausblick auf den Lilienstein, die Festung Königstein und die Bärensteine.

An diesem Abend wollte ich auf keinen Fall im Zelt schlafen. Der Himmel war so unfassbar klar und mit Sternen übersät, dass ich mit diesem Blick über mir ins Traumland versinken wollte.

Die Elbe unterhalb der Bastei im Elbsandsteingebirge. Schon Caspar David Friedrich, einer der bedeutendsten Maler der Romantik, holte sich in der Sächsischen Schweiz Inspiration für seine Ölgemälde.

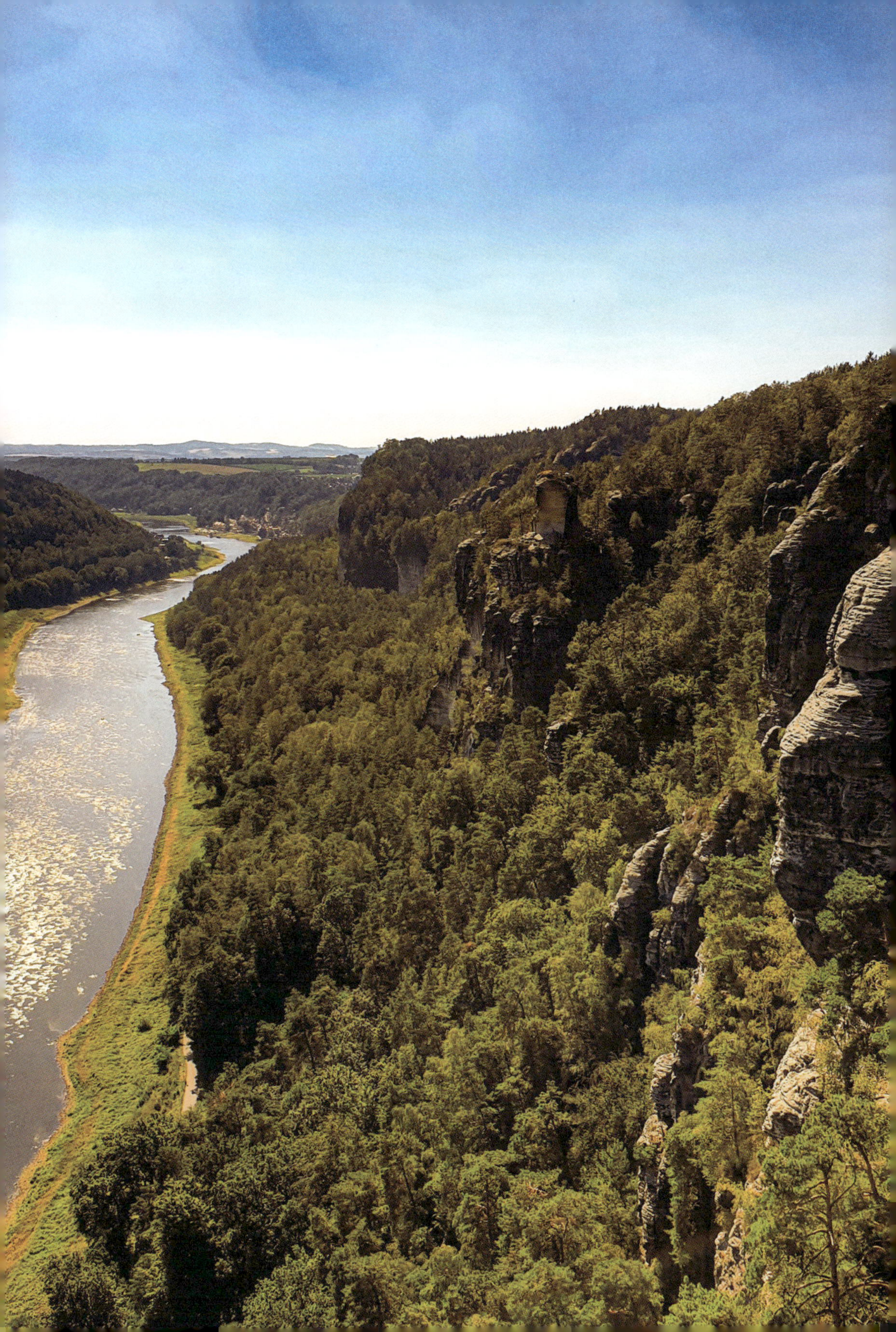

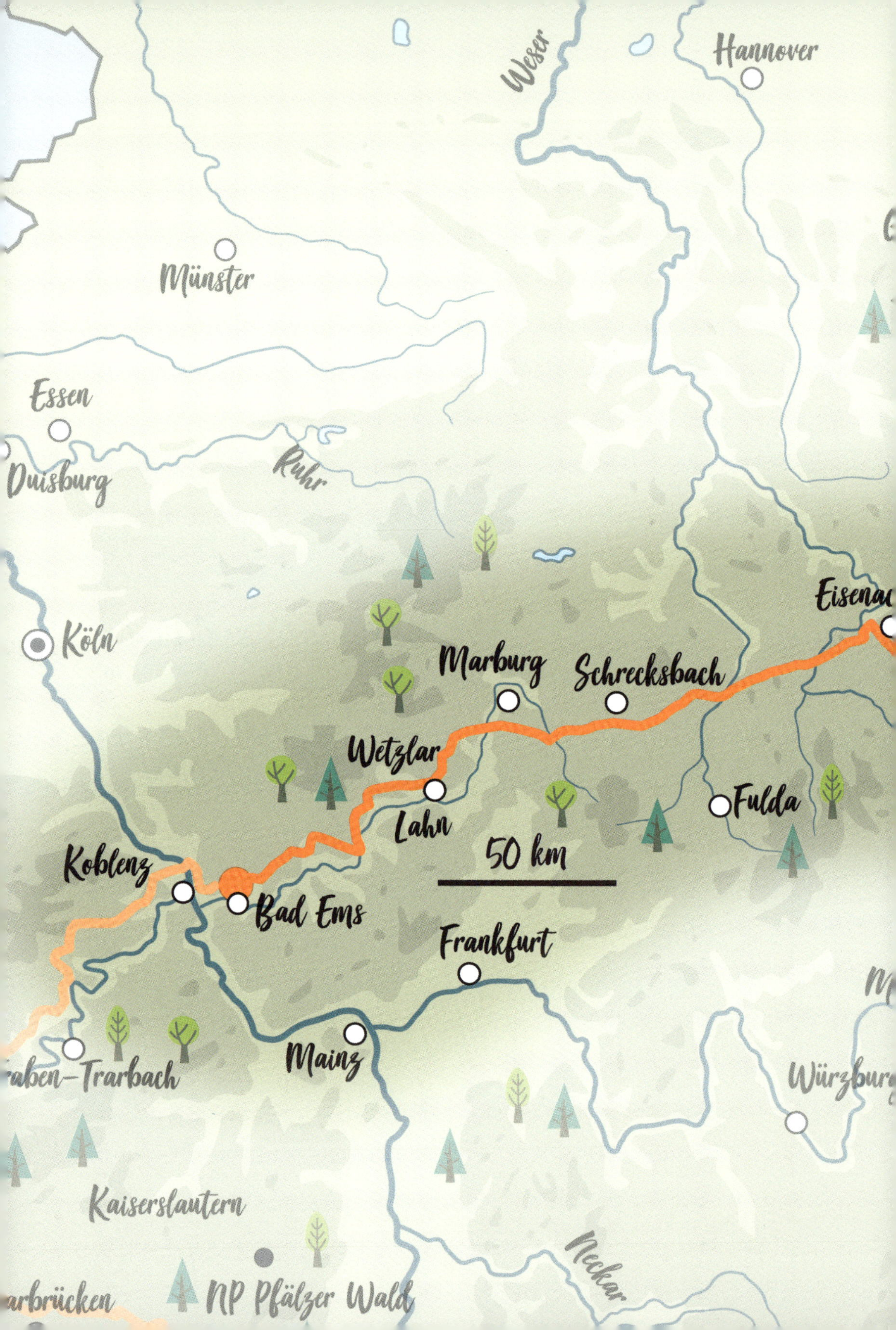
Hannover
Weser
Münster
Essen
Duisburg
Ruhr
Köln
Eisenac
Marburg
Schrecksbach
Wetzlar
Lahn
Fulda
50 km
Koblenz
Bad Ems
Frankfurt
Mainz
aben-Trarbach
Würzburg
Kaiserslautern
Neckar
arbrücken
NP Pfälzer Wald

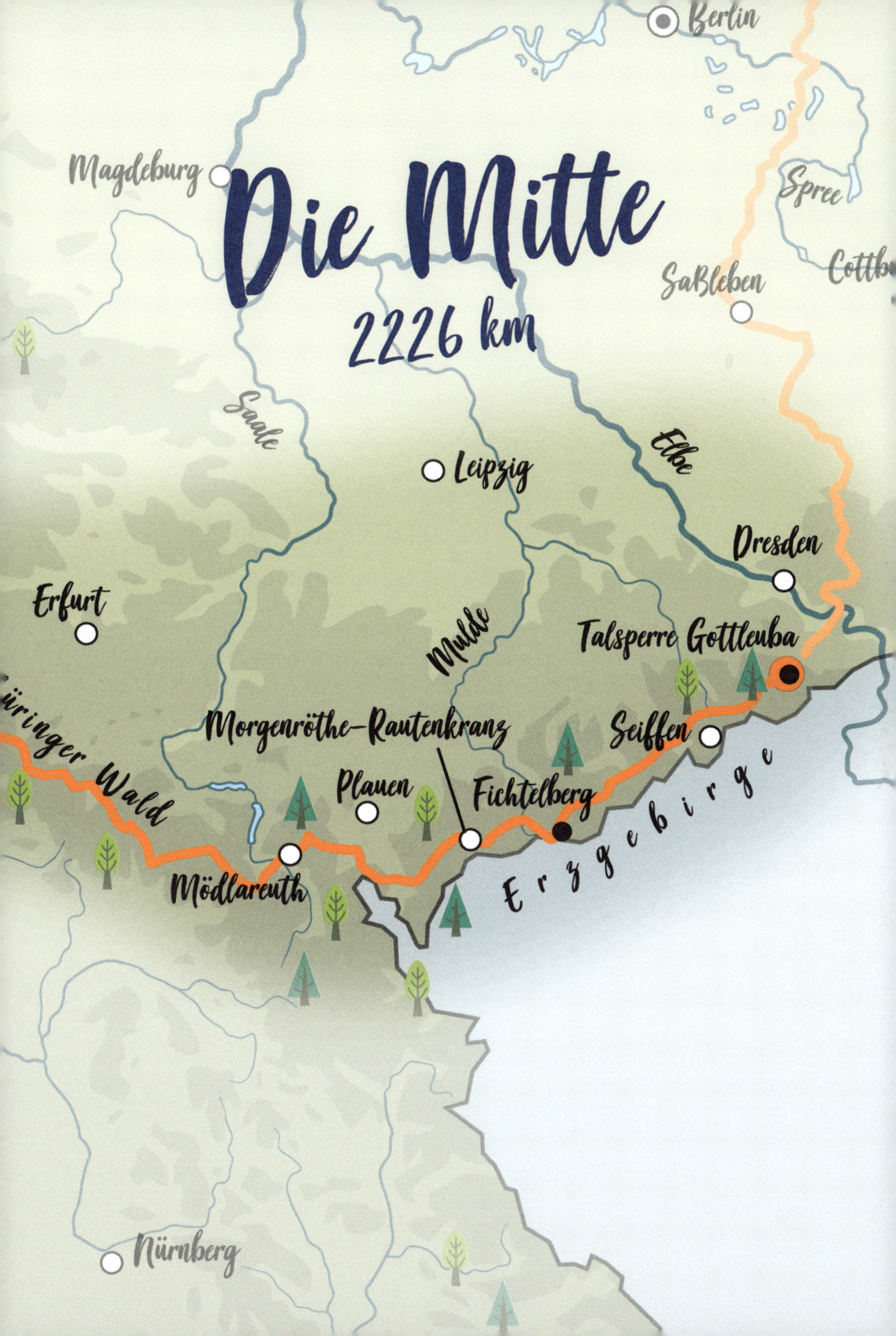

Die Mitte
2226 km
Berlin
Magdeburg
Spree
Cottb
Saßleben
Saale
Elbe
Leipzig
Dresden
Erfurt
Mulde
Talsperre Gottleuba
Morgenröthe-Rautenkranz
Seiffen
üringer Wald
Plauen
Fichtelberg
Mödlareuth
Erzgebirge
Nürnberg

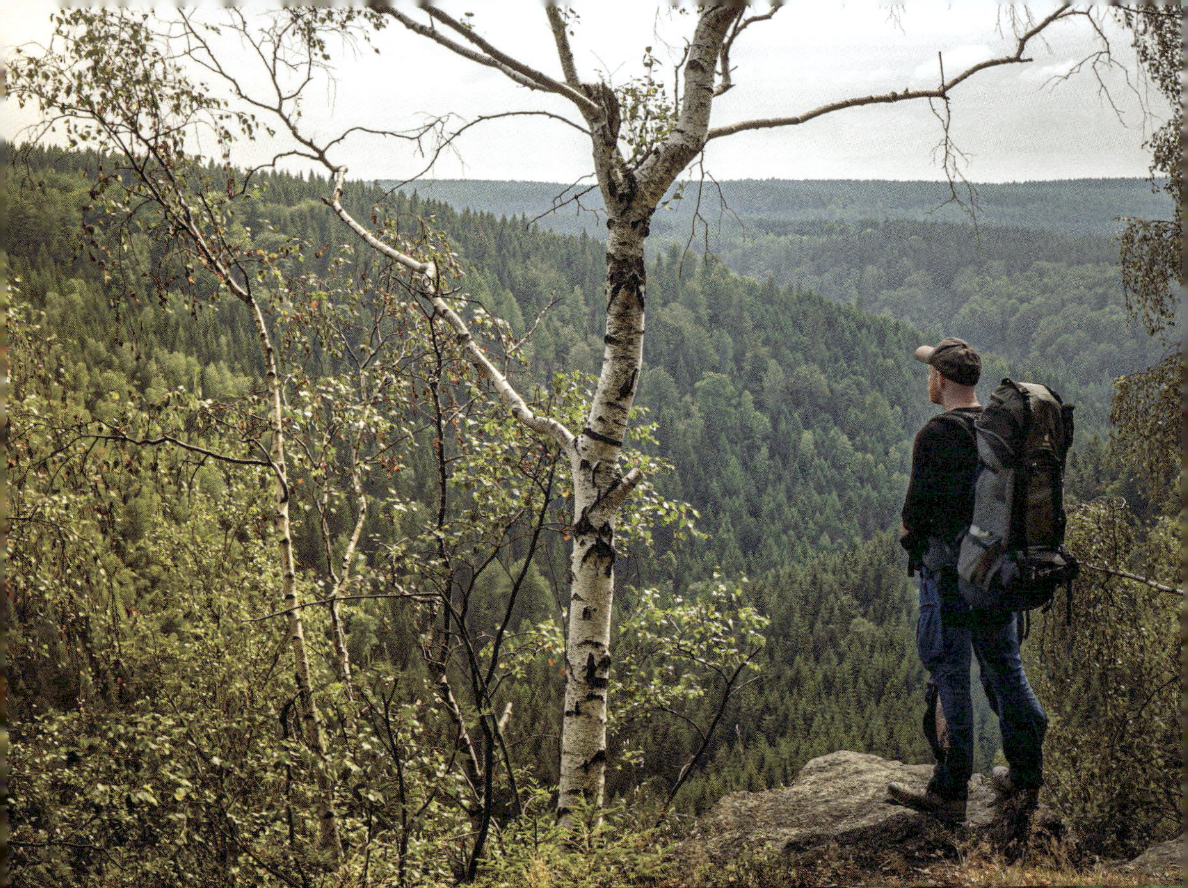

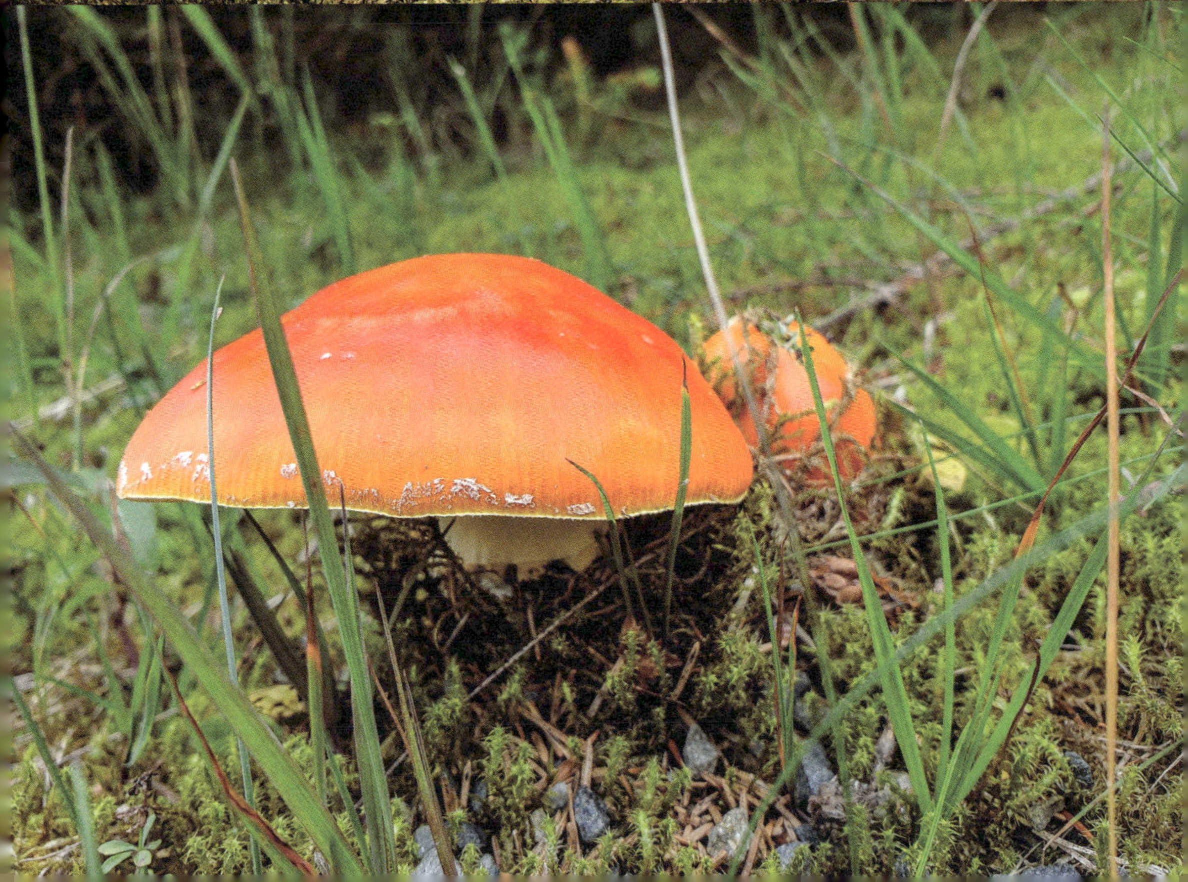

# Probleme im Erzgebirge

Die Einzugsgebiete im Osterzgebirge zählen zu den klassischen Hochwasserentstehungsgebieten in Sachsen. Über Jahrhunderte hinweg gab es dort Starkniederschläge, die verheerende Sturzfluten mit sich brachten, große Schäden verursachten und immer wieder Todesopfer forderten. Ab Ende der 1950er-Jahre wurden zum nachhaltigen Hochwasserschutz mehrere Rückhaltebecken errichtet. Den Kern des Schutzsystems bildet die Talsperre Gottleuba, die oberhalb des ehemaligen Hammerwerkes Haselberg erbaut wurde.

Da ich keine Chance sah, auf die andere Seite der Talsperre zu gelangen als zu schwimmen, wählte ich eine Route entlang der Straße über Liebenau nach Geising. Was mir auf dem Weg besonders auffiel, waren die vielen Cola-Dosen, Coffee-to-go-Becher und leeren Zigarettenschachteln, die offensichtlich achtlos aus den Fenstern der Autos geworfen worden waren. Auch an Wanderrastplätzen fiel mir das immer wieder sehr unliebsam auf. Teilweise lagen haufenweise Zigarettenstummel auf dem Waldboden. Auch ich ziehe mir genüsslich den blauen Dunst durch die Lunge, wenn ich eine Pause einlege oder am Abend gemütlich entspanne. Allerdings habe ich immer etwas dabei, worin ich meine Kippen so lange aufbewahre, bis ich sie im nächsten Mülleimer entsorgen kann. Auch die Mitnahme sonstigen Mülls versteht sich von selbst. Ich machte es mir auf meiner Tour zur Aufgabe, an den Rastplätzen den herumliegenden Müll und die Kippen einzusammeln und mitzunehmen. Ein Tropfen auf den heißen Stein. Aber wenn ich jeden Tag nur 100 Gramm Müll aus der Natur entferne, sind das an 100 Tagen immerhin zehn Kilogramm, und das ist besser als nichts, denke ich. Ich möchte weder, dass die nächste Generation in Müll baden muss, noch dass in den klaren Bergbächen irgendwann

Unterwegs auf dem Kammweg durchs Erzgebirge.
Der 285 Kilometer lange Fernwanderweg verbindet die höchsten Gipfel des Erzgebirges miteinander.

mehr Kunststoffdosen als Steine am Grund liegen. Fairerweise muss ich dazu sagen, dass nicht jeder Rastplatz vermüllt war, an dem ich vorbeikam, doch brachte ich täglich eine kleine Tüte Müll zusammen.

Südwestlich von Zinnwald-Georgenfeld führte mich der Weg durch das Georgenfelder Hochmoor, entlang eines Lehrpfades mit vielen Informationstafeln. Mit einer Größe von zwölf Hektar befindet sich auf sächsischem Gebiet nur etwa ein Zehntel der Fläche des Moorgebietes, das die Grenze zu Tschechien bildet. Vom Hochmoor wanderte ich auf den Kammweg. Der 285 Kilometer lange Fernwanderweg beginnt bei Geising in Sachsen, endet in Blankenstein in Thüringen und verbindet die höchsten Gipfel des Erzgebirges miteinander. Entlang der Strecke erwarten den Wanderer einige besondere Sehenswürdigkeiten wie das Spielzeugdorf Seiffen, das Sächsische Brauereimuseum oder das ehemalige Grenzdorf Mödlareuth, das ich später noch besuchen würde.

Bei Rehefeld-Zaunhaus kam ich an einem Haus vorbei, an dem gerade ein Mann an seinem Auto zugange war. Der perfekte Moment, nach Leitungswasser zu fragen. Er freute sich offensichtlich, dass er angesprochen wurde, denn er fing völlig unvermittelt an zu reden. Angereichert mit allerlei Schimpfwörtern erzählte er, wie in der Wanderschutzhütte oberhalb seines Hauses eine Familie einst ein Lagerfeuer entfachte. Auch wenn er sich für meinen Geschmack etwas zu sehr in Rage redete, hatte er nicht ganz unrecht. Mitten im Sommer in einer kleinen Holzhütte ein Feuer zu entfachen zeugt nicht gerade von Weitsicht. Dann ließ er sich über das Wetter aus. Die letzten Tage seien zwar heiß gewesen, doch solange im Bach noch etwas Wasser fließe, sei soweit alles gut im Erzgebirge, meinte er. Hart sei der Winter von 2017 auf 2018 gewesen, da kein Zentimeter Schnee gefallen sei. Und dann bereits ab März heiß und trocken. Die Bäume waren ausgedörrt, konnten den Schnee im Winter nicht mehr tragen und seien unter der Last zusammengebrochen. Baumstämme und Äste lägen heute noch im Wald und würden von den Wanderwegen nicht weggeräumt. Dafür habe er ebenfalls kein Verständnis. Dass sehr viele Bäume gefallen waren, konnte ich bestätigen, da ich oft über Stämme klettern oder sie auf meinem Weg umlaufen musste.

Als ihm kein neues Thema mehr einfiel, ging er ins Haus und füllte meine Flasche mit frischem Brunnenwasser auf. Und ich lief zu der Hütte, wo einst ein Familienlagerfeuer brannte, und legte eine Essenspause ein.

# Leerstand im Spielzeugland

Als ich den Kurort Seiffen erreicht hatte, hatte ich das Gefühl, endgültig im Land der Nussknacker und Schwibbögen angekommen zu sein. Jedes Haus, jeder Laden, selbst die Straßenlaternen waren entweder mit Nussknackern oder Schwibbögen verziert. Ich kam mir vor wie in einem Spielzeugland, denn fast alles, was ich je an Weihnachtsdekoration gesehen hatte, gab es hier in Übergröße. Auch der größte, aus Holz gedrechselte Nussknacker der Welt steht in Seiffen, und in meinem Fall ragte er sogar direkt vor der Pension auf, in der ich ein Zimmer für die Nacht gebucht hatte. Übrigens ein ausgesprochen gemütliches Zimmer im dritten Stock der kleinen Pension, die passend zu meinem Eindruck vom Ort den Namen »Spielzeughof« trug. Es war mittlerweile keine neue Erfahrung mehr, dass ich am nächsten Morgen allein war, als ich den Frühstücksraum betrat. Die Vermieterin setzte sich zu mir, während ich hungrig vier Brötchen verputzte. Sie zeigte sich außerordentlich interessiert an meiner Wanderung, und als wir darauf zu sprechen kamen, dass ich vor einigen Jahren auch auf dem Jakobsweg war, wollte sie alles darüber wissen. Immer wieder sagte sie, wie toll sie die Idee meiner Deutschland-Wanderung finde, fragte aber im gleichen Atemzug, ob ich das auch wirklich durchziehen möchte. Wer oder was sollte mich denn nach bereits 1400 zurückgelegten Kilometern noch aufhalten?

Nach einem netten Plausch verabschiedete sie sich von mir mit dem Kompliment, dass es etwas ganz Besonderes für sie gewesen sei, dass ich in ihrer Pension übernachtet hätte. Das freute mich, denn auch ich fand die Unterkunft wirklich angenehm. Klein, gemütlich, mit einer freundlichen Vermieterin, und dann dieser Preis! Für die Nacht inklusive Frühstück sollte ich nur 35 Euro zahlen. Ausgerechnet in einer der besten Pensionen auf der Reise bezahlte ich den günstigsten Tarif, den bisher jemand angesetzt hatte. Natürlich ausgenommen die liebe Omi, die mich zu Beginn meiner Wanderung für 20 Euro in ihrem Pensionszimmer übernachten ließ.

In Rübenau waren auf meiner Karte zwei Gasthäuser eingezeichnet, und ich freute mich auf einen wohlverdienten Eisbecher. Am Ortseingang ging gerade ein Mann mit seinem Hund spazieren, und ich fragte ihn, ob es hier eine Gaststätte gäbe. Er war im mittleren Alter, in Rübenau aufgewachsen und fing sofort zu erzählen an, wie sehr sich der Ort seit der Wende verändert habe. Früher seien in den Sommer- und Wintermonaten viele Besucher zu Gast gewesen, die Straßen voll mit Spaziergängern. Heute dagegen sei nichts mehr übrig von dieser Lebendigkeit. Alle Läden, Hotels und Restaurants seien seit vielen Jahren geschlossen. Weiter unten im Ort gäbe es noch einen kleinen Laden, der täglich von 17 bis 19 Uhr geöffnet habe, erzählte er. Und da auch er gerade auf dem Weg dorthin sei, schlug er vor, dass wir doch zusammen gehen könnten. Das taten wir und kamen an vielen der heute leerstehenden Häuser vorbei, von denen er mir erzählt hatte. Er bedauerte den Verfall und das Bild, das damit einhergehend den Ort prägt. Am Laden angekommen, trennten wir uns. Er setzte sich zu seinen Kumpels, die mit gelangweiltem Blick ihre übergewichtigen Körper auf die Bank

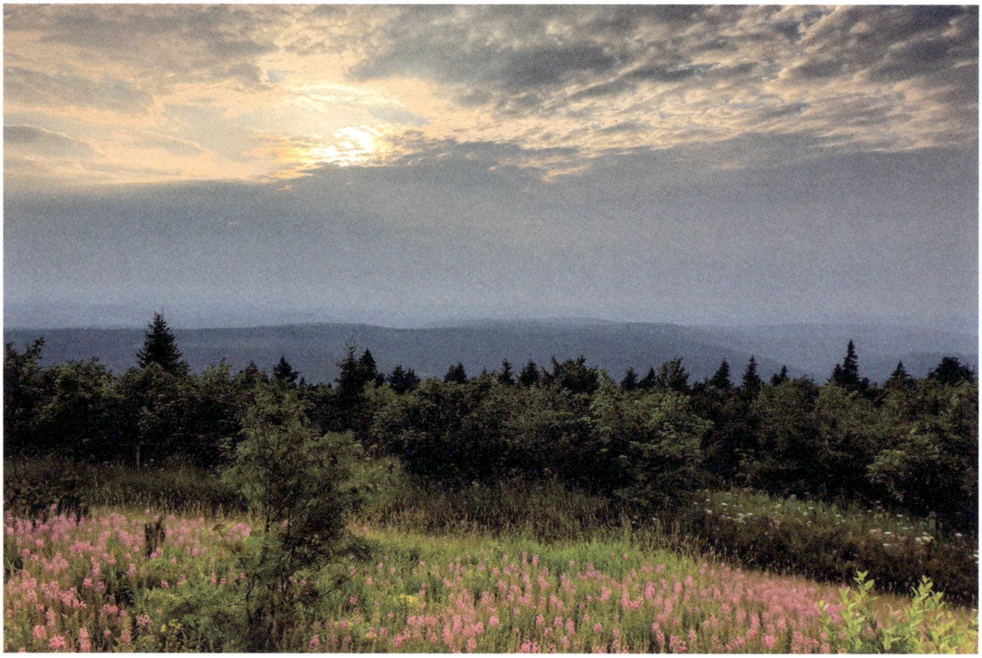

Traumhafter Blick auf die untergehende Sonne vom 1214 Meter hohem Fichtelberg, der höchsten Erhebung des Erzgebirges auf deutscher Seite.

davor gepflanzt hatten, Bier tranken und den Anschein erweckten, als würden sie den ganzen Tag nichts anderes tun. Ich schleckte mein Eis und lief anschließend weiter über Kühnhaide und Reitzenhain bis hoch auf den 889 Meter hohen Hirtstein, die höchste Erhebung im Mittleren Erzgebirge.

Vorbei an der Talsperre Cranzahl ging es nach Kretscham-Rothensehma und am Abend auf den 1028 Meter hohen Eisenberg. Dort übernachtete ich mit meinem Schlafsack auf einer Bank. Der Eisenberg ist einer der sogenannten Tausender des Erzgebirges. Insgesamt elf Gipfel im Erzgebirge erreichen eine Höhe über 1000 Meter, allerdings liegen davon nur der Auersberg, der Eisenberg, der Fichtelberg und der Taufichtig in Deutschland. Die restlichen sieben, darunter auch die mit 1244 Metern höchste Erhebung des Erzgebirges, der Klinovec, befinden sich auf tschechischer Seite. Der Fichtelberg ist mit 1214 Metern der höchste Gipfel in Sachsen und der ehemaligen DDR.

Nur fünf Kilometer waren es vom Eisenberg bis auf den Fichtelberg, wo ich bereits am Vortag ein Zimmer im Gipfelhotel gebucht hatte, in der Hoffnung, am Abend von meinem Zimmerfenster aus den Sonnenuntergang bewundern zu können.

Am nächsten Morgen gegen 11 Uhr checkte ich aus. Dichter Nebel verhinderte die Sicht. Ich warf meinen Poncho über und lief los. Trotz des diesigen Wetters packte mich die Wanderfreude, und ich lief 13 Kilometer ohne Pause bis zu einem Aussichtspunkt am Stoppelberg, wo ich einen herrlichen Blick über Rittersgrün hatte. Der Nebel hatte sich in den tieferen Lagen etwas gelichtet, und leichter Nieselregen setzte ein. Vom Aussichtspunkt lief ich weiter Richtung Süden über Fritzschberg bis zur Himmelswiese, wo ich zum wiederholten Male auf einen Grenzübergang zwischen Deutschland und Tschechien stieß. Bei der Himmelswiese handelt es sich übrigens um ein Flächennaturdenkmal in einer Höhe von etwa 915 Metern, und da in der Regel keine Beweidung erfolgt, besitzt es eine außergewöhnliche Artenvielfalt.

# Julia und die Glöckners

Noch im Schlafsack liegend, stellte ich fest, dass ich mich südlich von Aue befand. Da ich in Leipzig eine Freundin habe, die ursprünglich aus Aue kommt, schickte ich ihr einen lieben Gruß aus ihrer alten Heimat. Die Antwort ließ nicht lange auf sich warten, denn Julia war zufälligerweise gerade in Aue und schlug spontan ein Treffen vor. Darauf freute ich mich sehr und teilte ihr umgehend meinen geplanten Weg für den Tag mit.

An der Talsperre Carlsfeld machte ich Pause, sah auf mein Handy und stellte fest, dass Julia schon zweimal angerufen hatte. Ich rief zurück, und unser Timing war perfekt. Sie war gerade auf dem Weg in meine Richtung, wo wir uns in einem Gasthof treffen wollten. Als ich auf das Lokal zusteuerte, wartete Julia bereits auf einer Bank auf mich. Die Wiedersehensfreude war groß. Wir ließen uns im Gasthof nieder, bestellten »Soljanka« (eine scharf-säuerliche Suppe), Kuchen, einen Schwedeneisbecher und unterhielten uns darüber, was bei uns in den letzten Wochen passiert war. Leider musste Julia noch am gleichen Tag zurück nach Leipzig, da sie wegen ihres bevorstehenden Referendariats nun von Leipzig wieder zurück nach Aue umziehen musste. Erfreut darüber war sie weniger, da sie Leipzig eigentlich nicht verlassen wollte. Aber sie sah auch das Positive. Wenigstens schickte man sie in eine Gegend, in der sie sich heimisch fühlte und in der ihre Familie zu Hause ist. Sie war schon ein wenig im Umzugsstress, denn der sollte nur zwei Tage später stattfinden. Wir kannten uns zu dem Zeitpunkt noch nicht lange, doch stimmte mich die Nachricht von dieser Veränderung schon traurig, da wir uns in dem Jahr schätzen gelernt und schöne Zeiten miteinander verbracht hatten. Wir versprachen uns, dass ihr Umzug keinen Abbruch unserer Freundschaft bedeuten und wir uns besuchen würden.

Wie versprochen, hielten wir unseren Kontakt aufrecht, besuchten uns oft, und Julia befindet sich – wie es der Zufall abermals will, während ich nun diese Zeilen schreibe – erneut im Umzugsstress. Vor ungefähr einer Woche packten wir Julias Hab und Gut in Aue wieder zusammen und fuhren es zurück nach Leipzig, in ihre »alte neue« Wahlheimat.

Als Julia aufgebrochen war, setzte ich mich noch kurz an den Straßenrand, um meinen weiteren Weg zu studieren. Etwa 25 Kilometer südwestlich, in Morgenröthe-Rautenkranz, befindet sich die Deutsche Raumfahrtausstellung, und kurzerhand rief ich dort an und fragte, ob ich am folgenden Tag vorbeikommen könnte und ob es jemanden gebe, der mir vor der Kamera etwas zum Museum erzählen würde. Binnen zwei Minuten war alles geklärt, und ich hatte die Zusage. Das begeisterte mich. Mir gefiel der Gedanke, in einen Dokumentarfilm über eine Deutschland-Wanderung auch die deutsche Raumfahrt mit einzubinden.

In Morgenröthe-Rautenkranz suchte ich lange erfolglos nach einer Unterkunft. Als ich schon fast aufgegeben hatte, kam ich an einem Ferienhof namens Glöckner vorbei. Ich lief auf den Hof, auf dem mir

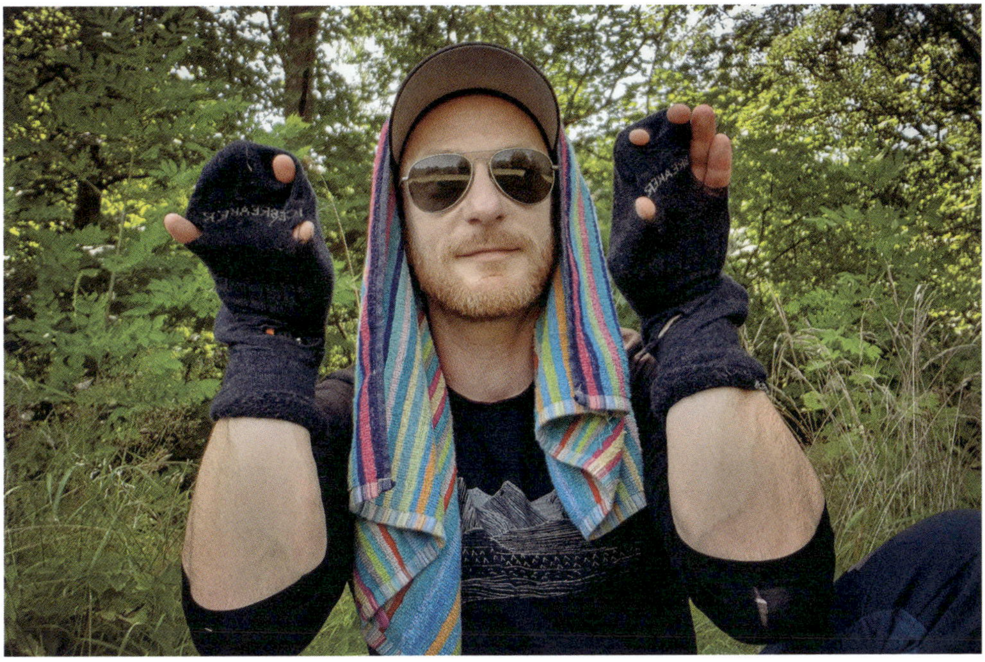

Auch Verluste gab es zu beklagen: Meine Sonnenbrille habe ich verloren, das Handtuch hängt noch in einem Baum zum Trocknen, und das Paar Socken war nur noch als fingerlose Handschuhe zu gebrauchen.

eine Frau entgegenkam, die mir zum Gruß freundlich die Hand entgegenstreckte. Kurz darauf stieß auch ihr Mann zu uns. Sie meinte zwar, dass eine Ferienwohnung für eine Nacht eher unüblich sei, wolle einen Wanderer aber nicht fortschicken und fragte, ob 30 Euro für den Aufwand okay wären. Ich dachte, ich höre nicht richtig. Ich sagte ganz offen, dass das mehr als okay für mich ist.

Dann zeigten sie mir die Wohnung: sehr behaglich, mit Kamin, Badewanne und eigener Terrasse mit Hollywoodschaukel. In der Wohnung drückte ich ihnen dann den Betrag in die Hand, den ich für die Übernachtung und ihr Entgegenkommen für angemessen hielt. Als ich nachhakte, ob es unverschämt sei, wenn ich die Badewanne auch wirklich nutzen würde, meinte die Frau nur, dass sie noch Badezusätze in ihrer Wohnung hätte und diese schnell holen würde. Und fragte, ob sie mir gleich ein Bier mitbringen solle. Auf meine Frage, was sie dafür bekomme, winkte sie nur ab und meinte, die Hauptsache sei, dass ich mich wohlfühle.

Nachdem ich in aller Ruhe genüsslich das Bier auf der Hollywoodschaukel getrunken hatte, kam mein großer Moment, und ich ließ mir zum zweiten Mal auf meiner Deutschland-Reise eine Wanne mit heißem Wasser ein. Was für ein Fest! Und überhaupt, was für ein unerwartet schöner Tag!

# 1937 bis 2019

Am Einlass der Deutschen Raumfahrtausstellung wurde ich von Karin Schädlich, der Vorsitzenden des Museums, begrüßt. Lächelnd meinte sie, es sei nicht schwer zu erkennen, dass ich derjenige bin, der gerade durch Deutschland wandere und heute hier filmen möchte. Mit so einem Rucksack kämen nur sehr wenige Besucher. Gerade begann ein Film zum Thema ISS im kleinen Kino des Hauses. Karin sagte, wenn ich Lust hätte, ihn anzusehen, sollte ich schnell noch mit reingehen. Als ich daraufhin mein Portemonnaie zückte, um Eintritt zu zahlen, sagte sie: »Sie müssen nicht zahlen. Sie sind eingeladen.« Womit auch immer ich das verdient hatte, ich freute mich darüber und lief schnell zum Kinosaal. Die Menschen und die Gastfreundschaft, die ich in Morgenröthe-Rautenkranz erleben durfte, haben den Ort für mich wirklich besonders gemacht.

Nach dem Film stellte ich meinen Rucksack im Büro des Museums ab und zog mit der Kamera los. Ich sah mir alles ausgiebig an und hielt mit der Kamera ein paar Eindrücke fest. Als ich fertig war, suchten wir einen passenden Ort für das Interview. Karin schlug vor, es direkt im Original-»Mir«-Modul, dem Basisblock der Raumstation »Mir«, zu machen, der in den 1990er-Jahren zum Trainieren für Astronauten bereitstand. Als ich die Kamera positioniert hatte, fing sie an zu erzählen:

*»Wir sind in der Deutschen Raumfahrtausstellung in Morgenröthe-Rautenkranz, und hier ist der erste Deutsche geboren, der ins Weltall fliegen durfte: Sigmund Jähn. Bereits nach seinem Flug 1979 entstand eine kleine erste Ausstellung, wo dieser historische*

---

Folgende Doppelseite
Das Jagdflugzeug MIG 21-F13 vor der Deutschen Raumfahrtausstellung in Morgenröthe-Rautenkranz wurde einst vom ersten deutschen Kosmonauten Siegmund Jähn geflogen.

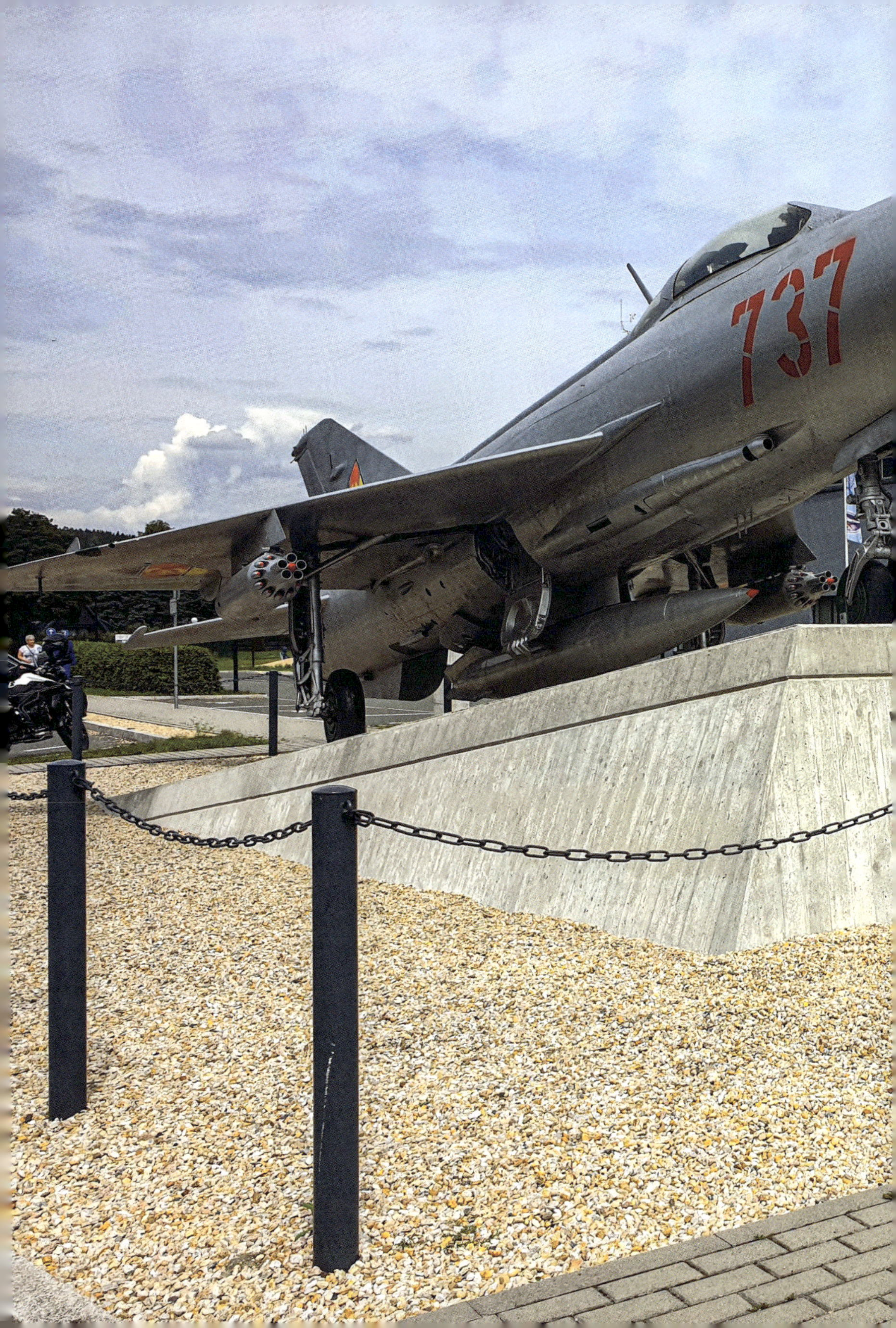
737

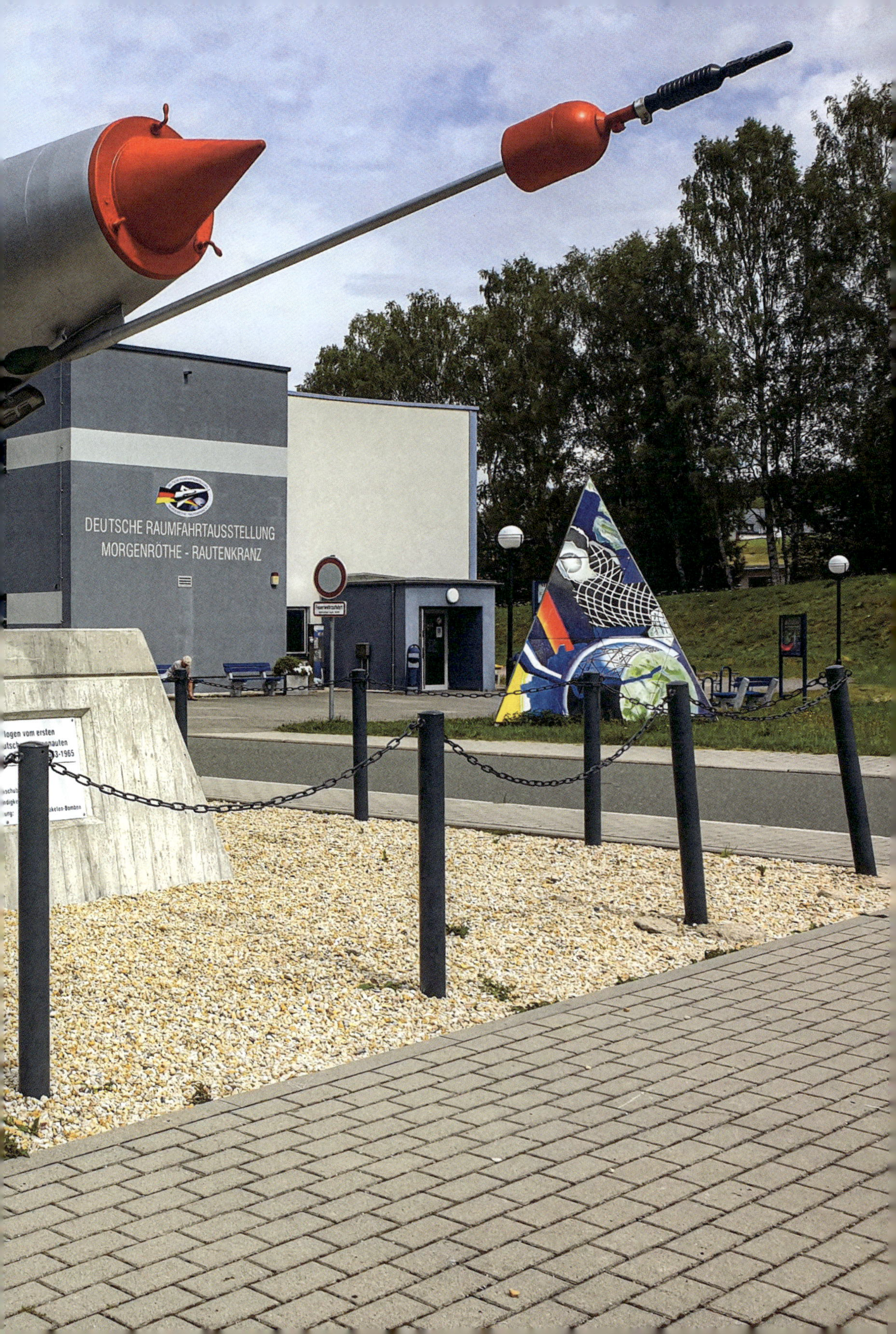
DEUTSCHE RAUMFAHRTAUSSTELLUNG
MORGENRÖTHE - RAUTENKRANZ

*Flug mit Valery Bykovsky in der Raumkapsel »Sojus 31« gewürdigt wurde. Aber wir sind die Deutsche Raumfahrtausstellung, das heißt, wir würdigen die Geschichte der deutschen Raumfahrt auf beiden Seiten. Damals waren es die Sowjetunion und die USA, die in diesem stetigen Wettbewerb die ersten Raumflüge machten. Und natürlich sind wir bestrebt, die deutschen Raumfahrer besonders zu würdigen. Es gibt nicht nur Sigmund Jähn, Ulf Merbold und Alexander Gerst, sondern insgesamt sind es schon elf deutsche Raumfahrer, die im Weltall unterwegs waren. Das Wichtigste allerdings ist der Nutzen der Raumfahrt. Die Besucher sollen mitnehmen, dass Raumfahrt nichts ist, wo Milliarden vergeudet werden. Raumfahrt ist Forschung für die Erde.*

*Unser Verein muss das Ganze natürlich tragen. Wir finanzieren uns in der Regel von den Eintrittsgeldern und erhalten Unterstützung durch unsere Gemeinde. Aber wir müssen auch immer wieder etwas Neues bringen, die Sonderausstellungen ansprechend gestalten und viel Werbung machen, dass wir im Gespräch bleiben.*

*Ich selber habe lange Zeit in Rautenkranz gewohnt, und das persönliche Interesse in der Region ist dadurch begründet, dass man Sigmund Jähn kennt und mag. Natürlich wurde er von der DDR-Führung gefeiert. Er musste in die Betriebe, in die Kindergärten, er musste eigentlich überall sein, ist aber immer auf dem Boden geblieben. Er ist ein angenehmer Zeitgenosse. Egal, wie sich die politischen Verhältnisse geändert haben, er ist heute mit Recht noch sehr beliebt. Damals hat uns auch niemand zwingen müssen, auf die Straße zu gehen, als er 1979 mit allen Ehren empfangen wurde. Ich weiß noch, wie er mit Valerie Bykovsky im offenen Wagen gefahren kam. Das war ehrlich gemeinte Freude für diesen sehr angenehmen Menschen aus Morgenröthe-Rautenkranz.«*

Natürlich erzählte sie noch viel mehr, über die persönlichen Begegnungen mit verschiedenen Kosmonauten, über das Museum und jährliche Sonderveranstaltungen, doch das würde hier den Rahmen sprengen. Ich war dankbar, dass sie sich Zeit für mich und für das interessante Interview für meinen Dokumentarfilm genommen hatte.

Wenige Wochen, nachdem ich den Geburtsort von Sigmund Jähn besucht hatte, erfuhr ich, dass der berühmte Kosmonaut am 21. September im Alter von 82 Jahren verstorben war. Nur ein paar Tage nach seinem Tod starb auch seine Frau Erika und wurde im selben Grab zur letzten Ruhe gebettet.

# Grenzgebiet

Als ich am Nachmittag das Museum wieder verließ, ging es für mich weiter entlang einer alten Bahntrasse nach Muldenhammer und entlang der Rißfälle nach Grünbach. Mittlerweile befand ich mich am östlichen Rand des Vogtlands. Diese Wasserfälle, übrigens die einzigen im Vogtland, sind zwar weder groß noch weitläufig, aber dennoch ein Erlebnis. Selbst wenn sie heute nicht mehr viel Wasser führen, kann man nach starken Regenfällen noch sehen, wie tief sich das Wasser im Lauf der Jahrhunderte in den felsigen Boden des Göltzschtals gegraben hat.

In Grünbach beschloss ich, noch bis zur Talsperre Werda zu laufen, die der Trinkwasserversorgung der Stadt Plauen und ihrer Umgebung dient. Ich fand einen Schlafplatz in einer Schutzhütte, die zwar ringsherum offen, jedoch so groß war, dass ich selbst bei Regen die Isomatte auf den Tisch ausbreiten konnte und trocken bleiben würde. Gegen 5 Uhr morgens wurde ich plötzlich von einer Stimme geweckt, die fragte: »Was machst du hier?« Ich schob mir den Schlafsack aus dem Gesicht, und neben mir stand ein Typ um die 25. Ich antwortete: »Ich schlafe. Und du, was machst du hier?« Er stammelte irgendwas von einer Kirmes im Dorf, dass er ganz viele betrunkene Menschen nach Hause begleitet hätte und nun selber auf dem Heimweg sei. Er machte sich angeblich Sorgen, dass ich auch von der Kirmes – sturzbetrunken – gekommen, deshalb auf dem Tisch eingepennt und nicht mehr nach Hause gelangt sei. Was für eine Logik! Er hielt mich also für einen Betrunkenen, der zur Kirmes seinen Wanderrucksack, Isomatte und Schlafsack mitnimmt. Ich glaube, der junge Mann war selber nicht mehr ganz nüchtern. Er entschuldigte sich bestimmt fünfmal bei mir, dass er mich geweckt hatte, und zog dann verwirrt von dannen.

Als ich in Mödlareuth am Deutsch-Deutschen Museums vorbeikam, beschloss ich spontan, an der Tür des Museumsleiters zu klopfen. Tatsächlich ging die Tür auf, und ein freundlicher Mann stellte sich als Museumsleiter Robert Lebegern vor. Ohne große Umstände war er gleich bereit, mit mir eine Runde zu drehen und vor der Kamera etwas über den Ort und das Museum zu erzählen. Hocherfreut packte ich meine Kamera aus, und schon ging meine persönliche Führung los:

*»Wir befinden uns im geteilten Dorf Mödlareuth, das auch den Beinamen ›Little Berlin‹ trägt, weil Mödlareuth fünf Jahre nach dem Berliner Mauerbau ebenfalls durch eine 700 Meter lange Betonmauer geteilt war. 1952 wurde als erste Sperranlage ein 700 Meter langer Holzbretterzaun errichtet, bis 1966 die Betonmauer folgte.*

*Wir haben links neben dem Kontrollhäuschen noch einmal die sogenannte Straßensperre Igel aufgebaut, eine Schlagsperre. Wenn jemand versucht hätte, mit dem Fahrzeug durchzubrechen, hätten die Angehörigen der Volkspolizei diese Straßensperre per Knopfdruck von den Kontrollpunkten aus entriegeln können. Sie wäre innerhalb von fünf Sekunden quer über die Fahrbahn geschlagen.*

*Ein Stück weiter begann der sogenannte Hinterlandszaun. Das Besondere an diesem Zaun sind die Signaldrähte, die mit Signalstrom geladen waren. Wenn ein Flüchtling versucht hätte, einen Draht zu durchtrennen oder sich beim Übersteigen des Zaunes die Drähte berührt hätten, wäre bei den DDR-Grenztruppensoldaten sofort Alarm ausgelöst worden.*

*Sehr markant waren auch die Beobachtungstürme. Diese wurden ab 1952 zunächst aus Holz errichtet. Ende der 1960er-Jahre wurden dann die ersten Betontürme aufgebaut. Sie waren 24 Stunden am Tag bis zur Grenzöffnung 1989 besetzt.*

*Die Sperranlagen der unmittelbaren Grenzlinie bestanden aus einem sechs Meter breiten Kontrollstreifen, einem drei Meter breiten Kfz-Sperrgraben und der letzten Sperranlage, dem Grenzzaun. An diesem Zaun waren drei Metallplatten überlappend angeschraubt, damit auf DDR-Seite eine glatte Fläche herrschte und man mit den Füßen abrutschte, sollte man versuchen, sie zu übersteigen. Die Schraubverbindungen wurden von der Westseite geschraubt und durch Umschlagen gesichert.*

*Heute sind im Freilichtmuseum noch etwa 100 Meter der ehemaligen Betonmauer im Original erhalten. Etwa 3,40 Meter*

---

Mit vielfältigen Exponaten, darunter Schlagsperren sowie Polizeifahrzeugen und Hubschraubern, die die Flucht in den Westen vereiteln sollten, dokumentiert das Museum in Mödlareuth die leidvolle Geschichte der deutschen Teilung.

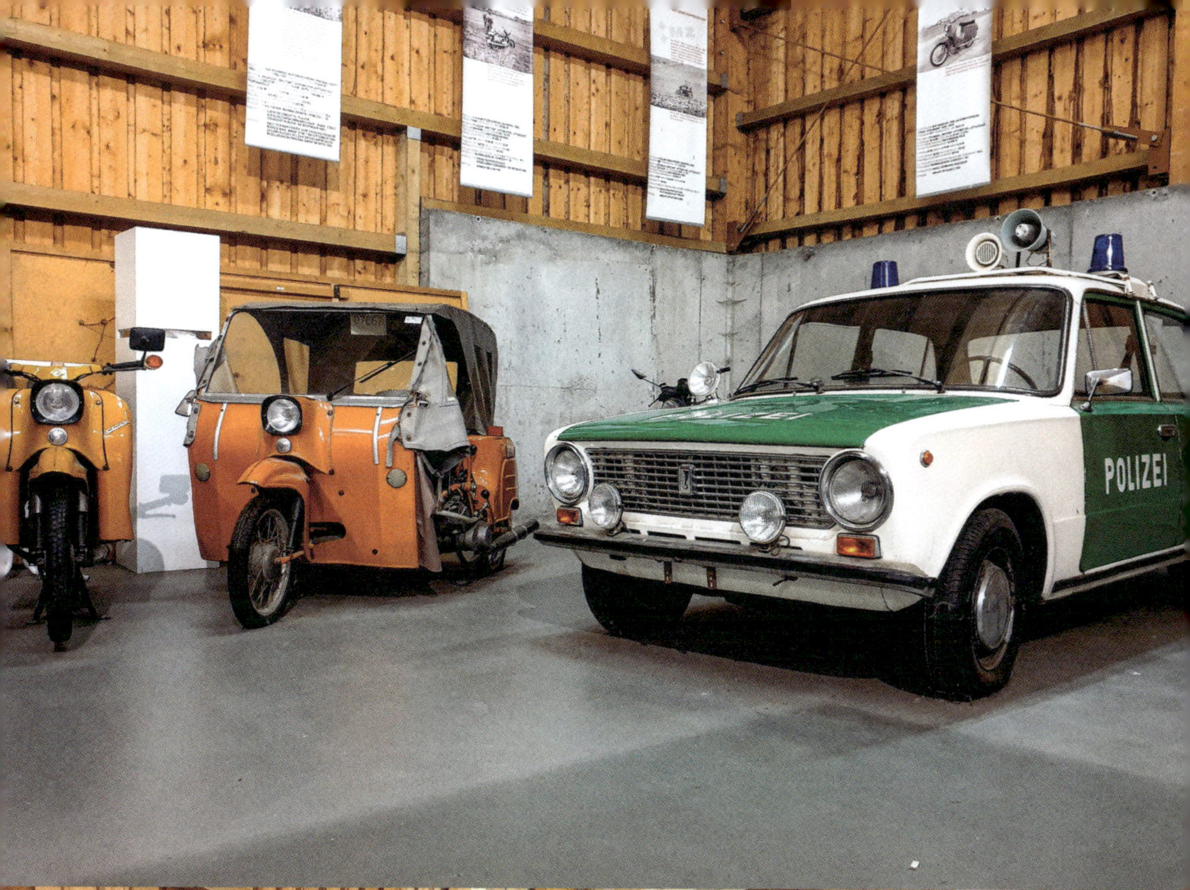
POLIZEI

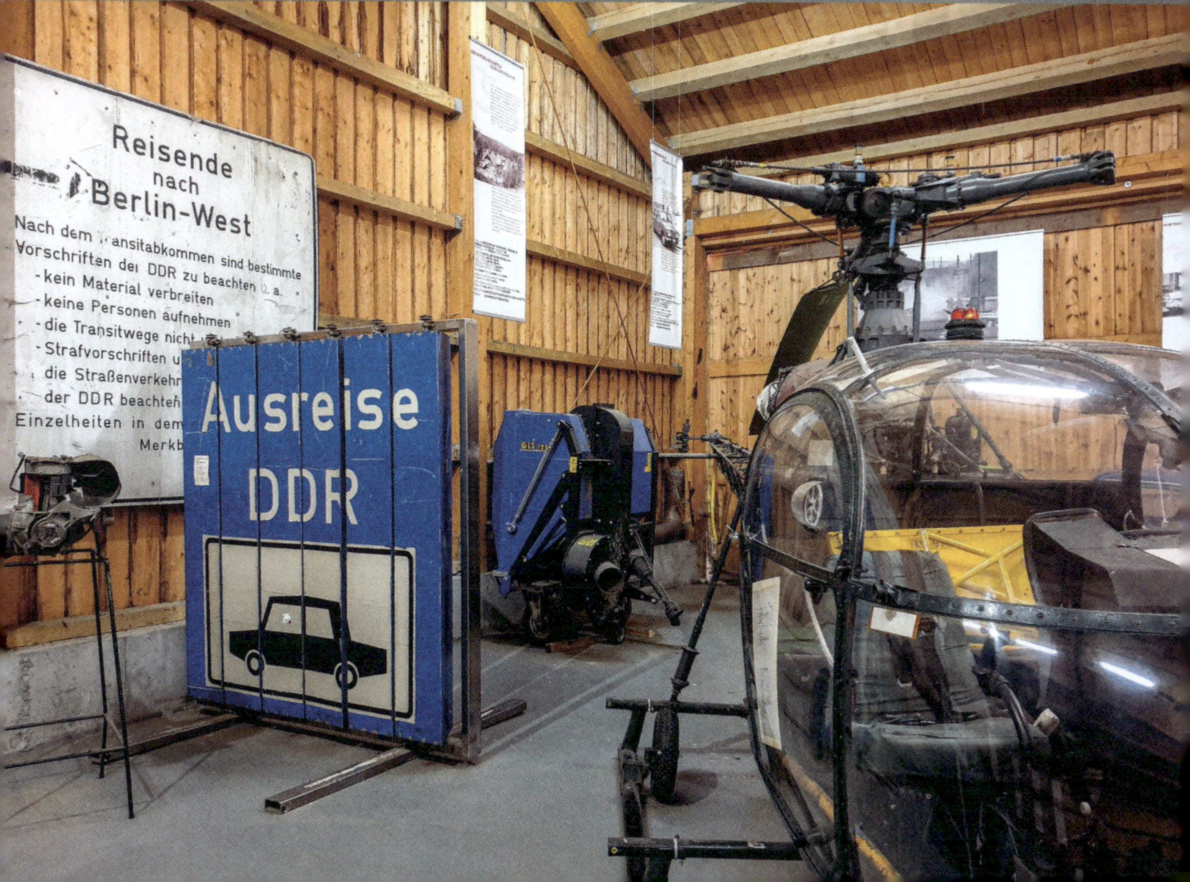
Reisende
nach
Berlin-West
Nach dem ransitabkommen sind bestimmte
Vorschriften der DDR zu beachten u. a.
-kein Material verbreiten
-keine Personen aufnehmen
-die Transitwege nicht
-Strafvorschriften u
die Straßenverkehr
der DDR beachten
Einzelheiten in dem
Merkb
Ausreise
DDR

*hoch, mit einem runden Rohr als Übersteigschutz, sodass Finger oder auch Hilfsmittel wie Wurfanker keinen Halt fanden.*

*Was sich damals westdeutsche Besucher während des Sonntagsspaziergangs nicht vorstellen konnten, war, dass nur drei Meter entfernt DDR-Grenzsoldaten mit Kalaschnikow geschultert auftauchten und wortlos vorbeipatrouillierten. Theoretisch hätte man ihnen die Hand reichen können, was in der Praxis natürlich nicht möglich war. Jährlich kamen auf der Westseite zwischen 20 000 und 30 000 Grenztouristen, die sich das geteilte Dorf anschauen wollten.«*

Während er mir all das erzählte, liefen wir über das Gelände des Freilichtmuseums, und natürlich erfuhr ich auch hier noch viel mehr über das geteilte Dorf, während ich seine Worte neugierig mit Kamera und Mikrofon einfing. Für meine Wanderung, aber auch für den Dokumentarfilm »Deutschland zu Fuß«, fand ich es wichtig, dass ich dieses Thema einer eingehenden Betrachtung unterzogen hatte.

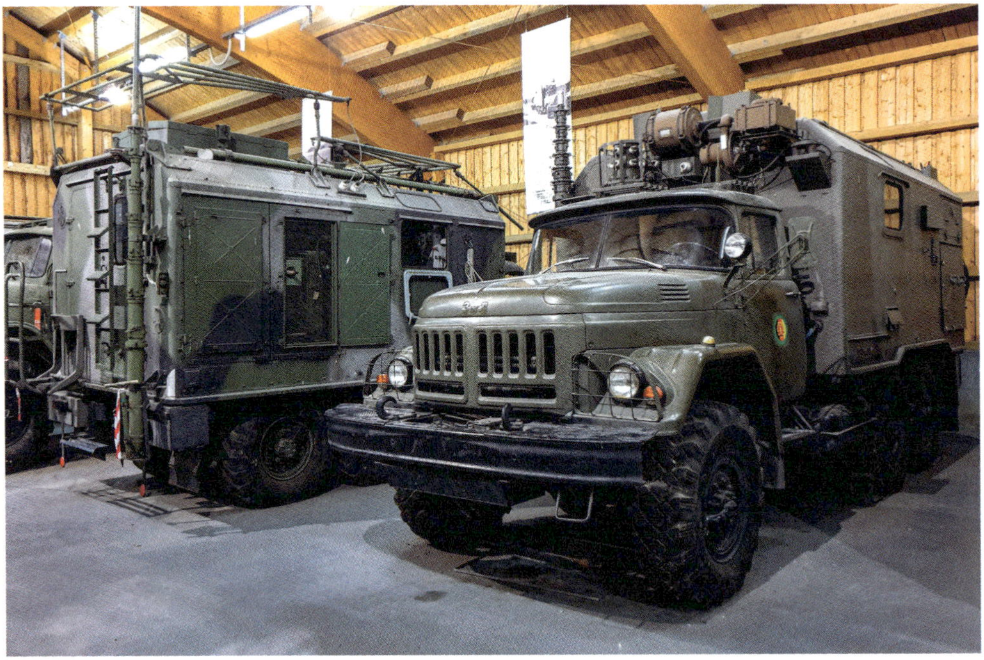

41 Jahre lang verlief die innerdeutsche Grenze mitten durch das Dorf Mödlareuth am Tannenbach, das die 16 Einwohner auf bayerischer und die 24 auf thüringischer Seite voneinander trennte.

# Johannisbeeren auf dem Rennsteig

Nun ging es für mich auf den Rennsteig. Dieser Fernwanderweg verläuft von Hörschel bei Eisenach bis zum Oberlauf der Saale bei Blankenstein als Höhenweg über den Kamm des Thüringer Waldes, des Thüringer Schiefergebirges sowie teilweise durch den nördlichen Frankenwald. Der 170 Kilometer lange Kammweg gilt als beliebtester Fernwanderweg Deutschlands. Ich lief die Strecke von Blankenstein nach Eisenach, gönnte mir aber hin und wieder auch einen kleinen Umweg abseits der vorgegebenen Route.

Gleich am ersten Tag regnete es so heftig, dass es nicht lange dauerte, bis Hose, Schuhe und Socken komplett durchnässt waren. Der Wanderweg war in diesem Abschnitt größtenteils nur ein Trampelpfad und glich nun eher einem Bach. In Brennersgrün kam ich am Rennsteighaus vorbei, wo ich kurz stehen blieb. Am Straßenrand hielt ein Auto. Eine Frau stieg aus und meinte, dass ich gern ins Haus gehen, meine Isomatte ausbreiten und dort schlafen dürfe. Es gebe auch Duschen, Snacks, Tee und kalte Getränke. Daneben stand eine »Kasse des Vertrauens«. Ich hätte natürlich bleiben und die Nacht im Trockenen verbringen können, doch da bereits andere Gäste vor Ort waren, beschloss ich, nur mein Wasser aufzufüllen, ein Bier aus dem Kühlschrank zu nehmen und wie geplant zur nächsten Wanderschutzhütte zu laufen. Mir war nicht nach anderen Menschen zumute, und ich genoss es, allein im Wald zu sein.

Durch dichte Regenfäden kam ich nach etwa zwei Kilometern zu einer Wanderschutzhütte. Auf dem Boden der Hütte lagen Zweige und Heu. Ich schob alles zusammen und freute mich, weil ich so in der Nacht vielleicht gar nicht merken würde, wenn meine Isomatte wieder ihre Luft verliert. Diese war erst ein paar Tage zuvor kaputtgegangen, und ich war bislang zu bequem gewesen, das Loch zu finden und zu reparieren. Ich breitete mich also aus und hing meine Klamotten zum Trocknen auf, bevor ich mein Abendbrot und das kühle Bier genoss.

Kurz nachdem ich aufgestanden war, hielt vor der Wanderschutzhütte ein Wagen, und ein Mann, Mitte 40, im Förster-Outfit stieg aus. Er fragte, ob ich gut geschlafen hätte, und als ich das bejahte, freute er sich, da er 1999 mit am Aufbau beteiligt gewesen war. Er hatte sich hier mit Kollegen verabredet, um Stämme und Äste zu beseitigen, die auf die Wanderwege gefallen waren. Seine Bekannten waren allerdings noch nicht da, und es war bereits 15 Minuten nach der verabredeten Zeit. Er vermutete sie an einem anderen Standort und wollte nachsehen. Vorher fragte er mich, ob ich den Altvaterturm auf dem 792 Meter hohen Wetzstein schon kenne. Ich hatte keine Ahnung, wovon er sprach. Er bot mir an, kurz nach seinen Kollegen zu schauen, dann wiederzukommen und mit mir zum Turm zu fahren.

Während er losfuhr, packte ich alles zusammen und frühstückte. Er kam genau in dem Moment zurück, als ich mit allem fertig war. Ich schlüpfte in meine nach wie vor klitschnassen Schuhe, hievte meinen Rucksack in sein Auto, und wir fuhren zu dem markanten Aussichtsturm. Ab 1999, so erzählte der Förster, wurde auf dem Wetzstein eine originalgetreue Kopie des 1959 zusammengefallenen Turms im

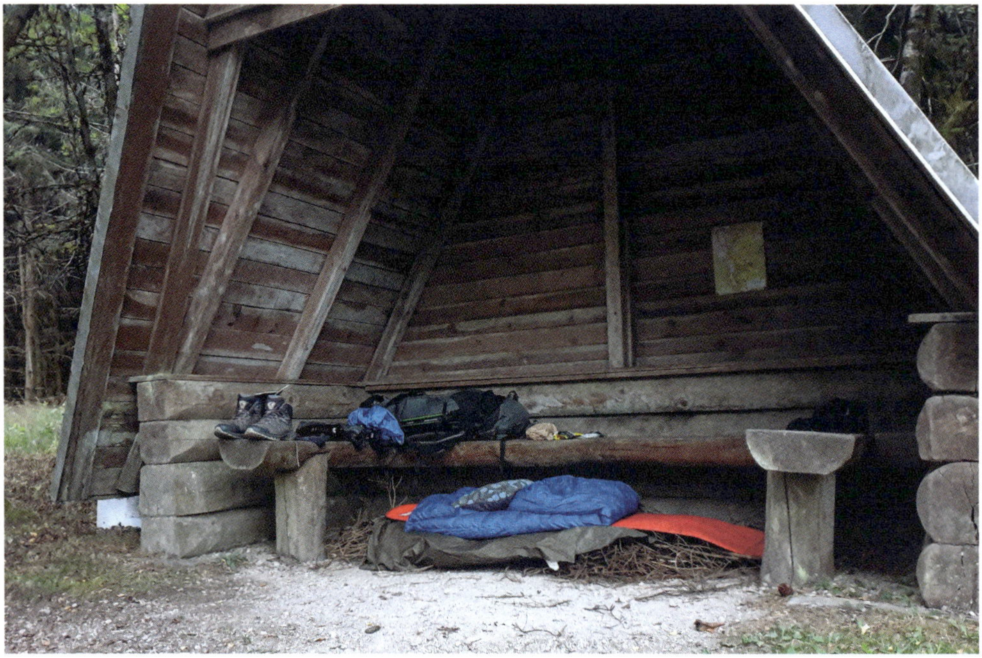

Aus Zweigen, Laub oder Heu häufte ich mir nicht selten ein schönes weiches Nest als Schlafunterlage auf, wie hier in einer Wanderschutzhütte im Thüringer Wald.

Altvatergebirge als Mahnmal der in den Jahren 1945/46 aus der Tschechoslowakei vertriebenen Deutschen errichtet. Da der Standort im Thüringer Naturpark den Gegebenheiten im Altvatergebirge ähnelte, war er der ideale Platz für den Neubau des Turms.

Während der kurzen Autofahrt erzählte mir der Förster, dass er in der Gegend aufgewachsen sei, zwischenzeitlich in einer großen Fabrik gearbeitet, es dort aber nicht lange ausgehalten habe. Der ständige Lärm und die tagtäglichen gleichen Vorgänge machten ihn unglücklich. Er brauche einfach die Natur, um sich wohlzufühlen. Dabei fiel ihm ein, dass er mir noch den Platz mit den besten Johannisbeeren in der Umgebung zeigen wollte.

Also machten wir noch einen kleinen Umweg und standen plötzlich zwischen unendlich vielen Johannisbeersträuchern und aßen munter drauflos. Später setzte er mich wieder ab und meinte lächelnd: »Jetzt muss ich aber mal arbeiten. Doch wenn jemand durch Deutschland läuft und sich so sehr für die Natur interessiert, musste ich mir einfach die Zeit nehmen.« Ich wusste gar nicht, wie ich mich für diese spontane Sightseeing-Runde bedanken sollte. Das war auch gar nicht nötig, da die Freude über die Begegnung gegenseitig war. Und so verabschiedeten wir uns herzlich voneinander.

# Nich lange schnacken, Kopp in Nacken

Am 805 Meter hohen Langertfelsen übernachtete ich im Freien. Als ich am Morgen darauf gerade beim Frühstück saß, hörte ich aus der Ferne eine Menschenmenge näher kommen. In diesem Fall war der Lärmpegel besonders ohrenbetäubend, da die Gruppe – lauter Rentner – etwa 30 Personen zählte. Als sie meinen Lagerplatz erreichten und mich in der Hütte beim Frühstück erwischten, grüßten alle höflich. Einige flotte Sprüche, von denen keiner neu war, gingen an mich raus, und nur wenige stellten ernst gemeinte, interessierte Fragen. Ich musste einer Dame sogar meine Schuhsohlen zeigen, bevor sie mir glaubte, dass ich schon fast 2000 Kilometer gelaufen und auf Sylt gestartet sei.

Es folgte das übliche Prozedere, das ich auf meinen Touren vorwiegend bei Rentnergemeinschaften beobachtete: Aus den Tiefen des Rucksacks werden kleine Gläser hervorgewühlt, gefolgt von einer Flasche hochprozentigem Klaren. Nachdem allen eingegossen und auch mir ein Glas angeboten wurde – das ich um diese Zeit allerdings dankend ablehnte –, erreichte die Stimmung ihren Höhepunkt. Die Sprüche wurden flotter, gefolgt von zwei Sekunden Stille, während alle ansetzten und das Wässerchen runterkippten. Anschließend zerstreute sich die Gruppe in alle Himmelsrichtungen und erkundete den Aussichtspunkt auf dem Felsen und die nähere Umgebung. Einer der Männer, der mir schon vorher durch seine ruhige und besonnene Art angenehm aufgefallen war, blieb zurück und setzte sich zu mir auf die Bank. Er wollte nun alles genau wissen. Wo ich schlafe, wie viele Kilometer ich am Tag laufe, warum ich eine so weite Wanderung auf mich nehme und die übliche Frage, wo ich die Zeit dafür hernehme. Sein Interesse war ehrlich, und es machte Spaß, mit ihm zu plaudern. Auch das ist typisch bei solchen Begegnungen: Es gibt immer den Einen, der eigentlich gar nicht so recht in die lautstarke Truppe passt und abseits abgedroschener Witze ernsthaft an einem Gespräch und Hintergründen interessiert ist. Als die Truppe sich wieder sammelte und weiterziehen wollte, schüttelte er mir die Hand, sprach mir seinen Respekt aus und wünschte mir noch eine gute Reise und viel Gesundheit.

Eine Nacht wollte ich auf dem höchsten Punkt Thüringens und somit auch des Rennsteigs verbringen. Auf dem Gipfelplateau des 982 Meter hohen Beerbergs befindet sich eines der wenigen erhaltenen Regenmoore des Thüringer Waldes. Als Teil des Biosphärenreservats Vessertal-Thüringer Wald ist es geschützt und seit 1939 als Naturschutzgebiet Beerbergmoor ausgewiesen. Nur zehn Meter weiter unten, neben dem Rennsteig, erhebt sich ein kleiner Aussichtsturm, der zu den Seiten hin zwar offen, jedoch überdacht ist. In der hintersten Ecke breitete ich meine Isomatte aus und bereitete mich auf eine stürmische Nacht vor. Schon den ganzen Tag ging heftiger Wind, und die Wolken rasten regelrecht über den Himmel. Am höchsten Punkt der Umgebung war das natürlich verstärkt zu spüren, aber das bot mir ein grandioses Naturschauspiel und wunderbare Zeitraffer für meinen Dokumentarfilm.

Geweckt wurde ich am nächsten Morgen von Schritten auf der Treppe des Turms. Es war erst 7 Uhr, und eine junge Frau war bereits unterwegs. Ich grüßte mit einem beherzten guten Morgen und fragte verwundert, wie es komme, dass sie um die Zeit schon auf den Beinen sei. Sie meinte, es sei doch schon um sieben. Ich musste lachen. Sie war total lieb und entschuldigte sich mehrmals, dass sie mich geweckt hätte. Ich fand es eher lustig, und die kurze Begegnung war den gestörten Schlaf wert. Sie erzählte mir, dass ihre Zeit begrenzt sei und sie täglich ordentlich Kilometer machen müsse, um den Rennsteig zu schaffen. Sie klagte, dass ihr die Füße schmerzen und dass sie zwischendurch in den Pausen die Schuhe ausziehen müsse. Ich erwiderte, dass ich grundsätzlich beim Pausieren meine Schuhe ausziehe. Da müsse Luft ran zur Erholung, und zumindest bei mir helfe es, auch ein paar Prozent des eigentlichen Geruchs zu mindern. Sie meinte, dass ich sie bestimmt leicht einholen würde, da ich nach meiner bisherigen Strecke um einiges geübter sei. In Anbetracht der Tatsache, dass es gerade mal 7 Uhr war und ich wohl noch eine Weile an dem schönen Ort verweilen würde, war das eher unwahrscheinlich. Zum Abschluss der morgendlichen Unterhaltung wünschte sie mir lächelnd eine gute Nacht und verschwand mit einer letztmaligen Entschuldigung auf dem Rennsteig.

---

Folgende Doppelseite
Ausblick vom 982 Meter hohen Beerberg. Bis 1945 gehörte die heute höchste Erhebung Thüringens noch teilweise zum damaligen preußischen Landkreis Schleusingen.

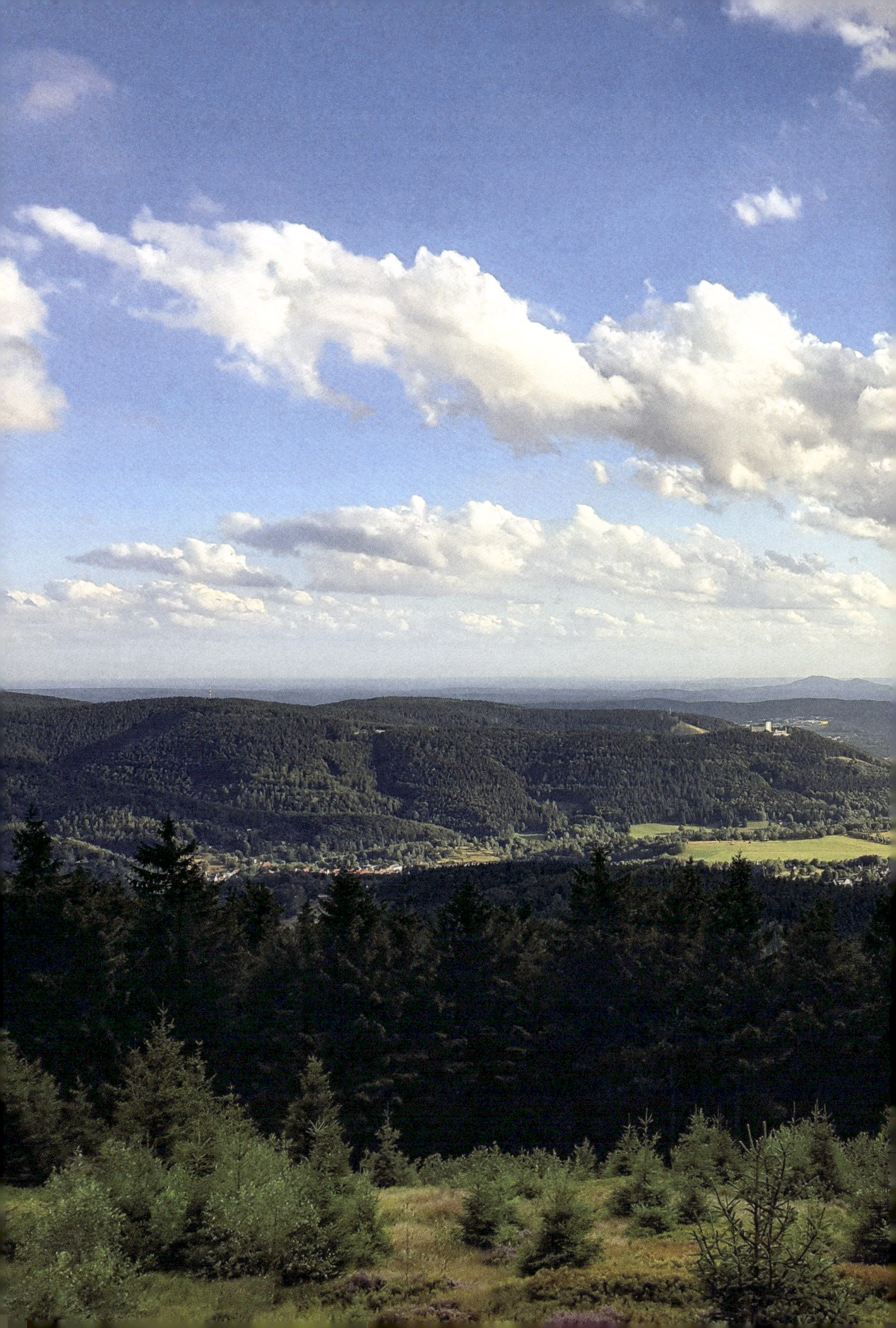

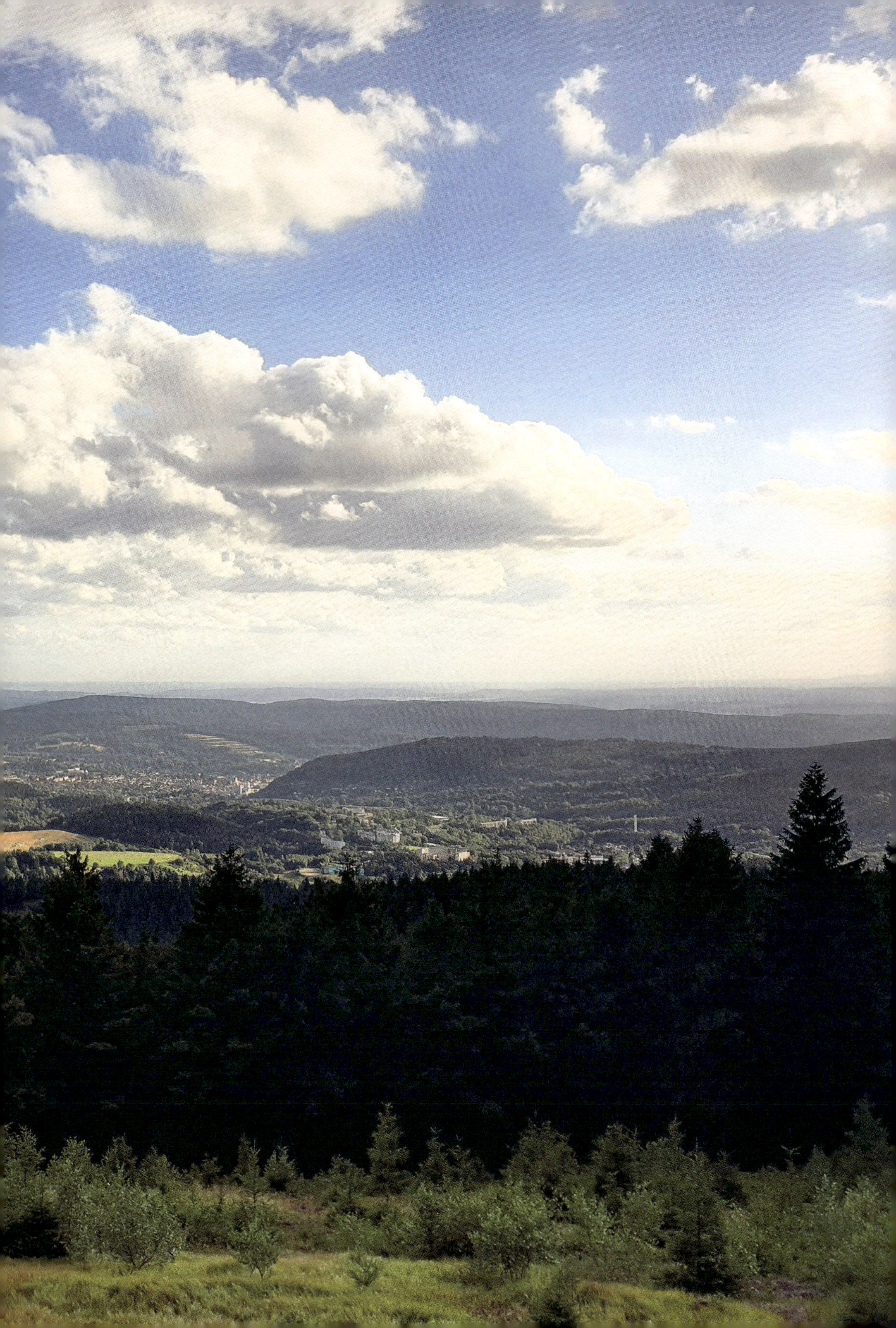

# Abseits des Weges

Meine Vorräte waren inzwischen aufgebraucht, und auf der Suche nach Einkaufsmöglichkeiten beschloss ich, vom Rennsteig abzugehen und die nächsten Tage einen kleinen Umweg einzulegen. Nach meiner Wanderung durch eine einzigartige wildromantische Gebirgsklamm ragte vor mir plötzlich der 96 Meter hohe Falkenstein, Thüringens höchster frei stehender Kletterfelsen, auf. Anschließend passierte ich den Großen Buchenberg und lief durch das bedruckende Naturdenkmal »Steinernes Tor« im Mittelwassergrund. Über die 1905 fertiggestellte Tambacher Talsperre, die älteste Trinkwassertalsperre Thüringens, gelangte ich ins Spittertal mit dem gleichnamigen Wasserfall. Mit 28 Metern ist er der höchste natürliche Wasserfall Thüringens. Der von mir gewählte Weg abseits des Rennsteigs war wirklich traumhaft, und es wäre sehr schade gewesen, wenn ich diesen Abzweig nicht genommen hätte. Der Rennsteig ist schön, ohne Frage. Jedoch ist er wenig abwechslungsreich, und die Vielfalt des Thüringer Waldes findet in meinen Augen wirklich abseits des bekannten Fernwanderweges statt.

Am Imbiss Hohe Sonne verabschiedete ich mich vom Rennsteig. Ich hatte beschlossen, durch die Drachenschlucht nach Eisenach zu laufen, und auch das war eine kluge Entscheidung. Diese Schlucht kurz vor Eisenach ist unglaublich sehenswert. Die Klamm ist an ihrer engsten Stelle nur 86 Zentimeter breit, und es erschien mir wie ein Wunder, dass ich mit meinem Rucksack überhaupt durchpasste. Teilweise läuft man zwischen den hohen Felswänden auf Gitterstegen, während unter den Füßen der Bach rauscht. Ich möchte an dieser Stelle unbedingt die Empfehlung aussprechen, die Drachenschlucht zu besuchen.

---

Die Drachenschlucht und das Steinerne Tor: neben dem Spitterfall und dem Falkenstein – meine Highlights im Thüringer Wald. Sie können allerdings nur abseits des bekannten Fernwanderweges Rennsteig erwandert werden.

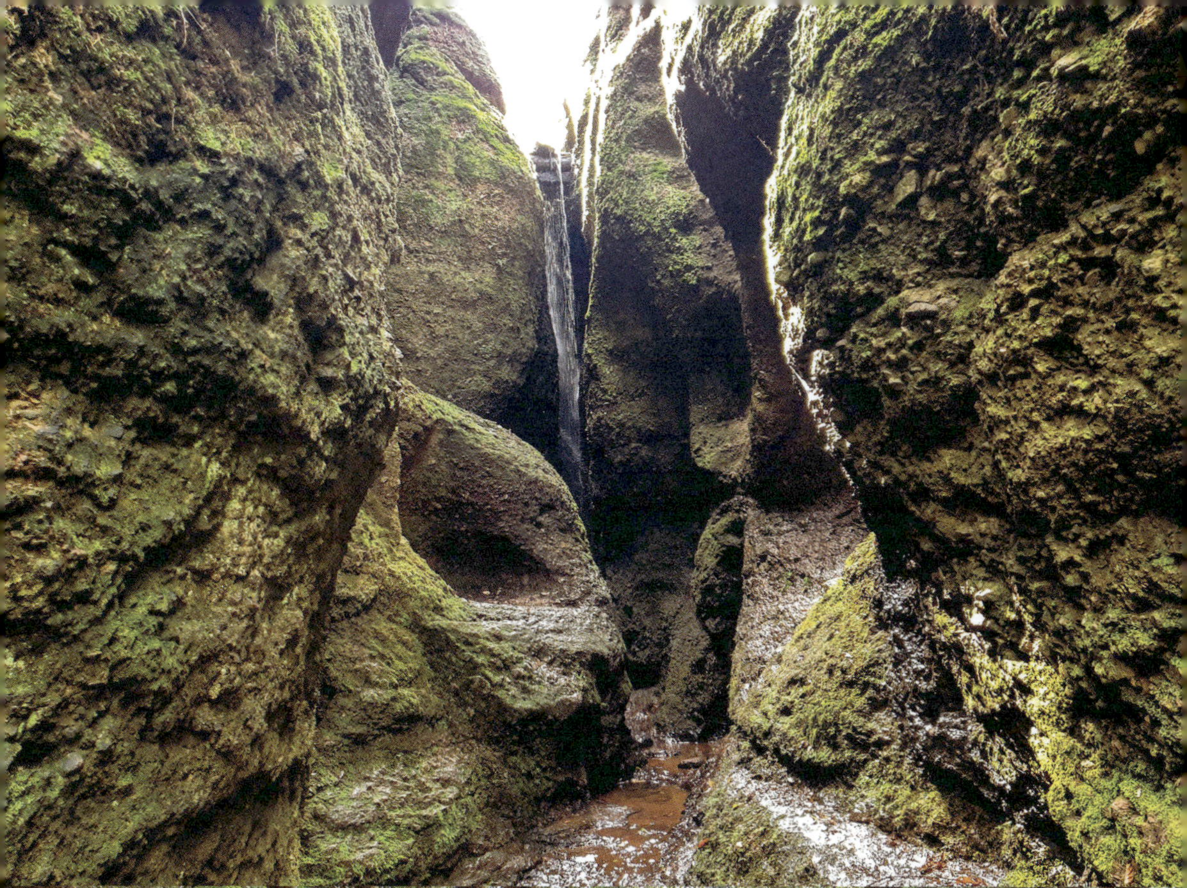

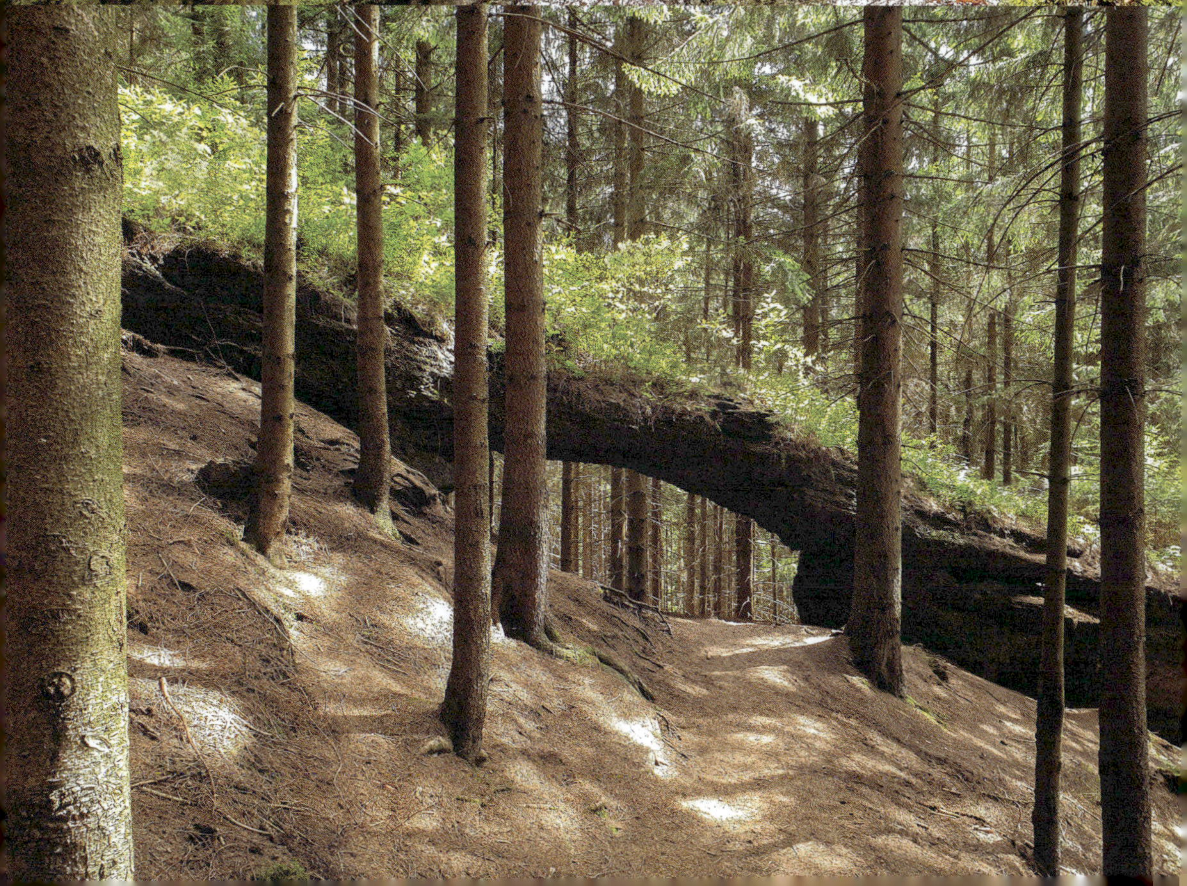

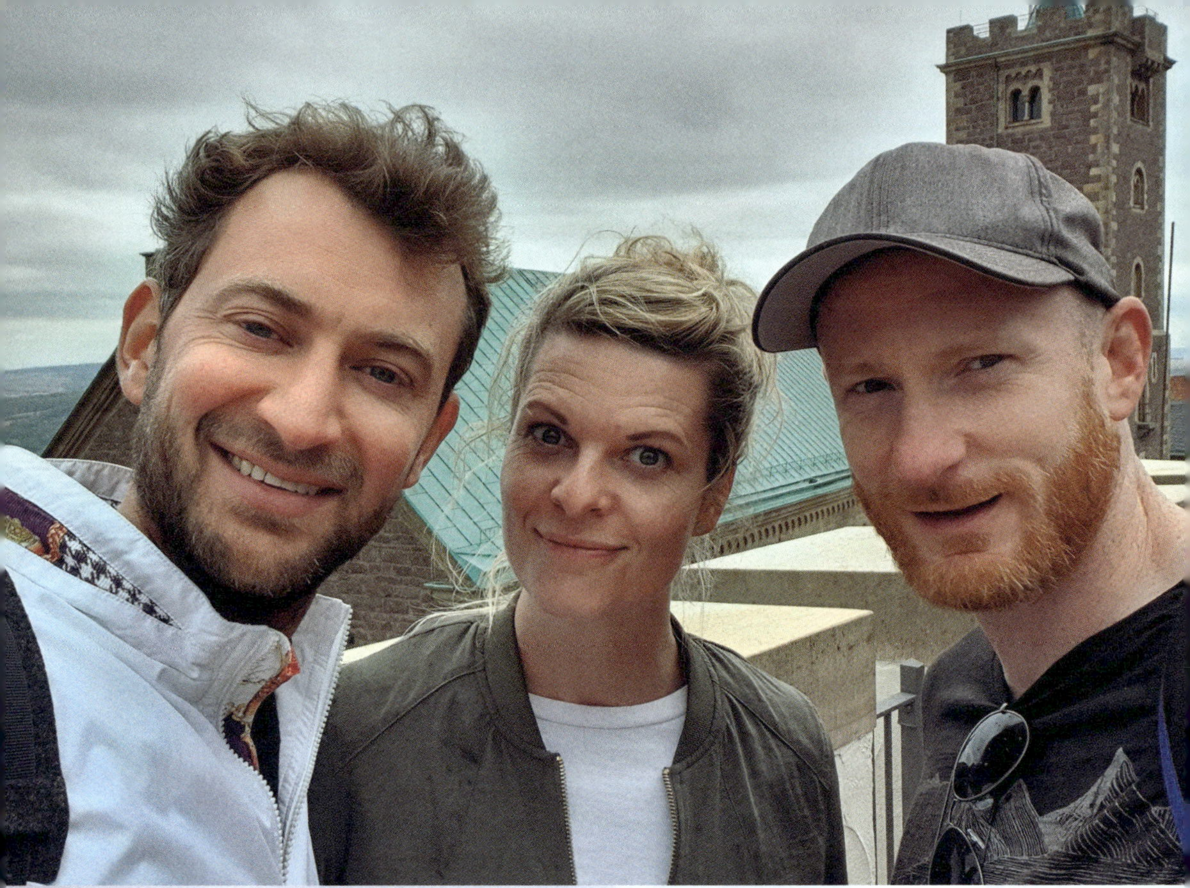

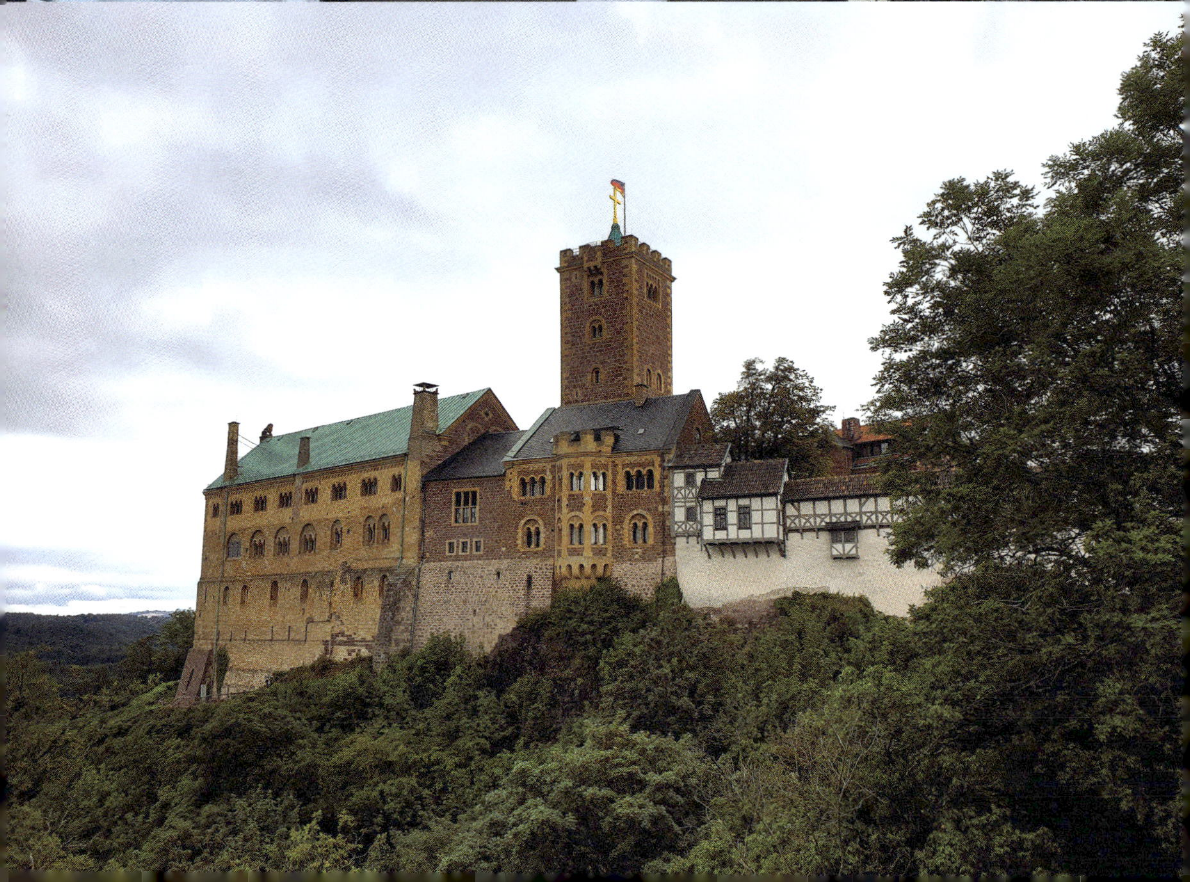

# Vicci und Jonas

Bereits ein paar Tage zuvor hatte ich mit Vicci und Jonas telefoniert, die mich in Eisenach besuchen kommen wollten. Ich buchte eine Ferienwohnung für uns und checkte ein. Als ich meine Route für die kommenden 500 Kilometer zusammengestellt hatte, war es auch schon an der Zeit, die beiden vom Bahnhof abzuholen.

In der Eismanufaktur am Marktplatz bestellten wir Eis und Kirschsaft. Vicci nahm zwei Kugeln Eis in einer Waffel. Kurz darauf rollte ihr eine Kugel aus der Waffel, über den Arm auf den Tisch. Jonas stand auf, ging in den Laden, holte Servietten und einen Pappbecher für Viccis Eis. Als er ihr die Sachen reichte, machte er es allerdings schlimmer, da er mein Glas umstieß und dabei mich und meine Hose komplett mit Kirschsaft übergoss. Wir brachen umgehend in Gelächter aus. Jonas eilte wieder ins Café und fragte dort nach einem Lappen. Wer uns bei der Kettenreaktion von Missgeschicken beobachtet hatte, hatte auf jeden Fall seinen Spaß. Da ich nur diese eine Hose hatte, beschlossen wir uns, eine Flasche Sekt zu besorgen, um in unserer Pension auf den lustigen Start dieses Wiedersehens anzustoßen. Ich ging derweil duschen, wusch meine Hose, und wir chillten auf dem Balkon.

Am nächsten Tag liefen wir zuerst zur Wartburg, wo wir im Burghof die Lose freirubbelten, die wir aus Spaß auf dem Weg gekauft hatten. Vicci zog eine Komplettniete. Ich war als Zweiter dran, und wir konnten uns über einen gewonnenen Euro freuen. Bei Jonas brachen wir regelrecht in Jubel aus, als er auf sein Los ebenfalls einen Euro gewann. Die Freude endete in einer Lachsalve, als wir resümierten, dass wir drei Euro ausgegeben und zwei gewonnen hatten. Nach diesem kleinen Intermezzo begann unsere Führung durch die Wartburg, geleitet von einer freundlichen Frau mit etwas eintöniger Erzählerstimme. Von ihr erfuhren wir, dass die Wartburg 411 Meter hoch über

---

Mit Vicci und Jonas auf einer Tageswanderung mit Besichtigung der Wartburg bei Eisenach. Die Besuche von Freunden auf meiner Tour waren für mich jedes Mal eine Freude und »Urlaub vom Urlaub«.

der Stadt Eisenach am nordwestlichen Ende des Thüringer Waldes liegt und im Jahr 1067 von Ludwig dem Springer gegründet wurde. Die heutige Wartburg ist größtenteils im 19. Jahrhundert unter Einbeziehung weniger erhaltener Teile neu gebaut worden. Abgesehen von ihrer baulichen Schönheit und der exponierten Lage ist die Wartburg auch deshalb bekannt, weil sich hier von 1521 bis 1522 Martin Luther unter dem Decknamen »Junker Jörg« aufgehalten und das Neue Testament in die deutsche Sprache übersetzt hat.

Nach der Führung aßen wir eine Kleinigkeit, bevor wir uns entschlossen weiterzuziehen. Ab und an nieselte es leicht, was unserer Freude, Zeit miteinander zu verbringen, jedoch keinen Abbruch tat. Vicci entdeckte auf der Tour die Faszination des Springkrauts für sich, blieb alle fünf Meter stehen und freute sich wie ein kleines Kind, wenn sie die Samen der Pflanze springen ließ. Da ich so begeistert von der Drachenschlucht war, wollte ich den beiden dieses Stück wunderschöne Natur nicht vorenthalten und hatte die Wegstrecke so geplant, dass wir am Schluss unserer Runde durch diese beeindruckende Klamm liefen.

Dann nahte auch schon der Abschied, denn um 21 Uhr mussten Vicci und Jonas wieder am Bahnhof sein und den Zug nach Leipzig nehmen. Auch wenn wir nur zwei gemeinsame Tage hatten, blieb ein Gefühl von Zufriedenheit. Ich war überdies sehr dankbar, dass sich die beiden für so kurze Zeit auf den Weg gemacht hatten, um mich zu besuchen und ein Stück mit mir zu laufen.

# Bierdurst

Hinter Berka an der Werra passierte ich die Landesgrenze von Thüringen nach Hessen. Als ich durch Schrecksbach lief, einem kleinen Ort im Schwalm-Eder-Kreis, sah ich vor dem Eingang eines Hauses ein paar Männer sitzen und überlegte, ob das vielleicht eine Kneipe sein könnte. Spontan beschloss ich zu fragen, ob ich ein Flaschenbier zum Mitnehmen ergattern könnte. Ich lief auf die Meute zu, begrüßte sie freundlich, und fing munter an zu reden. Als ich fertig war, hörte ich, wie einer sagte: »Ich verstehe nicht. Do you speak English?« Kurz grübelte ich, ob ich gerade so sehr gesächselt hatte, dass die Hessen dachten, ich spräche eine Fremdsprache, doch es stellte sich heraus, dass es Polen waren, die so gut wie kein Deutsch sprachen. Auf Englisch brachte ich nun erneut mein Anliegen vor. Doch leider hatte ich mich getäuscht, denn aus der Antwort ging hervor, dass das keine Kneipe war. Die Männer gaben mir allerdings den Tipp, es weiter unten im Ort zu versuchen. Da sei eine Tankstelle, wo ich bestimmt ein Bier bekäme.

Die Wegbeschreibung war recht vage, da sich die Herren selber nicht ganz einig waren. Dennoch fand ich die Tanke, die leider schon geschlossen hatte. Gegenüber war allerdings eine Kneipe, und dort wollte ich mein Glück versuchen. Als ich den von Zigarettenqualm vernebelten Raum betrat, sah ich etwa ein Dutzend Männer an einem Tisch sitzen. Einer stand auf und begrüßte mich freundlich. Allerdings war der Runde anzumerken, dass sie nicht mit Gästen rechnete, die sie nicht kannte. Leider gab es auch in der Kneipe kein Flaschenbier, aber meine Wasserbeutel füllte der Kneipier gern auf. Währenddessen unterhielt ich mich mit der Männerrunde und beantwortete die üblichen Fragen. Die Runde war sichtlich begeistert, und einer wiederholte wieder und wieder die Worte: »Von Sylt bis zu uns, zu Fuß, Wahnsinn!« Als ich mein Wasser im Rucksack verstaute, wollten sie unbedingt, dass ich noch ein Bier mit ihnen trinke und von meiner Reise erzähle. Jedoch wusste ich, wenn ich das jetzt mache, komme ich nicht mehr los, und die Beine werden schwer. Ich hatte an diesem Tag schon mehr als 30 Kilometer hinter mir und freute mich, endlich irgendwo anzukommen. Dafür hatte die Runde Ver-

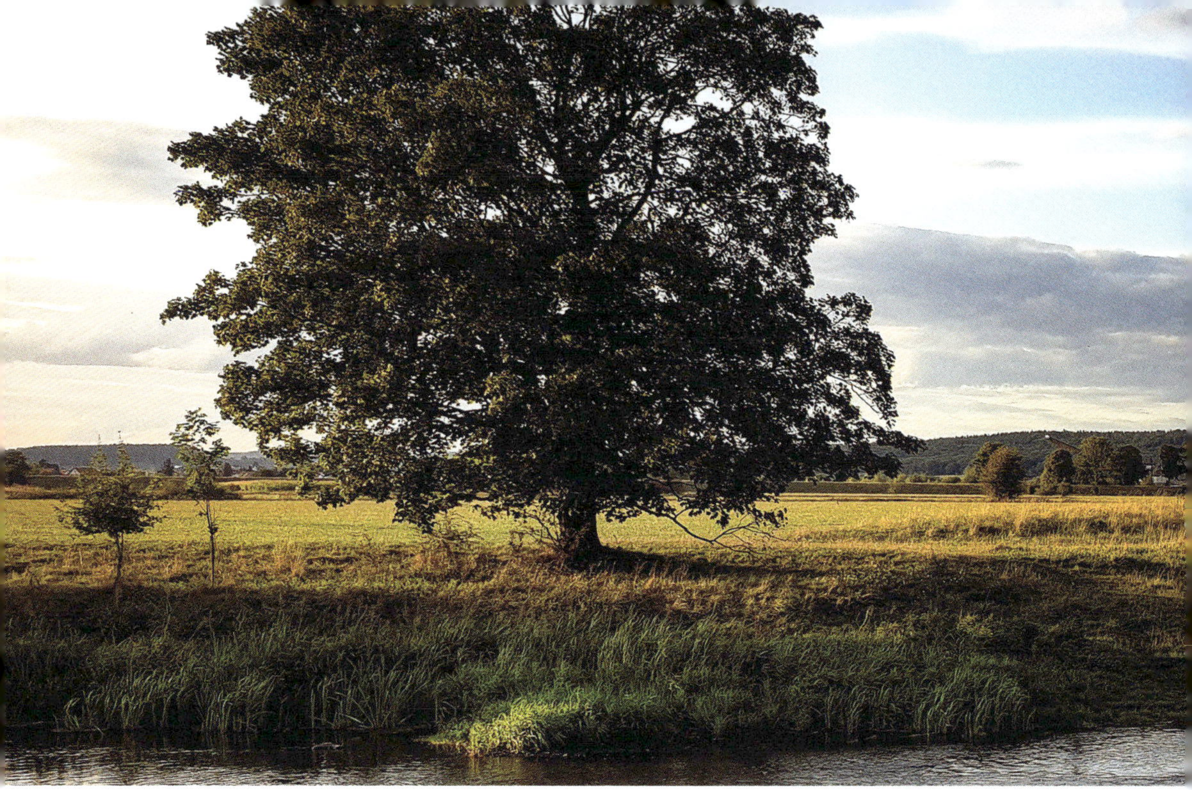

ständnis und bestätigte mich in meiner weisen Entscheidung. Sie wünschten mir noch viel Spaß auf meiner Tour, und ich verließ die Kneipe Richtung Rimberg. Auf den letzten Kilometern sah ich am Himmel die Ausläufer eines traumhaften Sonnenuntergangs, wobei das Naturschauspiel allerdings hinter dem Berg stattfand. Das trieb mich an, und obwohl ich schon ziemlich fertig war, erreichte ich den Berg recht schnell, packte noch während des Laufens meine Kamera aus und stellte sie für einen Zeitraffer auf. Dann sank ich nieder und entspannte nach 38 Tageskilometern. Unter einem Baum fand ich einen geeigneten Platz zum Übernachten, stapelte eine ordentliche Menge Heu aus der Umgebung und schlug mein Zelt darauf auf.

Am nächsten Abend wollte ich unbedingt mein Bier haben und machte bei Kirchhain einen kleinen Abstecher, als ich ein Schild mit der Aufschrift Getränkehandel las. Ich klopfte an die Bürotür. Ein freundlicher Mann öffnete, und ich fragte ihn, ob er auch einzelne Flaschen verkaufe. Er bejahte und bat mich, ihm zu folgen. Wir liefen kreuz und quer durch das gesamte Getränkelager. Eine riesige Halle

Mein Schlafplatz am Ufer der Ohm. Die knapp 60 Kilometer lange Ohm entspringt im Vogelsberg östlich von Ulrichstein auf 605 Metern Höhe und mündet am Cölber Eck an der Grenze zu Marburg in die Lahn.

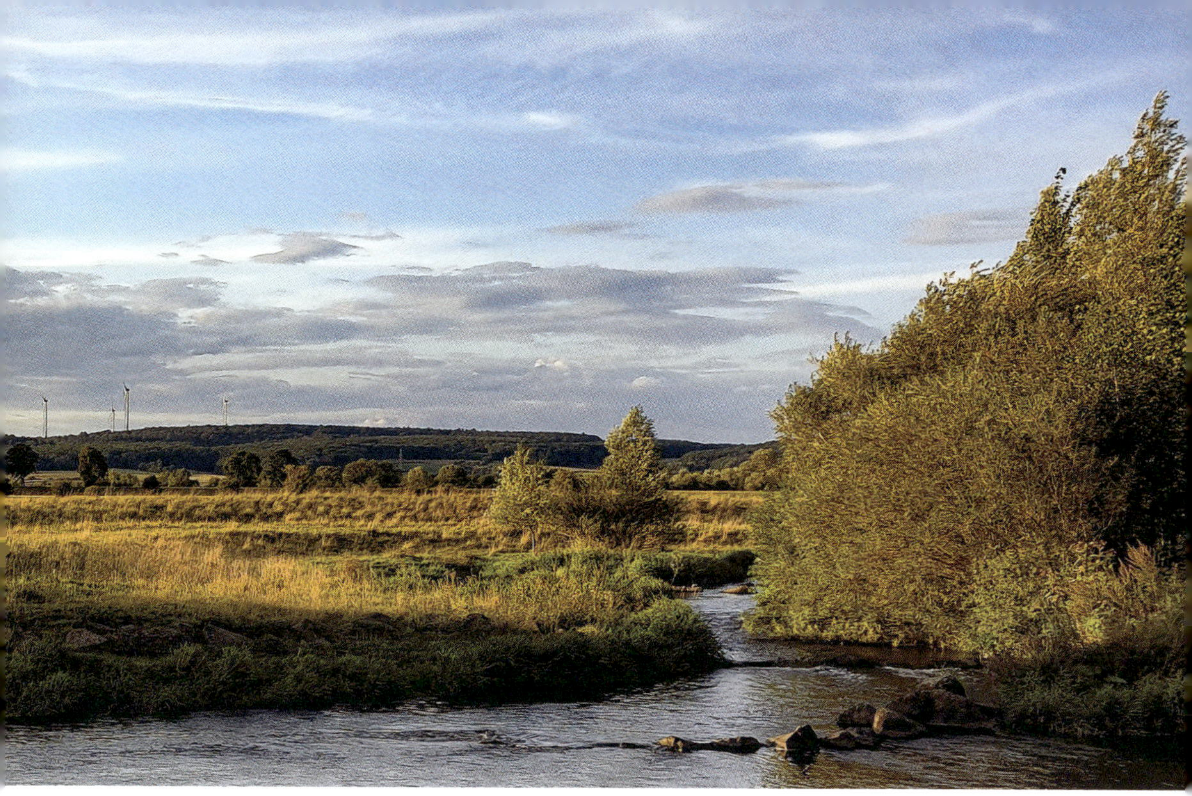

voll mit allen möglichen Drinks, die man sich nur vorstellen kann. Irgendwann kamen wir in der hintersten Ecke im Kühlhaus an, und darin lagerte das gekühlte Bier. Ich nahm gleich zwei Flaschen, den ich freute mich wirklich sehr auf einen relaxten Abend und mein Feierabendbier.

Dann lief ich an die Ohm, wo ich einen wunderbaren Schlafplatz am Wasser fand. Ich setzte mich, öffnete die Flasche und genoss bei einem kühlen Schluck Bier den glutroten Sonnenuntergang.

# Schönste Stadt – schönster Fluss

Nachdem ich am Morgen noch lange am Ufer der Ohm gesessen und die vielen Störche auf der Wiese beobachtet hatte, lief ich auf Radwegen Richtung Marburg. Die Universitätsstadt erstreckt sich zu beiden Seiten der Lahn westlich ins Gladenbacher Bergland und östlich über die Lahnberge. Die mit etwa 78 000 Einwohnern achtgrößte Stadt Hessens begeisterte mich auf Anhieb. Abgesehen von den vielen Fachwerkhäusern, die die kleinen Gassen säumen, ist die Stadt lebhaft und quirlig. Für mich war Marburg die schönste Stadt auf

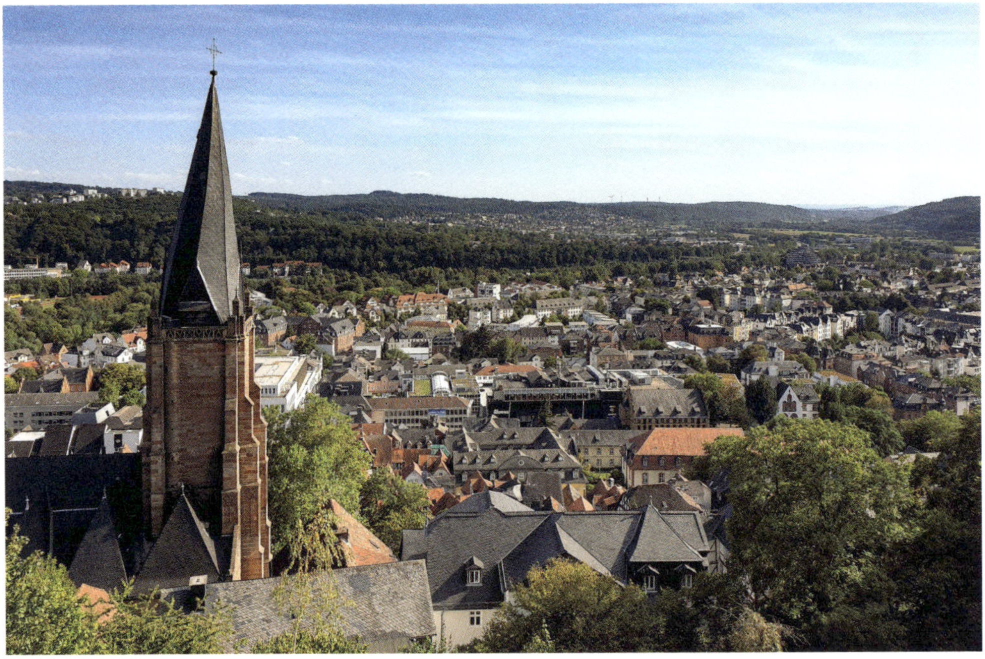

Marburg, die schönste Stadt auf meiner Reise. Blick auf die Elisabethkirche und die malerische Altstadt, die in Marburg Oberstadt genannt wird.

meiner Deutschland-Reise. Sie besitzt neben der ältesten noch existierenden protestantisch gegründeten Universität der Welt ein weiteres Highlight … anderer Art. Es gibt dort nämlich einen »Späti«, in dem man noch Getränke kaufen kann, wenn alle anderen Läden schon geschlossen sind. Das kenne ich sonst nur aus der »Späti«-Oase Leipzig. Und was ich an Marburg auch sehr schätzte: Es ist ohne weiteres möglich, nach 21 Uhr noch essen zu gehen. In den meisten Kleinstädten hat um diese Uhrzeit die Küche längst zu. In Marburg bekommt man da noch lange gutes Essen und hat die Wahl der Qual zwischen vielen Restaurants, Bars und Kneipen. Die Universitätsstadt mit ihren historischen Sehenswürdigkeiten, wie der Elisabethkirche, der Philipps-Universität, dem hoch über der Altstadt thronenden Landgrafenschloss, und dem studentischen und dennoch zeitlosen Flair ist unbedingt einen Besuch wert.

Von Marburg aus hatte ich mir vorgenommen, mich auf dem Lahnwanderweg und dem Lahnhöhenweg vorwärtszubewegen. Der Lahnwanderweg ist insgesamt 295 Kilometer lang und verläuft von der Quelle des Flusses bei Netphen bis Lahnstein, wo die Lahn in den Rhein mündet. Ab Wetzlar trennt der Fluss den Taunus vom Westerwald. Bereits im frühen 19. Jahrhundert wurden verschiedene Routen als Höhenwege abseits des eigentlichen Flussverlaufs angelegt. Seit den 1980er-Jahren bemühten sich die Kommunen und Landkreise um die Förderung des Tourismus auf und an der Lahn. Die verschiedenen bestehenden Routen wurden überarbeitet, verbunden und ausgeschildert, und 1994 wurde dieses Wegesystem offiziell als Lahnhöhenweg eingeweiht.

Bei Oberwalgern wartete auf mich eine Bank mit Blick nach Westen Richtung Sonnenuntergang. Ich musste nicht lange überlegen und ließ mich nieder. Beim Blick auf meine GPS-Uhr stellte ich fest, dass ich die 2000er-Marke überschritten hatte. Witzigerweise war heute der 22.08. und es lagen genau 2002 Kilometer hinter mir. Ein schönes Zahlenspiel!

Kurz vor Lahnau überkam mich ein so heftiger Bierdurst, dass ich kurz an einer Kneipe hielt. Im Lokal hing eine dicke Rauchwolke, nur der Tresen war besetzt, und im Fernseher lief Fußball. Die Leute

---

Folgende Doppelseite
Die verschiedenen Lahnwanderwege auf meinem Weg durch das Bundesland Hessen gehörten für mich zu den schönsten Wanderwegen entlang großer Flüsse.

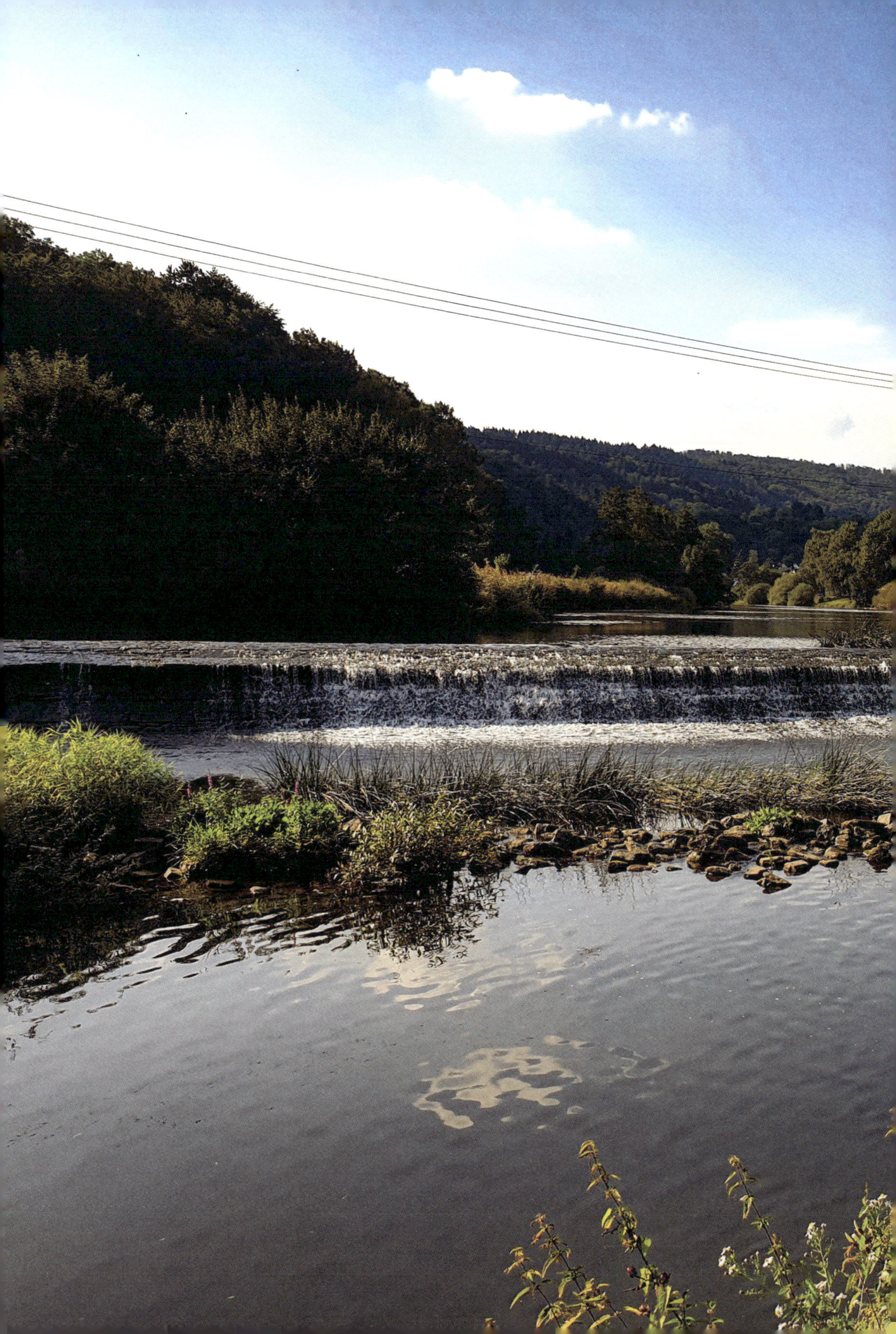

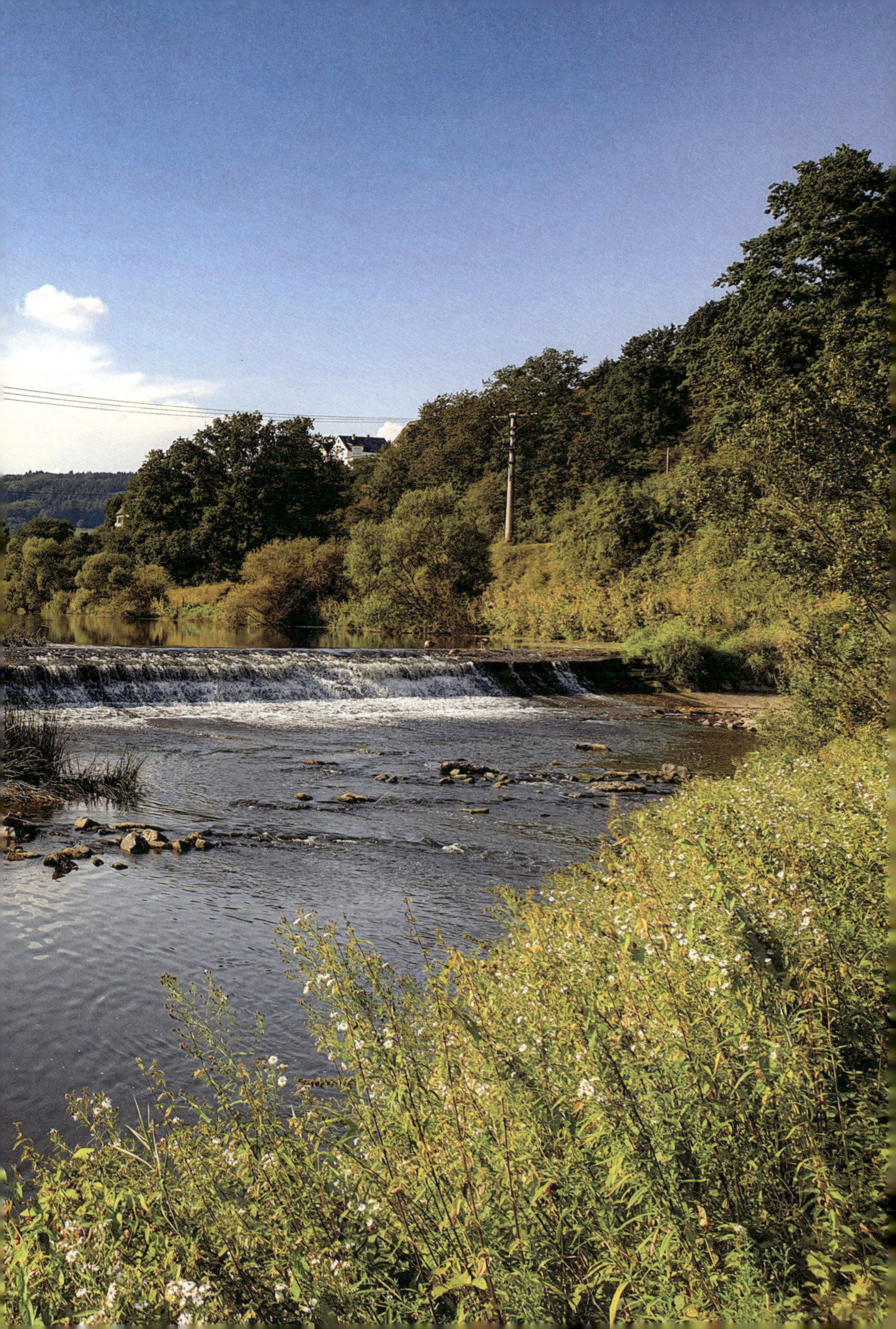

blickten auf, wer da ihre Stammkneipe betrat, und als ich ein Bier auf die Hand wollte, war ich herzlich willkommen. Als ich die Kneipe wieder verließ und am Ende des Dorfes auf dem Lahnradweg angelangt war, trat ein Mann aus seinem Haus und rief mir hinterher, dass der Radweg in etwa einem Kilometer gesperrt sei, da dort Brückenbauarbeiten stattfänden und es keine Umleitung gebe. Ich liefe sozusagen in eine Sackgasse. Ich erwiderte, dass ich trotzdem weitergehen wolle, da ich eigentlich nur einen Platz für mein Zelt suche. Daraufhin bot er mir an, direkt vor seinem Haus an der Schiffsanlegestelle zu schlafen. Dort gebe es auch Toiletten, und er sei sicher, ich würde auch keinen der Nachbarn stören. Zum wiederholten Male war ich schwer begeistert von der auffallenden Freundlichkeit der Hessen.

Auf meinem weiteren Weg entlang der Lahn sah ich schon von Weitem, wie eine junge Frau immer wieder in den Obstbäumen am Wegesrand verschwand. Als ich näherkam, fragte sie mich, wo ich hinlaufe. Ich erzählte kurz von meiner Tour. Sie kam gerade vom Jakobsweg, war nun anschließend auf der Lahn mit dem Kanu unterwegs, wo sie die letzten Tage ihres Urlaubs verbringen wollte. Da sie gerade von einem Pilgerweg kam, hatten wir natürlich viel Gesprächsstoff und konnten uns über das Laufen auf weiten Strecken austauschen. Vom Wasser aus hatte sie die Pflaumenbäume erspäht, an denen sie sich nun genüsslich bediente. Ich aß fleißig mit, während wir uns angeregt unterhielten. Nach einer Weile wünschten wir uns gegenseitig noch eine schöne Tour, sie ging zurück zu ihrem Boot und ich auf meinen Weg.

Über Wetzlar lief ich weiter bis Braunsfeld auf einen Berg, der direkt gegenüber der Basaltkuppe lag, auf der das Schloss Braunfels thront. Ich hatte von meinem Platz einen traumhaften Blick auf das Schloss und genoss dazu einen bildschönen Sonnenuntergang. Auch ein Bier hatte ich mir unten im Dorf besorgt. Als vom Schloss plötzlich laute Musik zu mir herüberschallte, setzte ich mich gemütlich ins Gras und genoss das Privatkonzert. Die Musik, die in meine Ohren drang, war genau nach meinem Geschmack. Neben Songs im Stil von Two Steps From Hell oder Hans Zimmer wurde auch die Filmmusik von »Game of Thrones« gespielt, und nach jedem Titel erschallte tosender Applaus. Das ging etwa eine Stunde so. Ich weiß bis heute nicht, um was für eine Veranstaltung es sich da auf der anderen Seite des Tales handelte. Ich hatte wohl einfach das Glück, dass der Wind günstig stand … und zur richtigen Zeit am richtigen Ort zu sein.

# Zwischen Laurenburg und Bad Ems

Von Balduinstein aus konnte ich auf dem Berg die Schaumburg sehen, die im 12. Jahrhundert als Höhenburg erbaut wurde und heute ein beliebtes Wanderziel und Fotomotiv ist. Ich sparte mir allerdings den Umweg zur Burg und lief weiter, bis ich am Abend mein persönliches Highlight des Tages erreichte. Ein wenig abseits des Weges gelangte ich zum 625 Meter hohen Wotansfelsen, der als höchster Punkt in der Gegend einen herrlichen Weitblick über das Lahntal mit der unterhalb liegenden Laurenburg freigibt. Ein Gewitter, das über die Berge auf der anderen Seite des Tales langsam zu mir rüberzog, drängte mich zum Abstieg, und so lief ich direkt zur Laurenburg, einer erstmals 1093 urkundlich erwähnten Festungsanlage. Bis 1985 befand sie sich in einem maroden Zustand und war sogar vom Einsturz bedroht. Der Initiative des »Burgenfans« Horst Wienberg, der die Burg 1985 erstanden hat, ist die aufwendige Sanierung zu verdanken. Er selbst bewohnte den fünfeckigen Bergfried. Sein Alter und sein Gesundheitszustand zwangen ihn jedoch 2017, sein mittelalterliches Domizil zu verlassen. Glücklicherweise fand sich ein Nachfolger, Dr. Bernd Döring, der die Absicht bekundete, die Laurenburg nach weiteren Sanierungsmaßnahmen wieder für Besucher zugänglich zu machen.

Als ich an der Laurenburg ankam, hielt in der Kurve an der Straße vor der Burg ein Wohnwagen, und ein Mann stieg aus. Er stellte sich mir als Walter vor und erzählte, dass er gelesen hätte, dass es auf der Burg einen Stellplatz für Wohnwagen gebe. Er selbst sei auf dem Weg zu einem Oldtimertreffen an der Mosel und wollte an der Burg einen Stopp einlegen. Dort waren Schilder angebracht, dass die Lauenburg derzeit nicht zu besichtigen sei, jedoch standen die Tore zum Gelände offen, und wir sahen uns ein wenig um. Im Burghof saß eine Frau auf einer Bank, die uns freundlich grüßte. Danach fuhr sie in englischer Sprache fort, da sie kein Deutsch verstand. Wie sich herausstellte, war sie die Frau des neuen Burgeigentümers, Dr. Bernd Döring. Walter versuchte ihr zu erklären, dass er gern auf dem Burghof mit seinem

Wohnwagen die Nacht verbringen würde. Sie verwies ihn an ihren Mann, der sich gerade in der Burg aufhielt.

Als das geklärt war, fragte ich gleich nach Wasser für die Nacht. Sie war unglaublich freundlich und bat mich, ihr in die Burg zu folgen. Wir liefen viele Stufen nach oben, bis wir etwa auf der Hälfte des Turmes in einer Art Küche landeten. Dort lernten wir den ebenso gastfreundlichen Burgherrn kennen.

Döring hatte die Burg erst vor etwa einem Jahr von den Erben Horst Wienbergs erworben und erzählte, dass er sie nach und nach ausbauen und – wie schon sein Vorgänger – auf der Laurenburg leben möchte. Gegenwärtig war alles nur provisorisch hergerichtet, und das alte Burgmuseum wurde von den beiden als Aufenthaltsraum genutzt. Es mutete schon etwas skurril an, dass zwischen Tisch und Sofa überall Ritterrüstungen und andere historische Exponate teils durcheinander, teils gestapelt herumlagen.

Das Gespräch zwischen Werner und dem Burgeigentümer lief prima, und er durfte auf den Burghof fahren, um dort die Nacht zu verbringen. Als ich mitbekam, wie entspannt der Burgherr mit der

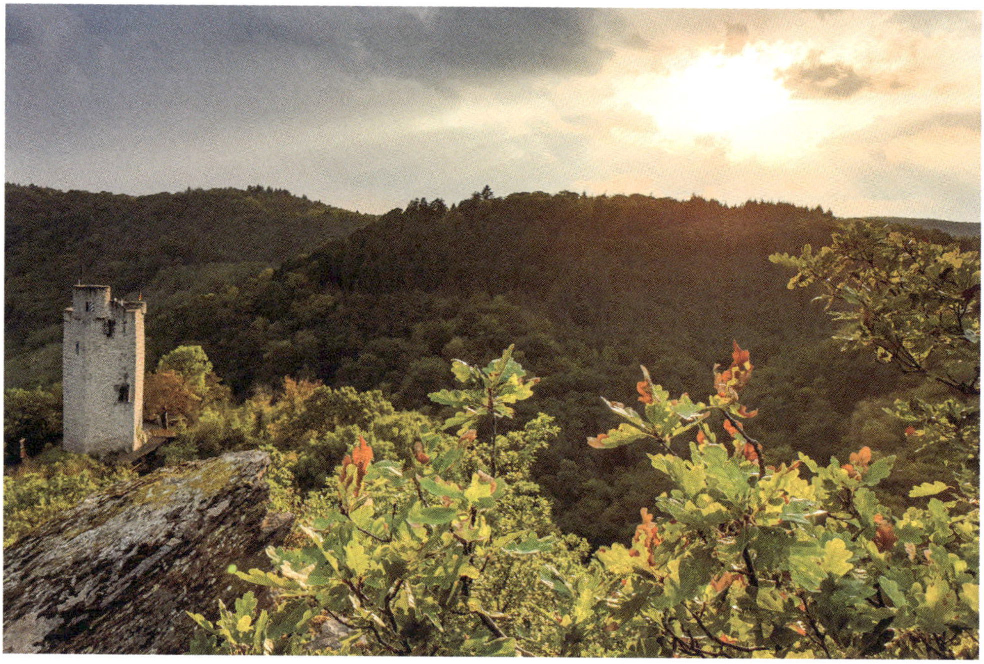

Blick vom Wotanfelsen auf die Laurenburg mit nahender Gewitterfront. Der Abstecher über einen schmalen abschüssigen Trampelpfad zu diesem Felsvorsprung hat sich auf jeden Fall gelohnt.

Situation umging, scheute ich mich nicht zu fragen, ob es vielleicht auch ein Plätzchen für mein Zelt gäbe. Auch das war kein Problem, und er bot mir an, dass ich mein Zelt gern unterhalb der Burg auf dem Burghof aufschlagen könne. Dort hätte es einst einen Imbiss mit Freisitz gegeben, und es sei ausreichend Platz. Werner und ich bedankten uns für die Gastfreundschaft und gingen jeder unserer Wege. Es war perfekt. Auf dem unteren Burghof gab es einen Felsen mit Aussichtspunkt, eine große Wiese und das mit Holz ausgebaute Carrée, wo sich einst die Gastronomie der Burg befunden hatte. Mein Zelt musste ich nicht aufschlagen, da ich beschloss, mein Lager unter der großzügigen Überdachung des ehemaligen Freisitzes einzurichten. Als später Regen einsetzte, war ich umso dankbarer, dass ich an diesem Platz verweilen konnte.

Die Hitze machte mir zu schaffen, und so legte ich am 102ten Tag meiner Wanderung nur 14 Kilometer zurück. Eigentlich wollte ich in Bad Ems lediglich eine Pause machen. Doch als ich bei einer Dose Litschisaft am Ufer der Lahn saß und einen Aussichtspunkt in den gegenüberliegenden Bergen erspähte, beschloss ich aufzusteigen und dort die Nacht zu verbringen. In einer Spielothek bat ich um Wasser. Kurioserweise wollte der Angestellte dort erst einmal meinen Ausweis sehen. Als ich fragte, ob sie hier eventuell ein Flaschenbier zum Mitnehmen verkauften, erhielt ich zur Antwort, dass man in einer Spielothek keinen Alkohol verkaufen dürfe. Er gab mir den Tipp, dass ich mein Bier sicher in der Grillstube nebenan bekommen würde.

Auf dem Aussichtspunkt angekommen, wurde mir sofort klar, dass dies die richtige Entscheidung gewesen war. Ich hatte einen sensationellen Blick über das Lahntal, und der Platz war genau nach Westen hin zum Sonnenuntergang ausgerichtet.

Allerdings war ich nur für kurze Zeit allein. Ein junges Pärchen setzte sich auf das andere Mauerstück der Aussichtsplattform, und da uns nur fünf Meter Luftlinie trennten, konnte ich einen Großteil ihrer Gespräche mitbekommen. Schnell ging daraus hervor, dass sie sich gerade erst kennengelernt hatten. Mir taten die beiden fast ein wenig leid. Ich hätte ihnen gern die nötige Einsamkeit für ihren ersten Kuss gegönnt, aber diesen genialen Schlafplatz wollte ich dennoch nicht aufgeben. Irgendwann, als es schon lange dunkel war und nur noch Sterne und die Lichter von Bad Ems die Nacht erhellten, verabschiedeten sich die beiden, und ich breitete glücklich und zufrieden mein Nachtlager unter dem sternenübersäten Himmelszelt aus.

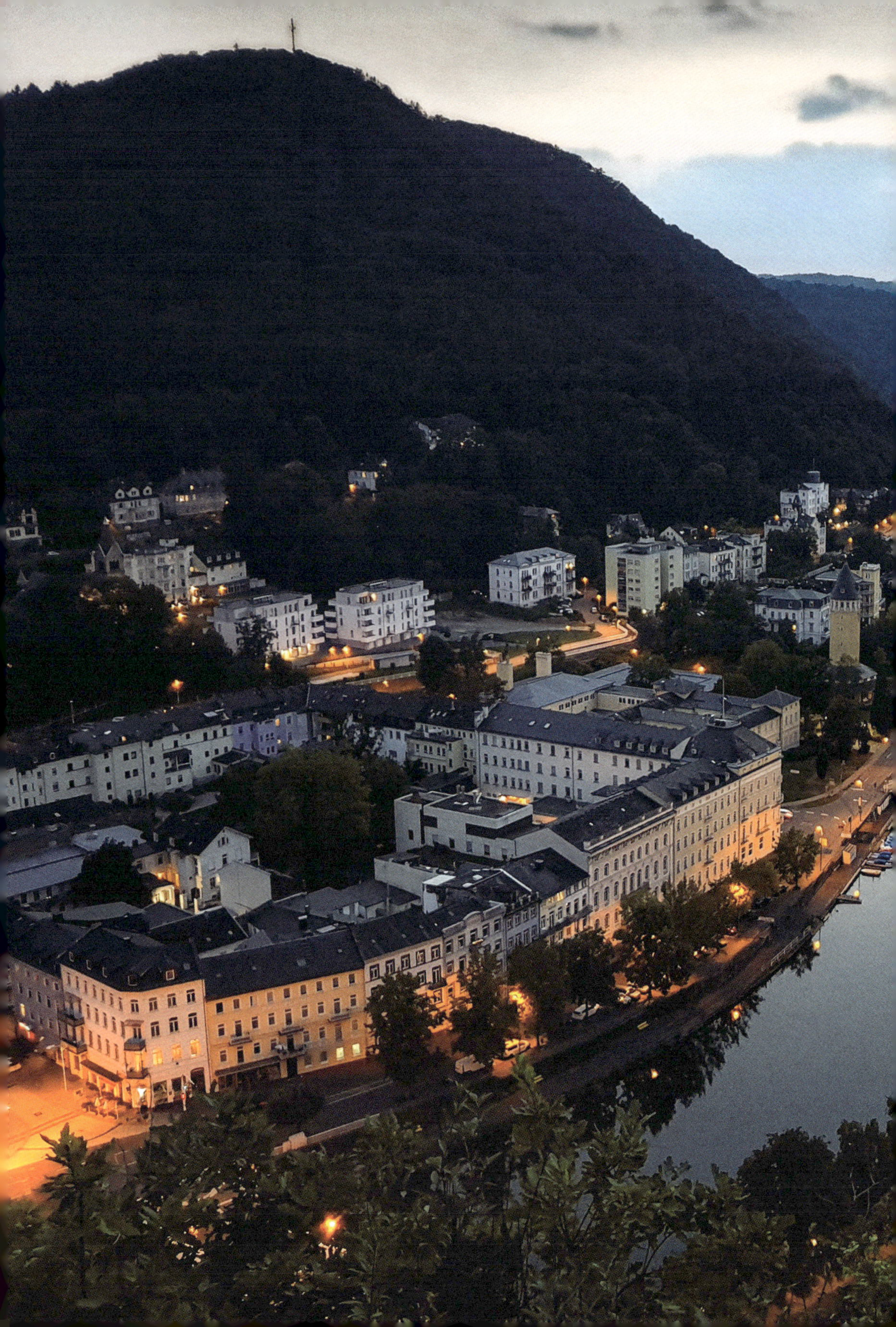

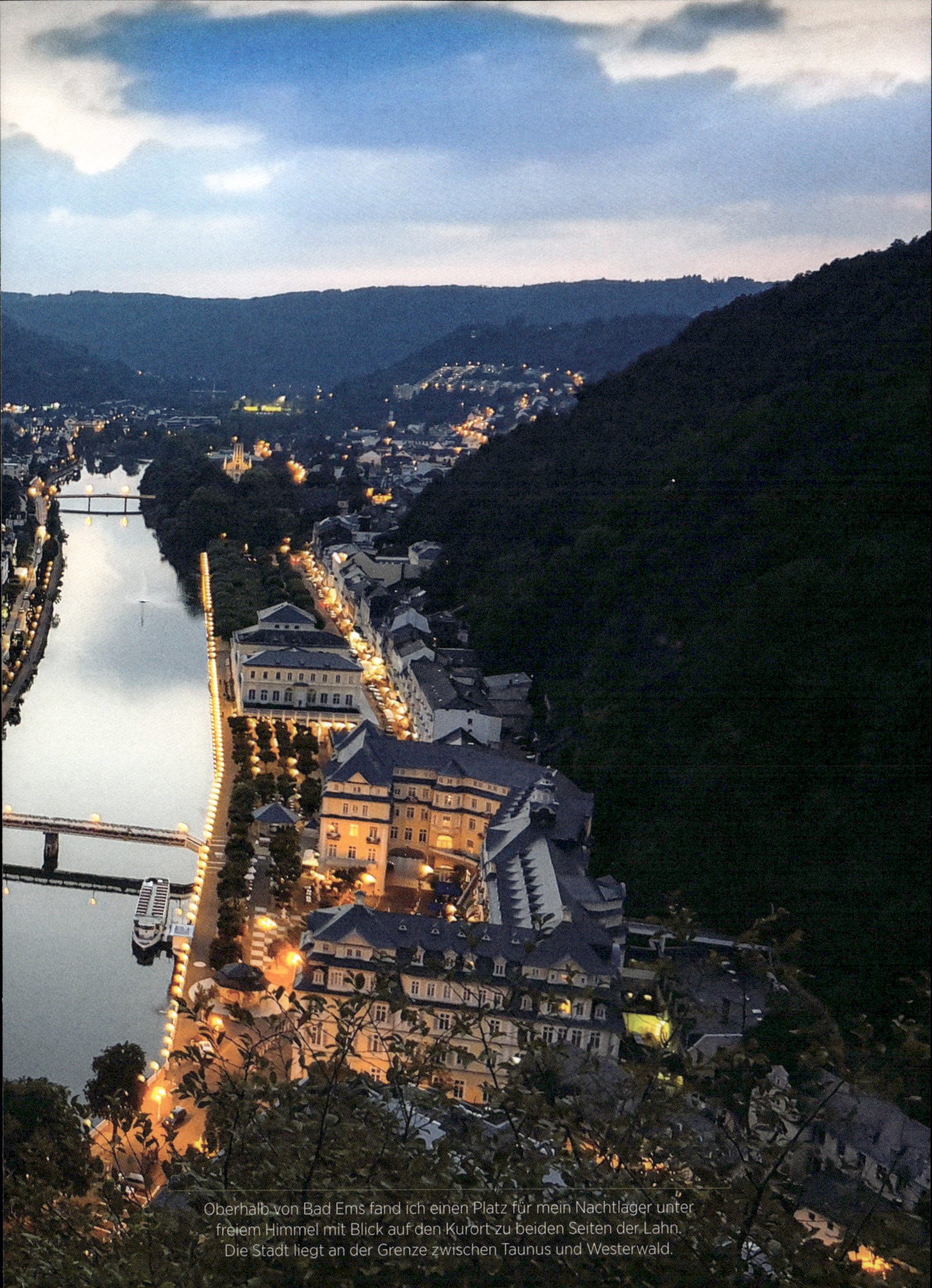

Oberhalb von Bad Ems fand ich einen Platz für mein Nachtlager unter freiem Himmel mit Blick auf den Kurort zu beiden Seiten der Lahn. Die Stadt liegt an der Grenze zwischen Taunus und Westerwald.

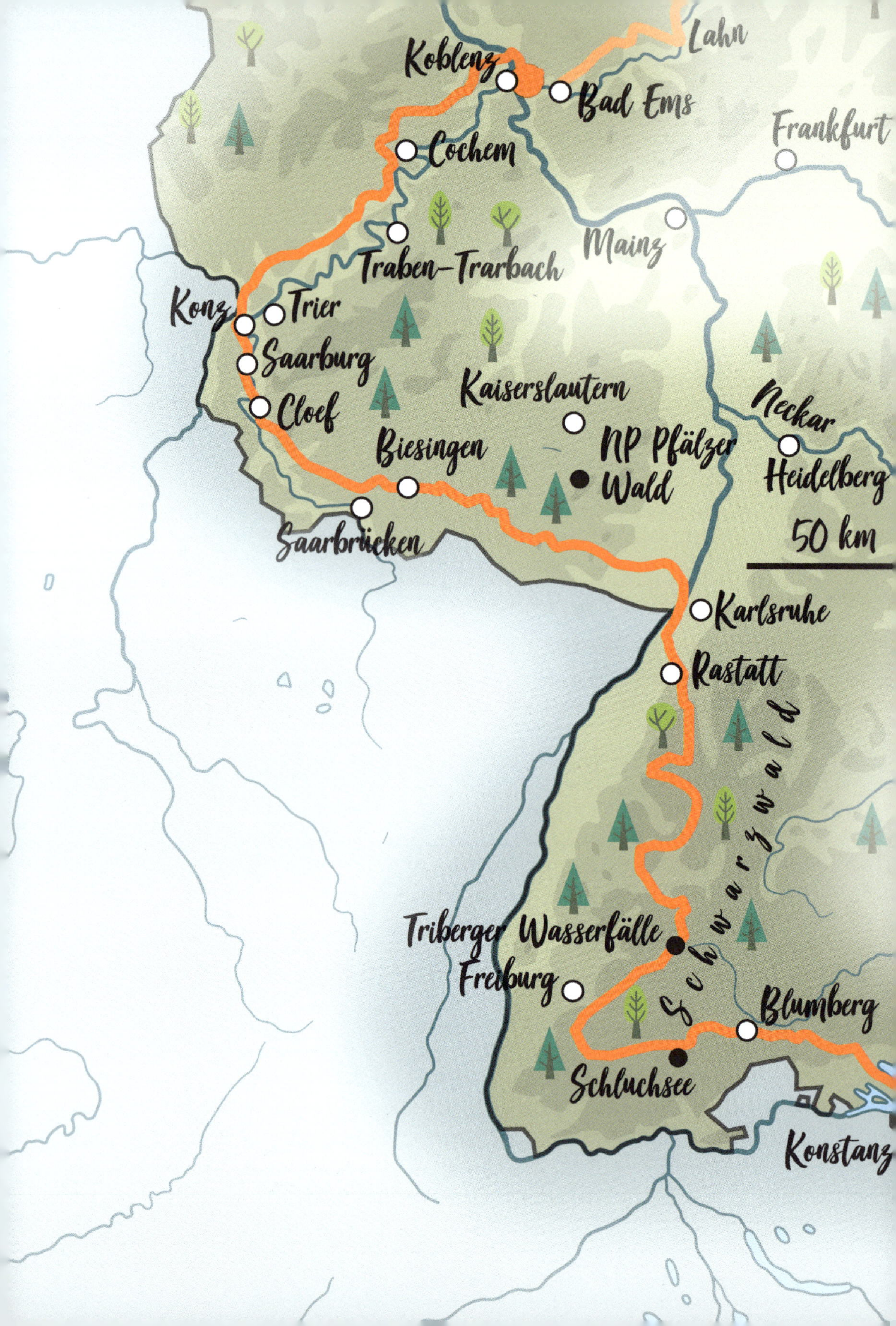

Lahn
Koblenz
Bad Ems
Frankfurt
Cochem
Traben-Trarbach
Mainz
Konz
Trier
Saarburg
Cloef
Kaiserslautern
Neckar
Heidelberg
NP Pfälzer Wald
Biesingen
Saarbrücken
50 km
Karlsruhe
Rastatt
Schwarzwald
Triberger Wasserfälle
Freiburg
Blumberg
Schluchsee
Konstanz

# Der Südwesten

3442 km

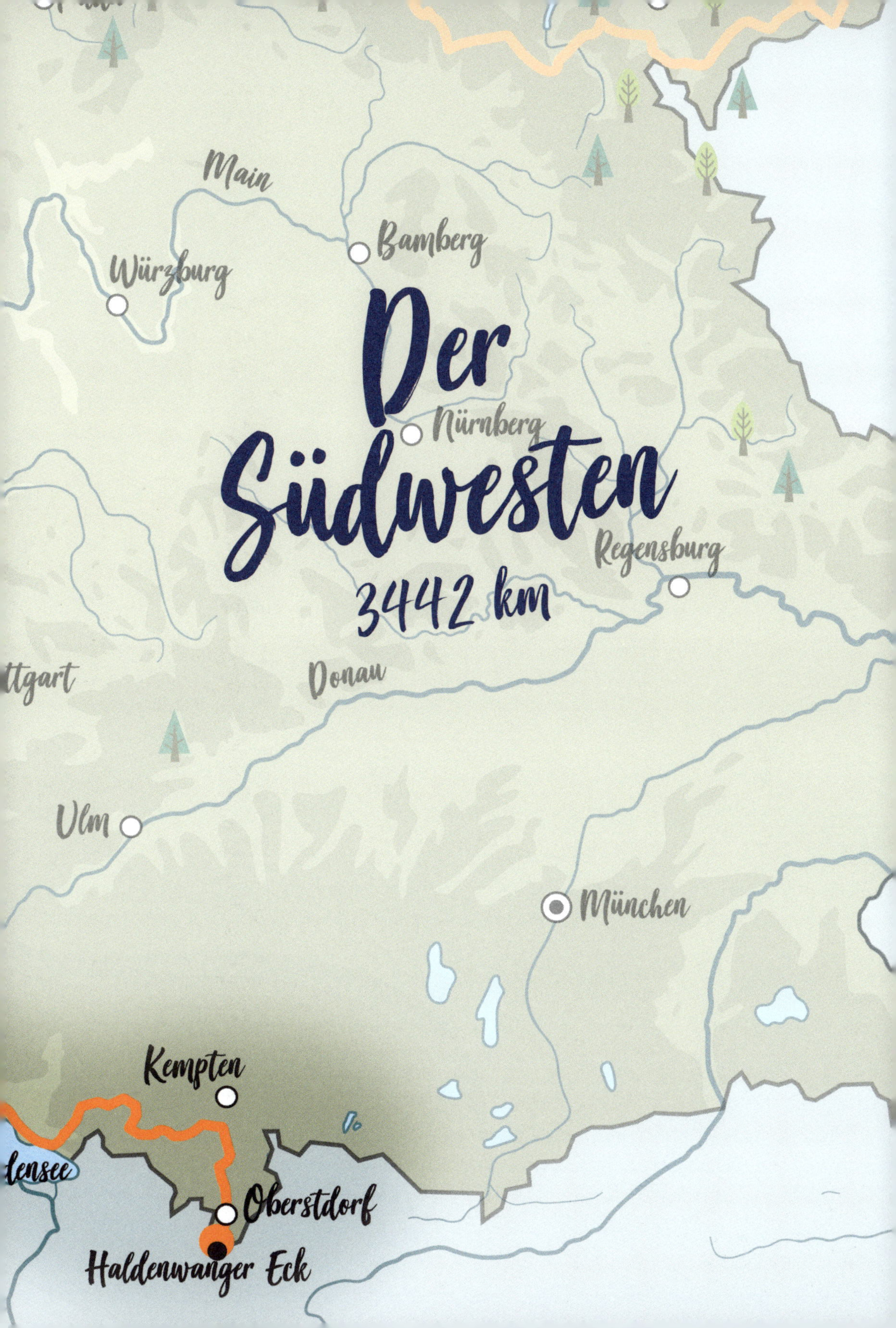

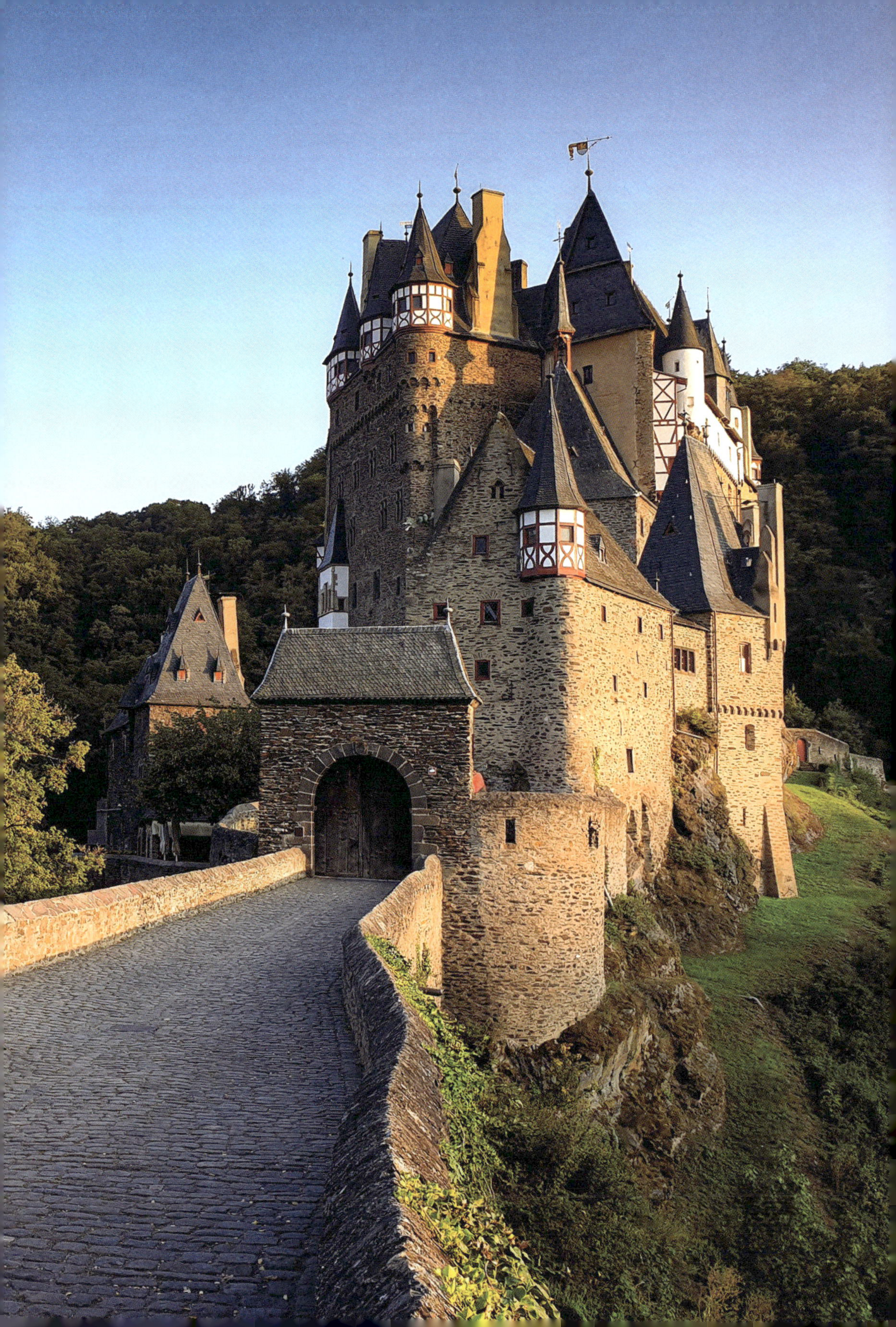

# Nina und Florian

An diesem Tag wusste ich bereits am Morgen, dass ich nicht viele Kilometer zurücklegen würde. Ich hatte mich nämlich mit Nina und Flo verabredet. Mein mittlerweile vierter Besuch auf der Reise stand an, und ich freute mich wieder sehr darauf. Ich lief bis Friedrichssegen, einem Vorort von Lahnstein. Dort gönnte ich mir in einem Café ein Stück Kuchen. Als ich der Bedienung auf ihre Nachfrage von meiner Tour erzählte, antwortete sie: »Da läufst du durch ganz Deutschland und kommst dann auf unseren Friedhof!?« Na ja, viel los war in dem Nest nicht, aber schön war es dennoch. Das sagte ich ihr auch, aber von der Bezeichnung »Friedhof« für Friedrichssegen wich sie nicht mehr ab: »Schön, aber tot!«

Bis zu unserem Treffpunkt, an dem wir uns für die kommenden zwei Nächte eine Ferienwohnung gebucht hatten, war es nicht mehr weit, dachte ich. Doch die Realität sah anders aus. Mein gewählter Wanderweg durch den Wald existierte nicht mehr, und zum Umkehren war es zu spät. Ich hätte weite Umwege laufen müssen. Der Pfad führte steil bergauf und war im Lauf der Zeit mit mannshohen Brennnesseln und Brombeerbüschen zugewachsen. Ich zog einen Wanderstock aus meinem Rucksack und schlug mich durch den Dschungel eines Vororts von Lahnstein. Dabei geriet ich ordentlich ins Schwitzen, war zerkratzt, von Brennnesseln gut durchblutet, und meine Kleidung war mit Kletten, Samen und anderen Pflanzenteilen übersät. Der Weg war zwar nicht weit, vielleicht zwei Kilometer, aber dafür benötigte ich locker eine Stunde.

Als ich oben aus dem Dickicht trat, war ich völlig fertig, aber auch stolz, dass ich den Wanderpfad nun für andere Spaziergänger freigelegt hatte.

---

Burg Eltz thront auf 129 Metern Höhe im Tal der Elz in Rheinland-Pfalz. Die im 12. Jahrhundert erbaute Höhenburg war das persönliche Burgenhighlight meiner Deutschland-Wanderung.

Kurz darauf traf ich mich an der Ferienwohnung mit Nina und Flo. Die Wiedersehensfreude war groß. Die Vermieterin zeigte uns die Wohnung, die sich im zehnten Stock eines Neubaublocks mitten auf einem Berg befand. Auch wenn dieses Gebäude nicht so recht zu seinem romantischen Namen »Taunusblick« passte, war die Wohnung super und bot einen herrlichen Weitblick über den Taunus, der sich als Mittelgebirge durch Hessen und Rheinland-Pfalz zieht.

Auf Empfehlung der Vermieterin beschlossen wir, am Abend unten im Dorf eine Gaststätte zu besuchen. Als wir dort ankamen, war gerade noch ein Tisch frei. Das ganze Dorf schien auf den Beinen zu sein, und einige Leute tanzten auf der kleinen Tanzfläche zur Musik einer Liveband, die aus einem älteren Herrn, einem Keyboard und einer Gitarre bestand. Vom Keyboard kamen die Beats und die Melodie, er sang dazu die üblichen Oldies einer solchen Veranstaltung und zupfte die Saiten seiner Klampfe. Es war mehr lustig als gut, aber wir genossen die Stimmung. Was wir jedoch nicht genießen konnten, war das Essen. Alle drei hatten wir Bratkartoffeln mit Spiegelei bestellt. Wir bekamen jeweils einen Teller voller butterweicher Bratkartoffeln, die in einer Lache aus ranzigem Öl schwammen. Irgendwo darin schwamm auch das Spiegelei. Normalerweise konnte ich auf meiner Reise wirklich viel in mich hineinschaufeln. Aber dieses Essen war bis dahin wirklich das schlechteste der ganzen Tour. Nina konnte nicht einmal das Spiegelei essen, da ihr schon vom Anblick übel wurde. Auch die aufgeweichten Bratkartoffeln bekam keiner von uns runter. In dem Moment fanden wir das aber eher lustig und konnten einfach nur darüber lachen. Wenn man es jedoch richtig bedenkt, war es schon ekelhaft, was uns dort vorgesetzt wurde.

Während Flo und ich später auf dem Balkon unserer Ferienwohnung ein Glas Rioja tranken, gönnte sich Nina einen Schluck alkoholfreien Weißweins. Sie war im neunten Monat schwanger, und ich fand es wirklich großartig von ihr, dass sie sich trotz des bevorstehenden Geburtstermins auf den weiten Weg gemacht hatte, um mich zu besuchen.

Tags darauf fuhren wir nach Koblenz. Und waren sehr überrascht. Keiner von uns kannte den Ort, und wir dachten, es handle sich um ein verschlafenes Städtchen. Weit gefehlt. Die mit rund 114 000 Einwohnern drittgrößte Stadt in Rheinland-Pfalz ist ein echter Touristenmagnet. So viele Reisebusse und Menschen in den Straßen hatte ich schon seit Monaten nicht mehr gesehen. Koblenz, das im Jahr 1992 sein 2000-jähriges Bestehen feierte, gehört zudem zu den ältesten Städten Deutschlands, und Teile der Stadt sind als UNESCO-Weltkulturerbe ausgewiesen.

Natürlich wollten wir unbedingt zum Deutschen Eck, der Stelle, wo Mosel und Rhein zusammenfließen. Das Deutsche Eck ist eine künstlich aufgeschüttete Landzunge, auf der ein gigantisches Reiterstandbild steht, das den ersten deutschen Kaiser Wilhelm I. zeigt. Am Deutschen Eck angekommen, mussten wir allerdings feststellen, dass wegen einer Großveranstaltung alles abgesperrt und eine Bühne aufgebaut war. Als wir am Zaun entlangflanierten, liefen wir auf einen Mann zu, von dem ich dachte, dass er dem Sänger Mark Forster verdammt ähnlich sähe. Als wir uns ihm näherten, nahm er gerade ein Telefongespräch an und lief eiligen Schrittes weiter. Beiläufig sagte ich zu Nina und Flo: »Krass, der sah Mark Forster voll ähnlich.« Nina bestätigte das, und Flo sagte ebenso beiläufig: »Ja, er hat sich auch mit Forster am Telefon gemeldet.« Dann sahen wir ein großes Plakat mit der Ankündigung eines Konzerttermins für den folgenden Tag. Darauf abgebildet war … Mark Forster! Wir mussten herzhaft lachen und wussten nun auch, wem all der Bühnenzauber galt.

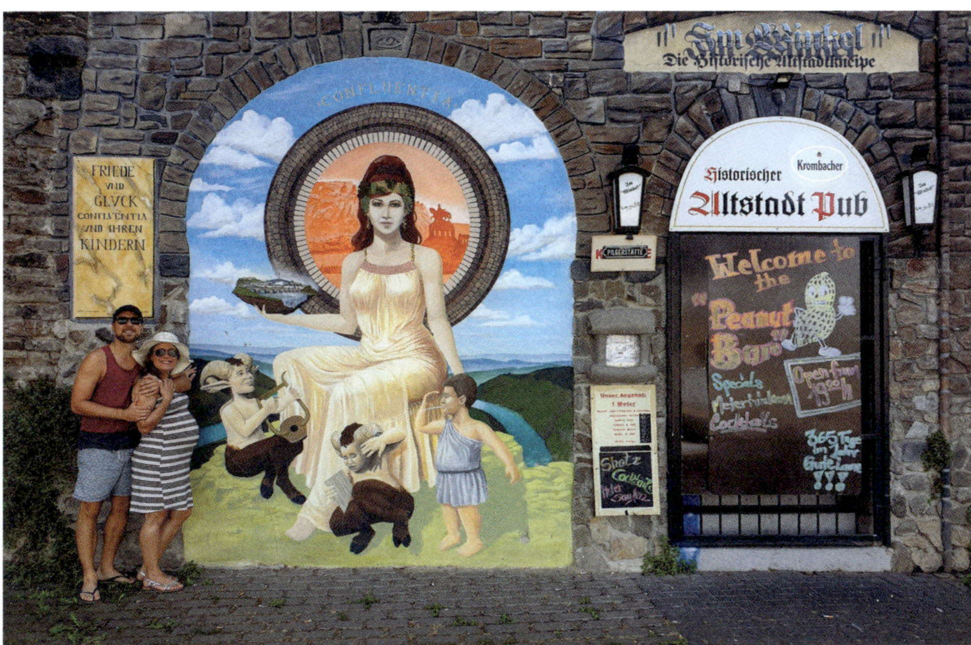


Obwohl der Geburtstermin ihres Kindes schon unmittelbar bevorstand, ließen es sich Nina und Florian nicht nehmen, mich auf meiner Wanderung zu besuchen.

Nachdem wir uns am Deutschen Eck ein wenig umgesehen hatten, überlegten wir, ob wir die Seilbahn zur Burg Ehrenbreitstein, der zweitgrößten erhaltenen Festung Europas, oberhalb von Koblenz nehmen und uns dort ein wenig Sightseeing gönnen sollten. Doch die Menschenmassen in den Gondeln schreckten uns ab, und wir beschlossen stattdessen, zum Laacher See zu fahren, um dort spazieren und baden zu gehen. Am See angekommen, stellten wir fest, dass Baden nicht erlaubt und das Ufer mit Schilf zugewachsen war. Der Bootssteg war mit einem großen Gitter versperrt und wurde nur geöffnet, wenn man ein Boot gemietet hatte. Somit machten wir nur einen kleinen Spaziergang im Wald, der uns vom Seeufer trennte.

Highlight des Tages sollte eine Besichtigung von Burg Eltz sein. Da es schon spät am Nachmittag war und die letzte Führung in der Burg für 17.30 Uhr angesetzt war, drückte Flo aufs Gaspedal. Als wir an der Burg ankamen, blieb uns zwar noch ein wenig Zeit, jedoch hatten wir nicht einberechnet, dass der Parkplatz abseits lag und wir noch einen weiten Fußmarsch vor uns hatten. Mit Nina konnten wir

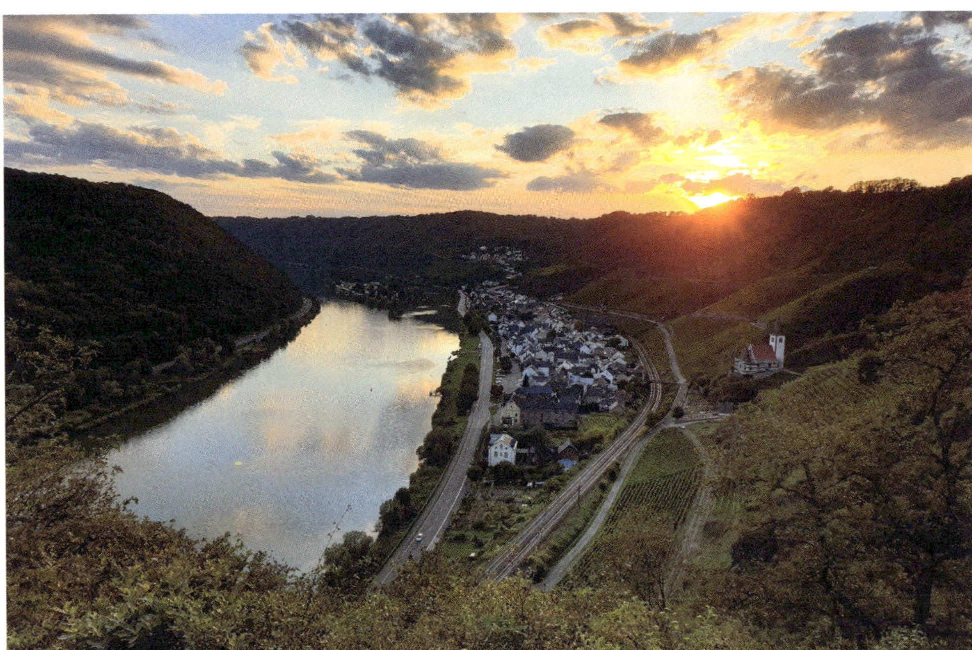

Am Ende meiner Reise hatte ich für meinen Dokumentarfilm knapp zwei Terabyte Filmmaterial gesammelt – nicht zuletzt aufgrund der vielen Zeitrafferaufnahmen und Fotos von Sonnenuntergängen.

nicht das nötige Tempo aufnehmen, und außerdem war uns nicht nach Stress. Wir liefen also entspannt zur Burg, bestellten im Burgcafé zwei »Radler« und eine Limo und schlenderten gemächlich über den Burghof. Kurz darauf wurden wir von einem freundlichen Angestellten darauf aufmerksam gemacht, dass die Burg demnächst schließe. Zusammenfassend kann man über diesen Tag also sagen: Den Geysir bei Andernach, den wir uns eigentlich anschauen wollten, nahmen wir erst gar nicht in Angriff, das Deutsche Eck war mit Mark Forsters Bühne zugebaut, die Gondeln zur Festung Koblenz waren überfüllt, der Laacher See war kein Badesee, und auf der Burg Eltz fand die letzte Führung ohne uns statt. Doch all das störte uns nicht im Geringsten, denn wir hatten einen richtig schönen und gemütlichen Tag und genossen einfach das Beisammensein.

An diesem Abend wollten wir uns nicht von den Kochkünsten eines nahe gelegenen Restaurants überraschen lassen. Während Nina und Flo etwas zum Abendbrot kochten, wusch ich meine Klamotten, sortierte und packte meinen Rucksack, und wir ließen den Abend, wie schon am Vortag, entspannt auf dem Balkon ausklingen und beobachteten fasziniert die Gewitter, die sich in der Ferne über dem Taunus entluden.

Ursprünglich wollte ich weiter nördlich durch die Eifel wandern, entschied mich aber spontan dafür, den Moselhöhenweg, den Moselsteig und den Moselradweg zu nehmen. Die Mosel hat eine Länge von 544 Kilometern und entspringt in Frankreich am Col de Bussang in den Vogesen. Ab Schengen bildet sie für 36 Kilometer die Grenze zwischen Luxemburg und Deutschland und fließt insgesamt 238 Kilometer durch deutsches Gebiet, bevor sie in Koblenz am Deutschen Eck in den Rhein mündet. Der Moselsteig führt über 365 Kilometer von Perl bis Koblenz. Der Moselhöhenweg wurde bereits 1910 eröffnet und verläuft 240 Kilometer auf der Hunsrückseite und rund 165 Kilometer auf der Eifelseite. Dabei folgt er nicht immer parallel dem Fluss und schneidet mit Abstechern zu Aussichtspunkten einige Moselschleifen ab. Der Moselradweg wiederum ist Teil der internationalen Radwanderroute Velo Tour Moselle und auf der deutschen Seite 239 Kilometer lang. Ich wollte es wie schon bei meinem Weg entlang der Lahn halten und mich zwischen den drei genannten Routenoptionen bewegen.

# Moselfest

Am ersten Abend meiner Wanderung entlang der Mosel fand ich zwischen Koblenz und Winningen direkt am Ufer der Mosel einen schönen Schlafplatz, von dem ich am Folgetag nicht so recht loskam. Gegen Mittag hörte ich plötzlich laute Musik, und ein großes Boot voller Touristen bog geräuschvoll um die Ecke. Ich fragte mich, was das wohl für eine Veranstaltung sei. Auf dem Schiff lief neben bekannten Schlagern, Rock- und Popsongs alles durcheinander, was zum Mitsingen animierte. Als plötzlich die Böhsen Onkelz über die Mosel donnerten und die Rentner auf dem Schiff laut im Chor »Wir ham' noch lange nicht genug« mitgrölten, war ich als alter Onkelzfan einerseits sehr überrascht, andererseits hocherfreut. Offensichtlich vertraten die Partygäste nicht mehr die hinterwäldlerische Ansicht, dass die Böhsen Onkelz eine Band seien, die rechtes Gedankengut vertrete.

Als ich später durch Winningen lief, erschloss sich mir auch, was es mit dem Schiff auf sich hatte. In Winningen fand gerade das »Moselfest« statt, das älteste deutsche Winzerfest überhaupt. In den Straßen waren alle möglichen Stände aufgebaut, und Coverbands animierten die Gäste zur Weinverkostung. Alljährlich am letzten Freitag im August beginnt das zehntägige Fest und endet am Sonntag der darauffolgenden Woche mit dem Feuerwerk »Die Mosel im Feuerzauber« – ein fulminanter Höhepunkt.

Ich weiß nicht, ob es an der lauten Musik lag, auf jeden Fall bekam ich am Abend heftige Kopfschmerzen. In der Gemeinde Löf angekommen, hatte ich noch einen kleinen Aufstieg in die Weinberge bis zum Aussichtspunkt Rabenlay vor mir, an dem auch der gleichnamige Klettersteig beginnt. Mich erwartete ein traumhafter Ausblick, und ähnlich wie ich es hin und wieder an der Lahn erlebte, ging am Abend die Sonne genau über der Mosel unter. Als ich am Aussichts-

Cochem mit Blick auf die Reichsburg. Cochem war bereits zu Zeiten der Kelten und Römer besiedelt und gilt mit etwa 5200 Einwohnern als kleinste Kreisstadt Deutschlands.

punkt ankam, liefen gerade ein paar Jugendliche von dem Platz weg. Dass sie eine Wolke aus Marihuanageruch hinterließen, störte mich weniger. Dass sie allerdings auch ihre Bierflaschen, leere Longpaper-Päckchen und Tabakverpackungen achtlos zurückließen, war weniger schön. Auf dem Aussichtspunkt gab es eine Schutzhütte mit einem kleinen Innenraum und einer Tür. In der Hütte baute ich dann mein Lager auf und kurierte bis zum Morgen meine Kopfschmerzen aus.

Der Klettersteig Rabenlay und der Moselsteig gefielen mir auf Anhieb richtig gut. Gleich zu Beginn ging es über einen den Klettersteige von Löf über Hatzenport zur Burg Bischofstein, deren markanter Turm am westlichen Ufer der Mosel aufragt. Die im 13. Jahrhundert erbaute Burg diente den Erzbischöfen von Trier jahrhundertelang als Festung, bis sie im 17. Jahrhundert von französischen Truppen zerstört wurde. Die heutige Burg wurde zwischen 1930 und 1933 auf den Überresten der alten Burg errichtet und wird seit 1954 als Schullandheim genutzt. Unterhalb stieß ich auf die kleine, im frühromanischen und spätgo-

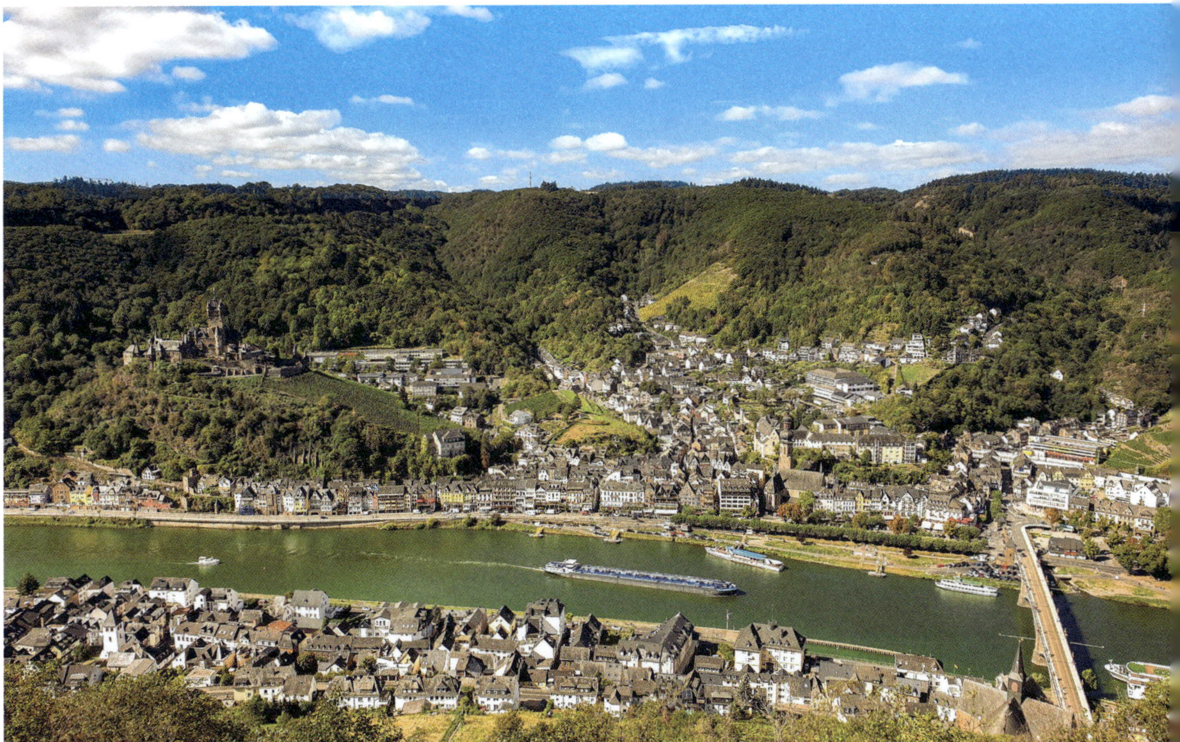

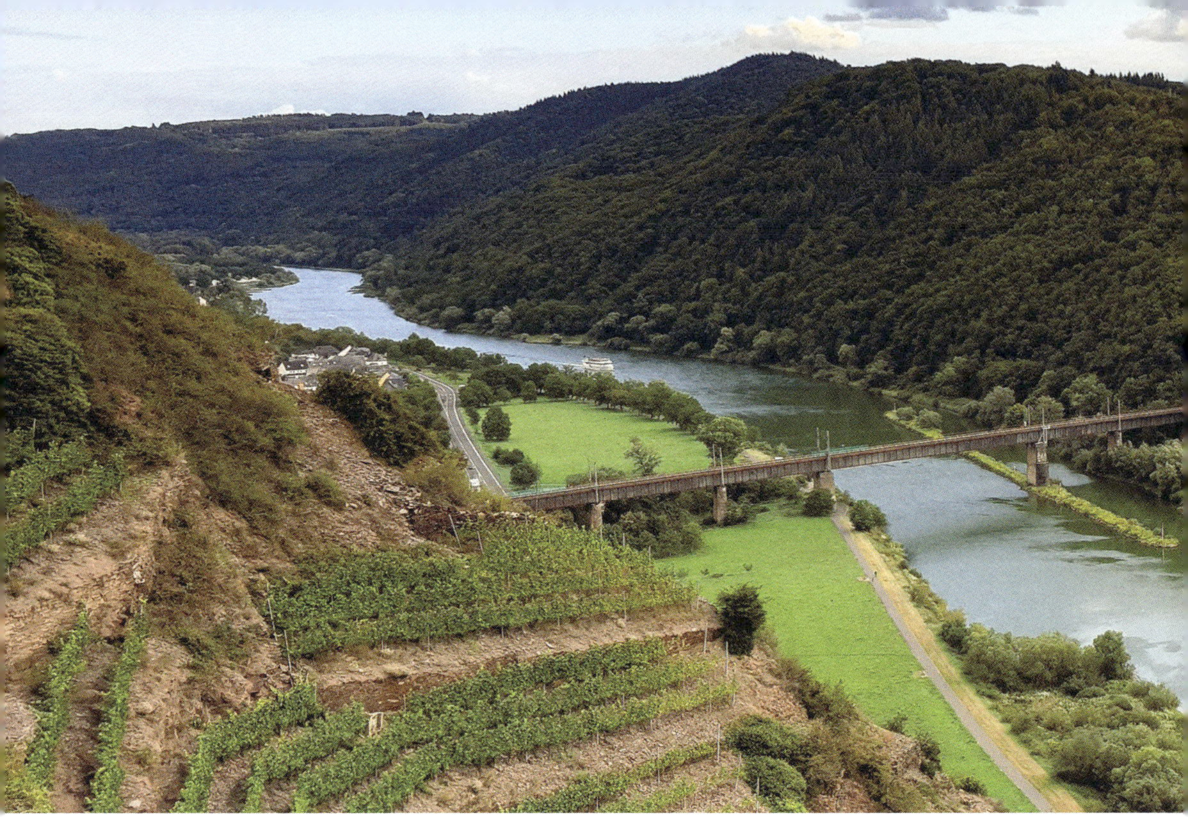

tischen Stil errichtete Pauluskapelle. Im Mittelalter war sie ein bekannter Wallfahrtsort, den Pilger besuchten, die sich hier Heilung von Kinderkrankheiten und Fallsucht (Epilepsie) erhofften. An dieser Stätte legte ich eine Pause ein, bevor ich dem Radwanderweg entlang der Mosel bis nach Moselkern folgte.

Schon von meinem Schlafplatz aus hatte ich die Reichsburg Cochem im Blick, die auf einem 154 Meter hohen Bergkegel über der Stadt thront. Ich wollte mir die Burg mit ihren reizvollen Erkern und trutzigen Zinnen gern ansehen und nahm daher an einer Führung teil. Die Gruppe war nicht zu groß, die Führung interessant, und da ich mich immer ein wenig abseilte und jeden Raum als Letzter verließ konnte ich auch entspannt Film- und Fotoaufnahmen machen, ohne dass mir Menschen im Bild standen. Die Reichsburg Cochem stammt vermutlich aus der ersten Hälfte des 12. Jahrhunderts und diente im Mittelalter als Zollburg. Im 17. Jahrhundert wurde die Burg zerstört und zwischen 1868 und 1877 im Stil der Neugotik wieder aufgebaut.

---

Die Region Mosel ist das Weinanbaugebiet mit den weltgrößten Steillagen und mit mehr als 5000 Hektar zudem die größte Riesling-anbaufläche weltweit.

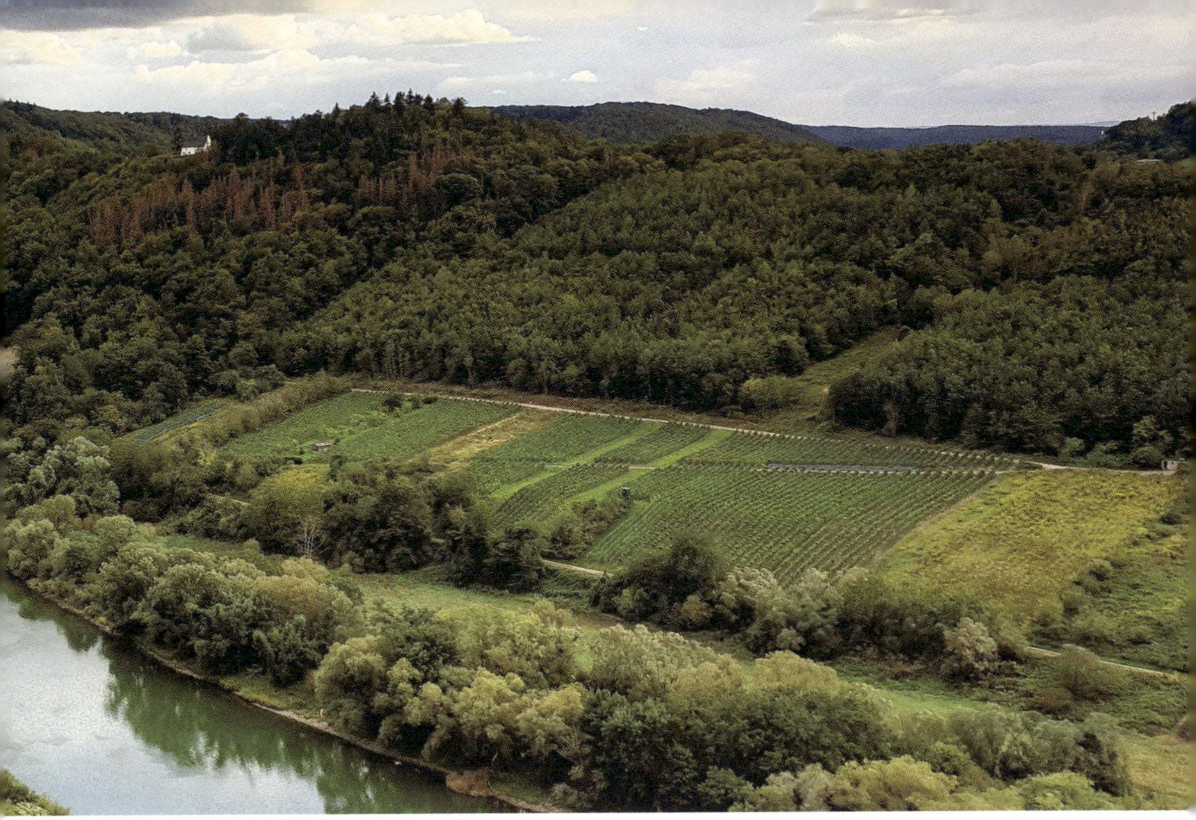

Laut Denkmalschutzgesetz von Rheinland-Pfalz ist die Burg geschütztes Kulturgut und gemäß der Haager Konvention mit dem blau-weißen Emblem gekennzeichnet.

Ab Eller folgte eines meiner persönlichen Highlights entlang des Streckenabschnitts der Mosel. Kurz hinter dem Bahnhof in Eller ging es steil bergauf zum Calmont-Klettersteig. Dieser Weg ist, wie auch auf den Schildern vor Ort deutlich zum Ausdruck kommt, wirklich nur für geübte und trittsichere Wanderer zu empfehlen. Der stahlseilgesicherte Weg führt 200 bis 300 Meter über der Mosel durch den steilsten Weinberghang Europas. Über Leitern und Trittbügel hangelte ich mich vorbei an markanten Felsen und freute mich immer wieder über die fantastischen Panoramablicke zwischen den Orten Bremm und Ediger-Eller. Ein Höhepunkt war definitiv der Blick auf die Klosterruine Stuben, die idyllisch auf einer Halbinsel an einer der engsten und schönsten Moselschleifen liegt. Am Ende des Klettersteigs in Bremm gönnte ich mir als Belohnung für den doch sehr schweißtreibenden Weg zwei Stück Kuchen in einem Hotelrestaurant. Da es schon Abend war, wies mich die etwas irritierte Kellnerin darauf hin, dass es auch »richtiges« Essen gebe. Aber ich hatte wieder mal nur Heißhunger auf süße Sachen.

# Neue Sohlen

In Traben-Trarbach suchte ich einen Schuhmacher auf, der sich sehr über die Aufgabe freute, meine Wanderschuhe für den Rest der Reise wieder herzurichten. Nach mehr als 2000 Kilometern zu Fuß waren sie nahezu ohne Profil und benötigten dringend neue Sohlen. Der gebürtige Niederländer Pieter de Groot mit seiner grünen Kittelschürze und dem glattrasierten Kopf war mir sofort sympathisch. Die Frage, ob ich die Neubesohlung für den geplanten Dokumentarfilm mit der Kamera begleiten dürfe, bejahte er. Mit charmantem Akzent erzählte er mir einen Teil seiner Geschichte: »Ich komme selbst aus den Niederlanden. Da habe ich auch immer einen Schuhladen gehabt. Zuletzt bin ich allerdings fast sieben Jahre lang gegen meinen Vermieter vor Gericht gezogen, da er immer mehr Geld haben wollte. Zweimal habe ich gewonnen und das letzte Mal verloren. Zu dieser Zeit war ich in Traben-Trarbach im Urlaub, und es gefiel mir hier sehr gut. Dann bin ich mit meiner Familie hierhergezogen. Hier, in dieser Ecke Deutschlands, ist alles noch recht gemütlich. Ich sage mir immer, dass ich jeden Tag ein bisschen Urlaub habe. Wenn ich jetzt in die Niederlande komme, glaube ich, dass ich da nicht mehr wohnen könnte. Da, wo die Menschen wohnen, da ist alles gerade. Weißt du, da steht ein Haus, ein Block neben dem anderem. Alles sieht gleich aus. Da habe ich kein gutes Gefühl. Hier ist alles anders. Kein Haus gleicht dem anderen, das ist das Schöne hier.« Neben seiner Begeisterung für seine neue Wahlheimat erzählte er auch, wie er zu seinem Beruf kam: »Mein Großvater war schon Schuster, mein Vater auch. Das liegt wohl in der Familie. Das ist einfach eine schöne Arbeit. Ich liebe das so. Nicht jeder hat das Glück, dass er das arbeiten kann, was ihm gefällt, das, was ihm Spaß macht. Jeder Schuh, den ich bearbeite, sieht danach wieder wie neu aus. Da bist du zufrieden, und das bringt dir was.«

Als er mit der Reparatur meiner Schuhe fertig war, merkte man ihm die Begeisterung über sein Werk an. Er betrachtete sie von allen Seiten und meinte immer wieder: »Ja, das sieht nicht schlecht aus. Doch wieder ein bisschen wie neu.« Er fragte mich aus Spaß, welche Note ich ihm geben würde. Ich antwortete natürlich: »Eine glatte Eins!« und meinte das auch wirklich ernst.

# Wenn der Körper streikt

In Trier angekommen, sah ich mir die Stadt in aller Ruhe an. Die Ruhe betraf allerdings nur meine innere Haltung, da hier gerade ein Fest tobte und eine große Bühne aufgebaut war. Menschenmassen schoben sich durch die Gassen, und laute Musik dröhnte von der Bühne auf den Platz in der Fußgängerpassage.

Trier ist mit 110 000 Einwohnern die viertgrößte Stadt des Bundeslandes Rheinland-Pfalz und darf den Titel der ältesten Stadt Deutschlands für sich beanspruchen. Die römischen Baudenkmäler der Stadt, wie das Amphitheater, die Barbara- und Kaiserthermen, die Konstantinbasilika, das Stadttor Porta Nigra, die steinerne Römerbrücke und die reich verzierte Igeler Säule zählen seit 1986 zum UNESCO-Welterbe.

Auf meinem Rundgang durch Trier beschloss ich, mir ein Hotel zu suchen. Schon am Tag zuvor hatte ich mich etwas unwohl gefühlt. Normalerweise bin ich recht gut darin, solche Anzeichen zu ignorieren, weil ich davon überzeugt bin, dass die Beschwerden von allein wieder vergehen, wenn ich nur genug Wasser trinke und meinen Körper entgifte. Mein Verdrängungsmechanismus der vergangenen zwei Tage führte allerdings dazu, dass es diesmal sehr unangenehm wurde. Die Nacht brachte ich größtenteils auf der Toilette zu und damit, meine Wasserflasche nachzufüllen. Was genau es mit meiner Magenverstimmung auf sich hatte, weiß ich nicht. Auf meiner 700-Kilometer-Harz-Tour im Jahr 2017 hatte ich einmal ähnliche Probleme. Allerdings hatte ich da aus einem Bach getrunken, an dem nur ein paar hundert Meter weiter Kühe gegrast hatten. Da kann es schon passieren, dass man sich einen Keim einflößt. Vor allem, wenn man so unachtsam ist wie ich und nie einen Wasserfilter benutzt. An der Mosel hatte ich mein Wasser ebenfalls hin und wieder aus Nebenbächen gezapft, und vielleicht war ein Tropfen doch nicht so sauber, wie er aussah. Dass es diesmal aber so schleichend voranging, wunderte mich schon. Normalerweise merkt man den Genuss von

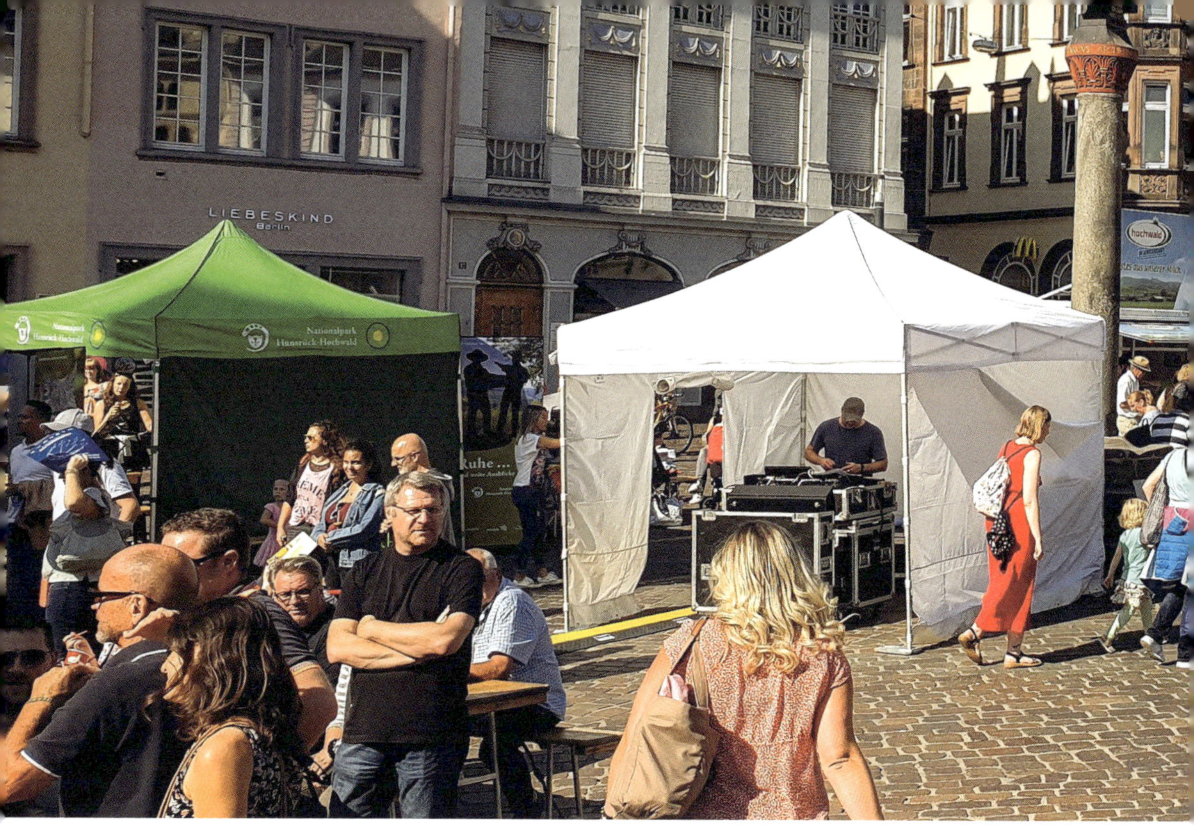

verkeimtem Wasser recht schnell im Magen- und Darmtrakt. Meine Zeit in Trier verbrachte ich also größtenteils im Hotelbett: Ich trank, schlief, trank, schlief und bewegte meine geschwächten Knochen zweimal vor die Tür, um etwas zu essen, obwohl mir jeglicher Appetit fehlte.

Wieder genesen und voller Elan lief ich von Trier los und freute mich, unterwegs zu sein. Ich hatte das Gefühl, dass es jetzt wieder so richtig losgehe, da die letzten Tage für mich Stillstand bedeutet hatten. Allerdings musste ich bereits auf der Höhe von Konz feststellen, dass die neuen Einlegesohlen, die ich mir gekauft hatte, wohl doch nicht die beste Wahl waren. Es drückte hier und da, und an den Stellen, wo sich zu Beginn meiner Reise Blasen gebildet hatten, schmerzte es wieder verdächtig.

In Konz verließ ich dann auch das Ufer der Mosel und wechselte zur Saar. Ab jetzt sollte mein Weg entlang der Saar Richtung Süden gehen. Doch schon kurz hinter Konz legte ich eine längere Pause ein,

In Trier beschloss ich, mir ein Hotel zu suchen, denn bereits am Tag zuvor fühlte ich mich etwas unwohl in der Magengegend. Statt der ersehnten Ruhe stolperte ich allerdings mitten in ein Stadtfest hinein.

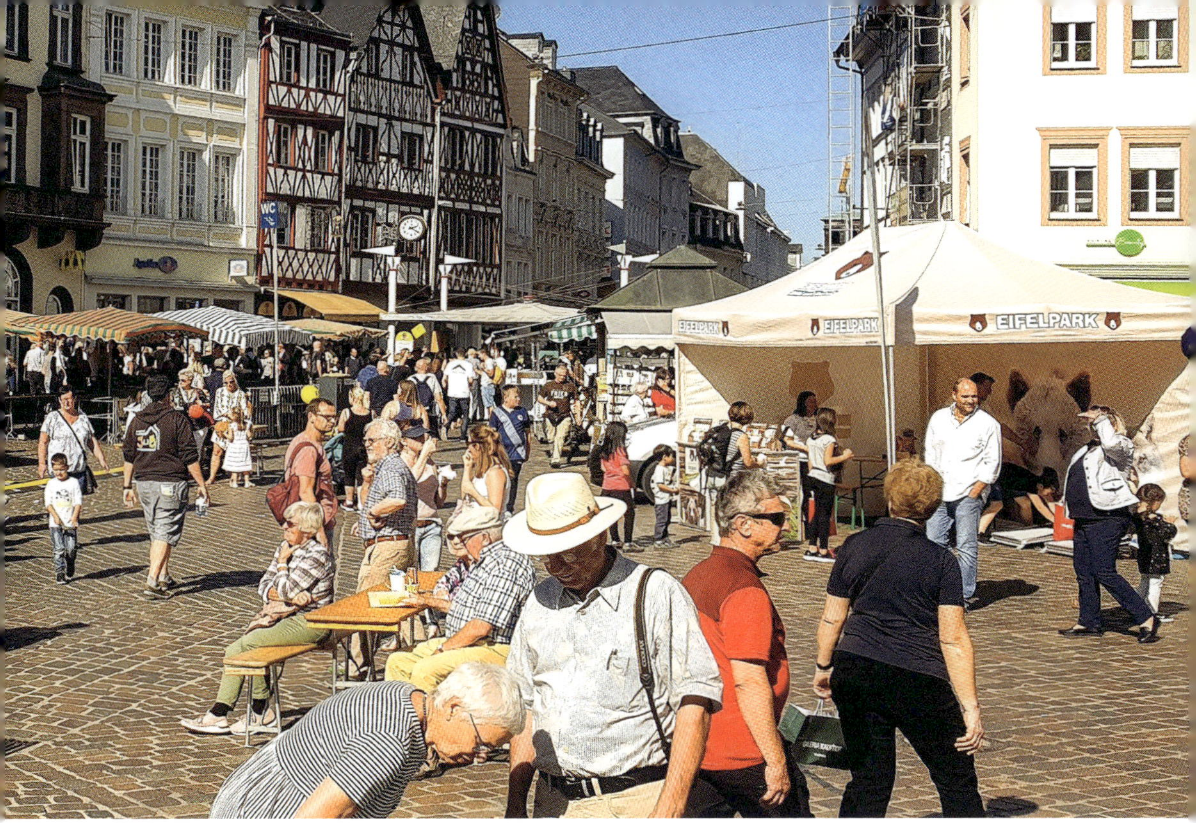


damit meine Füße sich erholen konnten. Im Lauf des Tages wurden die Beschwerden aber so heftig, dass ich bei Saarburg beschloss, die Sohlen im nächsten Papierkorb zu versenken und nur mit Socken in den Schuhen zu laufen. Leider war auch das nicht die Lösung, da ab diesem Moment die Blasen an meinen Fersen schneller wuchsen, als ich realisieren konnte.

Daraufhin zog ich mein zweites Paar Socken über das erste Paar und wollte es so versuchen. Aber es war zu spät, und ich schleppte mich langsamen Schrittes bis hinter den kleinen Ort Krutweiler, wo ich mir direkt an der Saar einen Schlafplatz suchte. Der Platz war zwar nicht besonders schön und der Boden auch nicht eben, aber ich kam keinen Schritt mehr voran und wollte meine Füße nicht unnötig strapazieren. Ich bereute es bereits, dass ich meine alten Einlegesohlen weggeworfen hatte. Auch wenn schon arg durchgescheuert, waren sie immer noch besser als alles, was danach kam.

# Pilgerleben

An einer Gabelung meines Wanderweges sah ich einen graubärtigen Mann auf einer Isomatte liegen. Er beäugte mich und grüßte freundlich. Er stellte sich als Manfred Ingenwerth vor, was, wie ich später erfahren sollte, in der Pilgerszene kein unbekannter Name ist. Manfred begann sofort zu erzählen, und ich hörte ihm aufmerksam zu. Er freute sich offensichtlich, dass ich bereitwillig seinen Worten lauschte, denn es folgte ein gut zweistündiger Monolog. Der 65-Jährige ist Mitglied der deutschen Jakobsgesellschaft. 2010 legte er das Gelübde ab, zum Grab des heiligen Jakobus zu pilgern. Seit 2013 begibt sich der Rheinland-Pfälzer nun immer wieder auf den Weg und pilgerte seitdem an die 5000 Kilometer auf verschiedenen Wallfahrtswegen durch Deutschland und Polen. Dabei trägt er einen 20 Kilo schweren Wanderrucksack und hat alles dabei, was er zum Leben braucht, sagte er. In den zwei Stunden, die ich bei ihm saß, erzählte er mir, was er alles auf seinen Pilgerreisen erlebt hatte. Sehr beeindruckend fand ich die Geschichte, als er von einem Wildschwein attackiert wurde. Er kämpfte so lange mit dem Wildschwein, bis er aus den Ohren blutete, da das Wildschwein immer wieder aufs Neue zum Angriff ansetzte und ihn dabei verletzte. Irgendwann gelang es Manfred, einen Notruf abzusetzen, und die Polizei kam. Das Borstenvieh ging nun ohne zu zögern auch auf einen der Beamten los, woraufhin dieser seine Waffe zog und das Tier erschoss. Später wurde festgestellt, dass das Wildschwein bereits vor dem Angriff auf Manfred angeschossen war. Allerdings offensichtlich noch agil genug, um sich einen Kampf mit einem Pilger zu liefern. Da Manfred die Polizei benachrichtigt hatte, bekam er später 50 Euro als Belohnung für die Gefahrenabwehr, da das angeschossene Wildschwein eine Gefahr für Wanderer und andere Tiere darstellte.

Er erzählte auch aus der Zeit vor seinem Pilgerleben, in der er als Matrose die ganze Welt bereiste. Sehr spannend fand ich die Information, dass die Schifffahrt selbst über deutsche Flüsse wie Rhein und Mosel wohl ein begehrter Schmuggelweg für Kokain sei, von dem die Besatzung natürlich ihren Teil abbekomme und sich ebenfalls hin und wieder eine Nase gönne. Die Arbeit muss wirklich ein

Knochenjob gewesen sein. Nachdem Manfred den zweiten Burn-out hinter sich hatte und in die Erwerbsunfähigkeitsrente entlassen wurde, entschied er sich für ein Leben als Pilger. Auch wenn er – wie er selber sagte – hin und wieder an Depressionen leide, sei er mit dem Leben auf den Wanderpfaden sehr glücklich.

Nach den Auszügen aus seinem Leben ging Manfred zu Schilderungen seiner Ausrüstung über und zeigte mir seinen selbst gebauten Spirituskocher, seine Schaufel und andere Utensilien. Irgendwann aber war für mich der Punkt erreicht, an dem ich nichts mehr aufnehmen konnte, und ich versuchte seinen Redefluss zu unterbrechen, um ihm mitzuteilen, dass ich gern weiterziehen würde. Es verging noch eine Weile, bevor mir der Absprung gelang. Anschließend lief ich weiter bergauf durch eine traumhafte Felslandschaft und genoss die himmlische Ruhe.

Am frühen Abend kam ich am Aussichtspunkt Cloef an der Saarschleife südöstlich von Orscholz an. Schon im Vorfeld hatte ich Bilder von diesem Traumblick gesehen, aber natürlich war es etwas

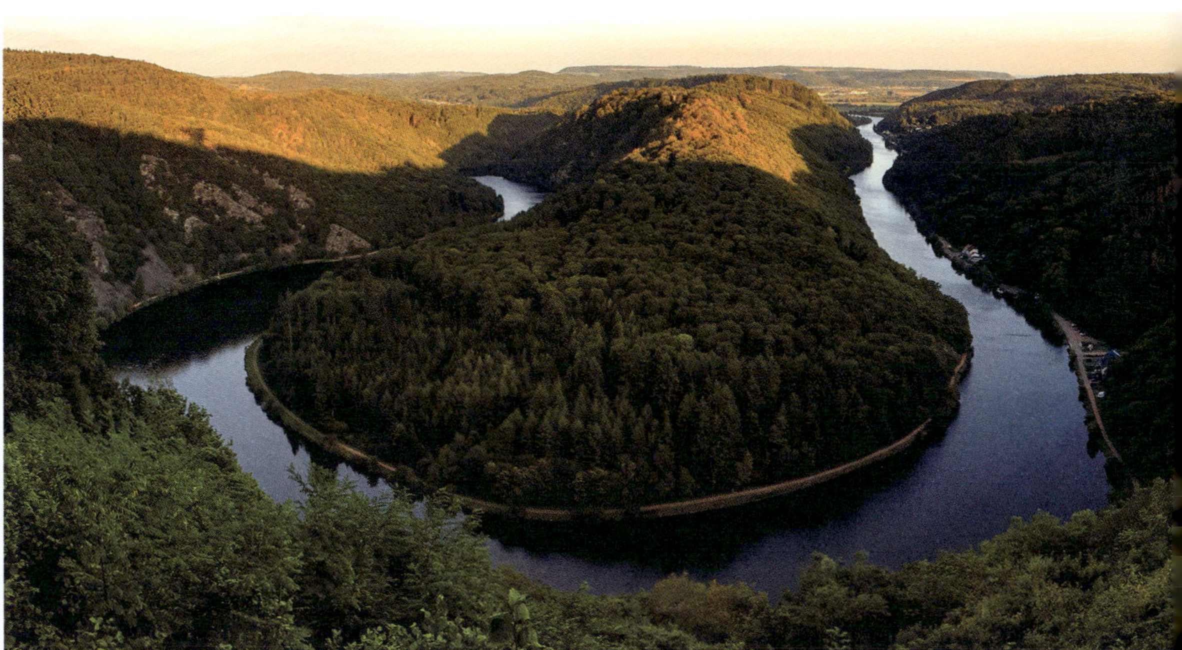

Die berühmte Saarschleife – eines der bekanntesten Fotomotive von deutschen Landschaften. Auch ich war begeistert und wollte den Sonnenaufgang hier auf keinen Fall verpassen.

anderes, wirklich vor Ort zu sein. Von Cloef bietet sich der beste Blick auf die berühmte Saarschleife, das Wahrzeichen des Saarlandes. Schon viele Prominente und Politiker, wie der preußische König Friedrich Wilhelm IV., Oskar Lafontaine, Gerhard Schröder, Jacques Chirac, der polnische Präsident Lech Kaczyński und Bundeskanzlerin Angela Merkel ließen sich hier ablichten. Nun auch Enno Seifried.

Zu diesem Zeitpunkt war ich zwar erst 14 Kilometer gelaufen, doch da am Aussichtspunkt eine Schutzhütte lag, beschloss ich die Nacht dort zu verbringen. Gegen sechs Uhr morgens wurde ich unsanft aus dem Schlaf gerissen, als mir eine Taschenlampe direkt ins Gesicht leuchtete. Ich schreckte auf und hörte nur noch die Worte: »Entschuldigung, wir wollten dich nicht wecken.« Ich begrüßte mit einem verschlafenen guten Morgen die beiden Damen, die sich vorgenommen hatten, ein Fotoshooting am Cloef zu machen. Ich wollte ohnehin den Sonnenaufgang nicht verpassen, insofern war das Timing gar nicht so schlecht. Ich packte also mein Zeug zusammen und brachte meine Kamera in Position, um den Moment nicht zu verpassen, wenn die Sonne hinter den Bergen hervorkommt. Ich drückte auf Record, machte eine Filmzeitrafferaufnahme, um die ich mich nicht weiter zu kümmern brauchte und genoss das dramatische Naturschauspiel. Immerhin war das für mich eine Seltenheit, da ich kein Frühaufsteher bin und Sonnenaufgänge meist an mir vorüberziehen, während ich mich noch in der Tiefschlafphase befinde.

Im dritten Schuhladen Saarbrückens wurde ich fündig und verließ ihn mit neuen Einlegesohlen, in der Hoffnung, dass nun alles gut werde und meine Füße mich wieder schmerz- und blasenfrei vorwärts tragen. Leider begeisterte mich Saarbrücken, die Hauptstadt des Saarlandes, Universitäts- und einzige Großstadt des kleines Bundeslandes, nicht sonderlich. Das Flair der Altstädte, die ich zuvor besucht hatte, vermisste ich hier eindeutig. Erst am Abend machte die Stadt auf mich einen etwas gemütlicheren Eindruck, mit all den Kneipen und gut besuchten Restaurants.

Heute war der 20. September und somit mein Geburtstag, in den ich nach einem Restaurantbesuch für mich ganz alleine im Hotel hineinfeierte. Punkt Null Uhr kamen die ersten Glückwünsche von guten Freunden, ein schönes Videoständchen von Sue und ein Anruf von Tilo, einem guten Freund aus Leipzig. So begann der Tag natürlich großartig, und ich fühlte mich an meinem Geburtstag gar nicht so einsam.

# Deutsche Gastfreundschaft

Am Morgen bei Biesingen, als ich alles zusammengepackt hatte und frühstücken wollte, spazierte ein älteres Pärchen vorbei, mit dem ich ins Gespräch kam. Wir plauderten über meine Reise und die Erfahrungen, die ich bislang gemacht hatte. Sie wollten wissen, ob auch schlechte Erfahrungen dabei gewesen wären und wie ich die deutsche Bevölkerung einschätze. Man sagt oft, dass die Gastfreundschaft in anderen Ländern so viel ausgeprägter sei. Dennoch kann ich voller Überzeugung sagen, dass auch die Deutschen sehr gastfreundlich, interessiert und hilfsbereit sind. Das war für mich eine der größten und schönsten Erkenntnisse dieser Tour. Ich habe die meisten Menschen, denen ich unterwegs begegnete, als sehr offen in Erinnerung, und bis auf ein einziges Mal war jeder bereit, meine Wasserbeutel aufzufüllen. Oft wurde ich sogar gefragt, ob ich eventuell noch etwas Anderes benötige. Da ich meistens wild campte, hätte ich auch davon ausgehen können, dass es diesbezüglich Ärger gibt. Doch auch das blieb aus. Jeder, der mich und mein Zelt entdeckte, freute sich mit mir und machte sich oftmals sogar Sorgen, ob mir in der Nacht auch wirklich nicht zu kalt sei. Für diese kleinen, kurzen und netten Begegnungen bin ich meinen Mitbürgern sehr dankbar und ich freue mich, meinen Eindruck wiedergeben zu können, dass »wir« im Großen und Ganzen ein gutes offenes Volk sind.

Am Abend unweit des Städtchens Hornbach bestätigte sich meine Einschätzung der Deutschen zum wiederholten Mal. Als ich eine Anhöhe hinauflief und die letzten Häuser des Ortes passierte, grüßte mich eine Frau, die gerade neben ihrem Auto vor ihrem Haus stand. Sie fragte, wohin es gehen soll. Ich sagte ihr, dass ich nicht weit von hier auf der Anhöhe gern mein Nachtlager aufschlagen möchte. Sofort stimmte sie zu und empfahl mir den besten Platz. Nach weiterem Small Talk bot sie mir an, bei ihr im Garten zu schlafen. Außerdem erwähnte sie, dass sie abends noch grillen würden und ich dazu herzlich eingeladen sei. Leider kann ich jetzt nicht von einem entspannten Grillabend erzählen, weil ich das Angebot dankend abgelehnt habe. Wie immer wollte ich meine Ruhe haben und freute mich auf den abendlichen Ausblick über die hügelige Landschaft abseits des Ortes.

Auf meinem Weg nach Hornbach verließ ich das Saarland und war nun zurück in Rheinland-Pfalz. Im Hornbachtal im Landkreis Südwestpfalz verliebte ich mich umgehend in die unglaublich schönen Wasserbüffel, die entlang des Hornbachs am Ufer grasten. Diese robuste Rinderrasse eignet sich besonders für die Bewirtschaftung von Feucht- und Nassstandorten, die in der modernen Landwirtschaft als unrentabel gelten. Durch die Beweidung soll die Verbuschung verhindert und das Landschaftsbild sowie die Kulturlandschaft an sich gefördert und erhalten werden.

Bei Riedelberg fragte ich zwei junge Männer, die gerade in ihrer Garage an einem Auto schraubten, ob sie Wasser für mich hätten und erwähnte, dass ich auf der Suche nach einem Schlafplatz sei. Sie empfahlen mir direkt hinter dem Dorf einen kleinen Grillplatz an einer Pferdekoppel, an der ich sogar ein Dach über dem Kopf hätte. Dort angekommen, war ich etwas unsicher. Zugegeben, der Platz war zwar malerisch und bot einen herrlichen Ausblick. Allerdings standen unter dem Dach mehrere Kästen mit Bier, Cola und anderen Getränken sowie einige Büchsen Ravioli. Ich entschied zu bleiben und hoffte, dass ich niemanden stören würde. Natürlich lockte mich auch ein kühles Bier und ich tauschte ein Zwei-Euro-Stück gegen eines der begehrten Getränke. Als ich mich niederließ und gerade die Flasche öffnen wollte, kam ein Auto angefahren, das zur nahe gelegenen Pferdekoppel wollte. Ich stand sofort auf und lief auf das Auto zu, da mich mein schlechtes Gewissen plagte, dass ich mich ohne zu fragen am Bier bedient hatte. Die Insassen lachten nur und sagten, ich hätte schon alles richtig gemacht. Ich solle so viel trinken, wie ich möchte, solle bitte kein Geld hinterlassen und sei herzlich eingeladen. Nachdem sie wieder losfuhren, genoss ich mein Bier nun ohne Gewissensbisse. Ich saß schon eine Weile, als das Auto plötzlich zurückkam. Sie machten sich Sorgen, ob ich denn auch genug Wasser hätte, da in der Grillhütte nur Cola, Bier und andere alkoholische Getränke vorrätig waren. Da war sie wieder, die deutsche Gastfreundschaft.

Später begann es heftig zu regnen, und ich hatte mit der Überdachung wirklich das perfekte Lager. Über mein Smartphone startete ich meine Lieblingsplaylist bei Spotify und feierte mich und das Leben, das ich gerade führte. Begleitet auf meiner kleinen Privatparty wurde ich telefonisch von einer Freundin aus Magdeburg, die gerade Nachtdienst hatte und bis zum frühen Morgen die Stellung halten musste. So hatten wir beide einen richtig lustigen Abend.

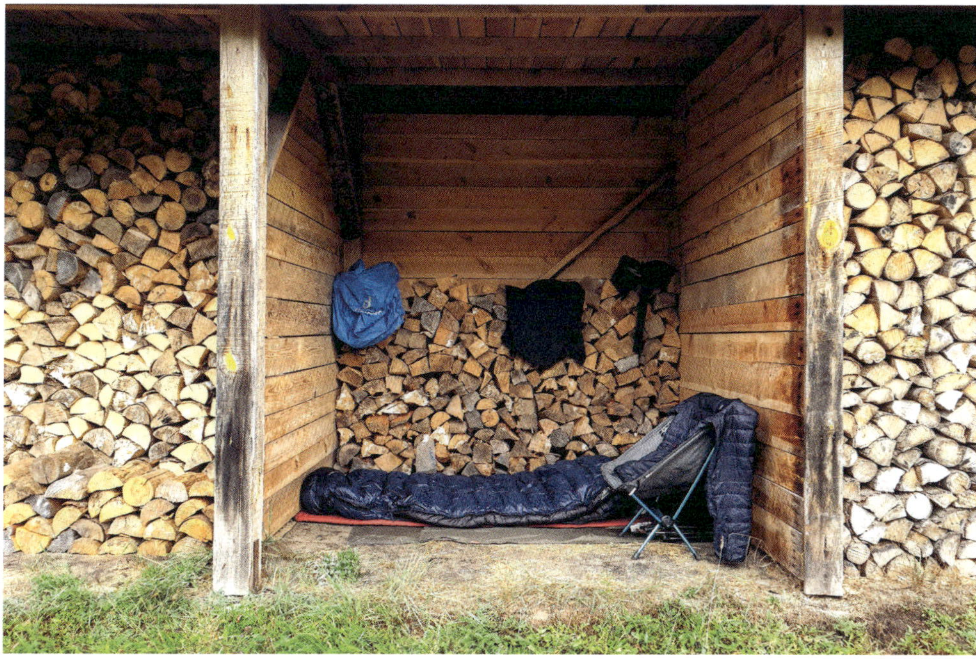

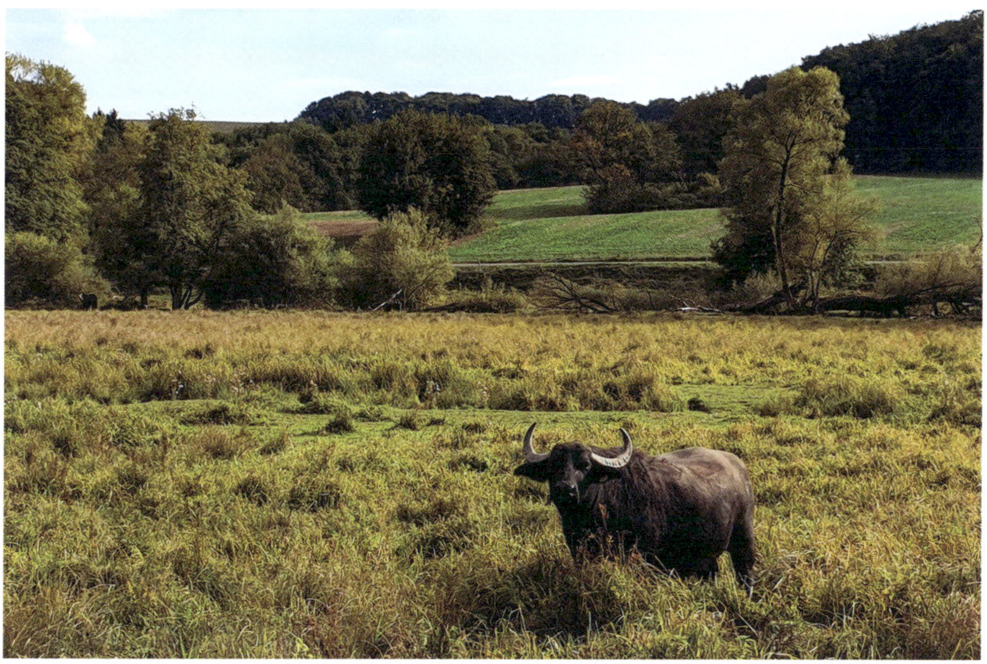

Bei Regen bemühte ich mich, einen Schlafplatz im Trockenen zu finden,
ohne mein Zelt aufbauen zu müssen (oben).
Die Wasserbüffel von Hornbach (unten).

# Ich komme wieder

Der 1958 gegründete Naturpark Pfälzerwald, eine Mittelgebirgslandschaft mit 179 000 Hektar Ausdehnung, kann sich rühmen, das größte zusammenhängende Waldgebiet Deutschlands zu sein, und ist seit 1992 von der UNESCO als Biosphärenreservat anerkannt. Früher diente der Pfälzerwald hauptsächlich als Quelle zur Rohstoff- und Energieversorgung. Heute steht neben seiner Funktion als Erholungsgebiet besonders die ökologische Bedeutung im Vordergrund. Mich beeindruckten vor allem die Wälder und die Buntsandsteinfelsen, die mich ein wenig an die Sächsische Schweiz erinnerten.

Schon als ich in Pirmasens loslief, setzte leichter Nieselregen ein. Zwischen Lemberg und Langemühle verkroch ich mich aus diesem Grund lange im Wald unter einem dichten Dach aus Baumkronen. Als ich in Langmühle ankam, war ich komplett durchnässt und beschloss, mir im Ort etwas zum Schlafen zu suchen. An einem kleinen Hang unter der Dorfstraße waren mehrere kleine Holzlager, jeweils ungefähr so groß wie eine Garage. Eines der Lager war nur zu etwa einem Viertel mit Holz gefüllt, und der Platz reichte aus, dass ich im Trockenem meinen Schlafsack für die Nacht ausbreiten konnte. Ich hatte wirklich Glück, denn es regnete wirklich die ganze Nacht durch. Auch die nächsten Tage auf meinem Weg durch diesen einzigartigen Naturpark sollte sich daran nichts ändern. Das war schade, da mir die Landschaft und die Wanderwege ausnehmend gut gefielen. Gern hätte ich hier und da einen Abstecher zu Aussichtspunkten oder historischen Orten unternommen. Da neben dem Regen allerdings auch dichter Nebel den Wald beherrschte, konnte ich nur sehen, was etwa im Umkreis von 20 Metern um mich herum war. Deswegen blieb ich zielstrebig auf meiner Route und ließ das ein oder andere Highlight an diesen Tagen am Wegesrand liegen. Doch sagte ich mir, dass ich eines Tages in den Pfälzerwald zurückkommen und ihn vielleicht während eines kürzeren Urlaubs noch mal etwas genauer erkunden und genießen würde.

Circa 30 Kilometer vor Karlsruhe musste ich wegen des tagelangen Regens eine Entscheidung treffen. Weder mein Poncho noch mein

Rucksack und die anderen Wandersachen hielten dem Regen weiterhin stand. Durch das aufgesaugte Wasser fühlte sich mein Rucksack obendrein 20 Kilo schwerer an als sonst. Ich benötigte dringend etwas Zeit, damit meine Sachen für die weitere Etappe wieder trocknen konnten. So beschloss ich, mich in einen Zug zu setzen und die 30 Kilometer bis Karlsruhe auf diesem bequemen Weg zurückzulegen. Die Vernunft im Hinblick auf meine weitere Tour sagte mir, dass dies der einzig richtige Entschluss war.

Da ich auf der Tour eigentlich größere Städte meiden wollte, hatte das Ziel Karlsruhe nur einen Grund. Ich bekam wieder Besuch, und darauf freute ich mich unheimlich. Mein Bruder wollte mich für ein paar Tage durch den Schwarzwald begleiten, und wir hatten uns in Karlsruhe verabredet. In der mit über 300 000 Einwohnern drittgrößten Stadt Baden-Württembergs, die wegen ihres fächerförmigen Grundrisses auch »Fächerstadt« genannt wird.

Im Hotel in Karlsruhe angekommen, passierte mir ein mittelgroßes Malheur. Nachdem ich mein komplettes Equipment im Zimmer zum Trockenen verteilt hatte, ging ich unter die Dusche. Anschließend musste ich feststellen, dass der Duschvorhang den Abfluss verstopft hatte. Da es sich um so eine moderne Duschanlage mit einem etwa einem Zentimeter hohen Rand handelte, lief eine Flut Duschwasser aus dem Bad über den Flur und hatte dort bereits gut zwei Quadratmeter des Teppichs meines Zimmers vollgesogen. Kurz überlegte ich, ob es vielleicht besser wäre, der Rezeption Bescheid zu geben, entschied dann aber, dass ich auf die Ursachen-Diskussion keine Lust hatte und machte mich daran, das Wasser mit allen verfügbaren Mitteln zurück in den Abfluss der Dusche zu befördern. Da ich das Zimmer für zwei Nächte gebucht hatte, war ich mir relativ sicher, dass auch der große dunkle Fleck im Zimmer bis zu meiner Abreise wieder trocknen würde. Dem war auch so, keiner vom Hotel bekam etwas mit, und ich entging der peinlichen Situation an der Rezeption und den eventuell umständlichen oder teuren Folgen.

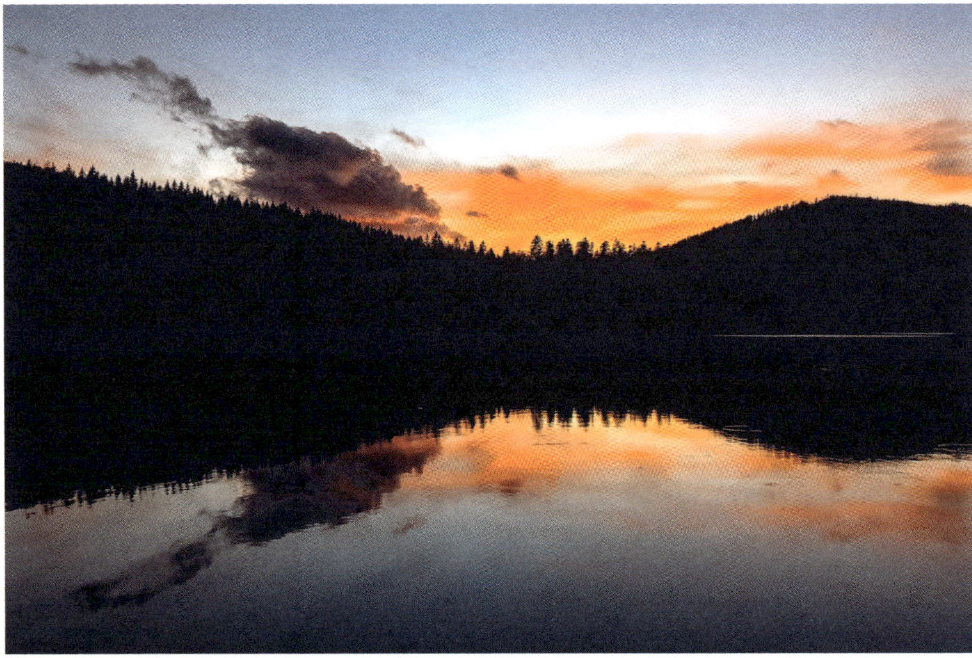

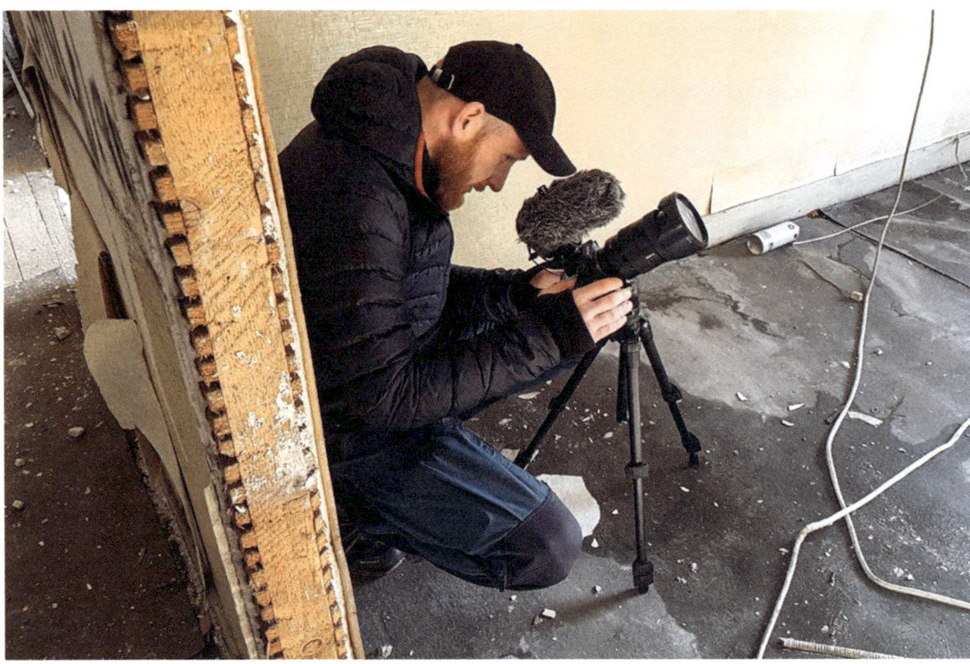

An der Schwarzbachtalsperre wurden wir von Mäusen »überfallen« (oben). Sicher nicht jedermanns Sache sind Übernachtungen in Lost Places. Hier am Morgen danach (unten).

# Bärenbrüder

Als mein Bruder Pat aus dem Zug stieg, mussten wir beide laut lachen. Wir fielen uns in die Arme und freuten uns über das Wiedersehen. Für unsere gemeinsamen Tage hatte ich bereits einen Plan geschmiedet. Der begann damit, dass wir meinen Bruder in mein Hotelzimmer schmuggelten und die erste Nacht zusammen in meinem Einzelzimmer nächtigten. Wir schlüpften an der Rezeption vorbei in mein Zimmer und richteten uns ein. Die folgenden Tage begleitete mich mein Bruder ein Stück auf meiner Deutschland-Wanderung. In diesem Fall durch den Schwarzwald. Es war eine sehr intensive, schöne und lustige Zeit. Leider fehlt mir hier der Platz, ausführlich davon zu berichten, doch für ein paar Anekdoten sollte es reichen.

Wir fanden einen idealen Ort für unsere Zelte, mit Weitblick über die Schwarzbachtalsperre, die das Wasser am Ostabhang des niederschlagsreichen Hauptkamms des nördlichen Schwarzwalds sammelt. Als wir schlafen gehen wollten und Pat seinen Zelteingang öffnete, rannte völlig verwirrt und panisch eine Maus in seinem Zelt von einer Ecke in die andere. Bei unserem Versuch, sie zu vertreiben, verschwand sie plötzlich mitten in der Zeltwand und war weg. Kurz darauf sahen wir das große Loch, das sie in die Zeltwand geknabbert hatte. Auch an Pats Speisevorräten wurden ihre Spuren gesichtet. Wir bereinigten kurz die Überreste und Häufchen, die sie zurückgelassen hatte und legten uns schlafen. Es dauerte nur eine Stunde, als ich wach wurde und hinter mir am Kopfende eigenartige Geräusche vernahm. Im Lichtkegel der Taschenlampe sah ich erneut eine Maus davonhuschen. Nun hatte auch ich ein Loch im Zelt. Es konnte ja niemand ahnen, dass die kleinen niedlichen Biester so dreist sind und sogar das Zelt überfallen, wenn jemand drinnen liegt. Ich weckte Pat und sagte ihm, dass wir unsere Essensvorräte außerhalb des Zeltes verstauen müssten. Ich dachte, es sei clever, sie in einen Baum zu hängen. Wir packten also alles zusammen und banden es mit einer Schnur um einen Ast, der schräg zum Wasser hin ragte, bevor wir erneut versuchten zu schlafen. Etwa um fünf Uhr morgens hörte ich Pat plötzlich in seinem Zelt fluchen. Obwohl kein Essen mehr im Zelt

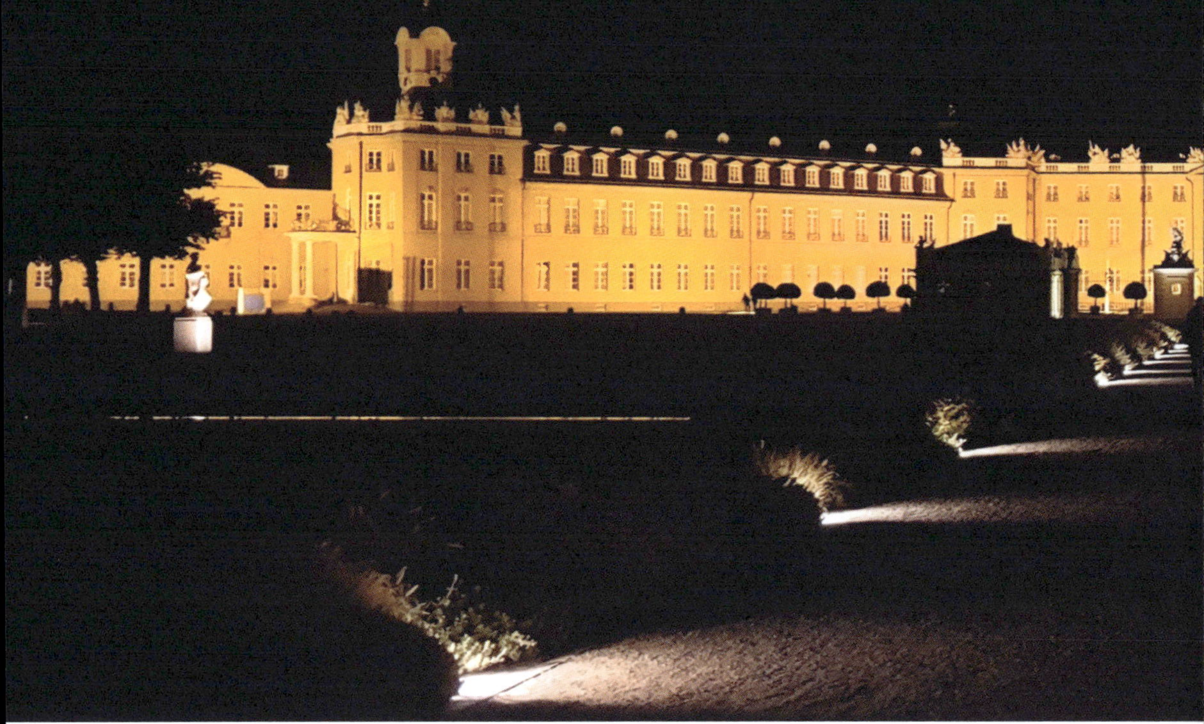

war, hatte sich eine Maus verirrt und nun statt dem Essen Pats luftgefüllte Isomatte angeknabbert. Jetzt half nur noch pure Ignoranz und einfach weiterschlafen, egal wer oder was sich durchs Zelt frisst.

Mein erster Gang am nächsten Morgen führte mich natürlich zu unserem Fresspaket, das geschützt im Baum hing. Als ich es leicht berührte, kam mir auch schon die erste Maus entgegengesprungen. Jetzt hatten wir also auch gelernt, dass Bäume für Mäuse kein Hindernis sind. Wir begutachteten den Schaden. Die Nager hatten alle meine Fertignudelgerichte angefressen, und das Gewürzpulver war im ganzen Beutel verteilt. Die Äpfel waren ebenfalls angeknabbert, und das Müsli hatte auch abgenommen. Wir nahmen es locker.

Der Weg entlang der Rotmurg nach Baiersbronn war unfassbar schön. Immer wieder blieben wir stehen, um die zahlreichen Wasserfälle und die kräftig vorwärtsrauschende Rotmurg zu bestaunen, die wegen des Dauerregens der letzten Tage umso beeindruckender talwärts floss.

In Baiersbronn suchten wir zunächst lange und vergebens nach einem geeigneten Schlafplatz. Es war kalt und bereits dunkel, wir waren hungrig, und Pat taten die Füße so weh, dass es ihm schwerfiel, einen Fuß vor den anderen zu setzen. Ein Gefühl, das ich nur zu gut nachvollziehen konnte. Aber mein Bruder jammerte nicht, sondern

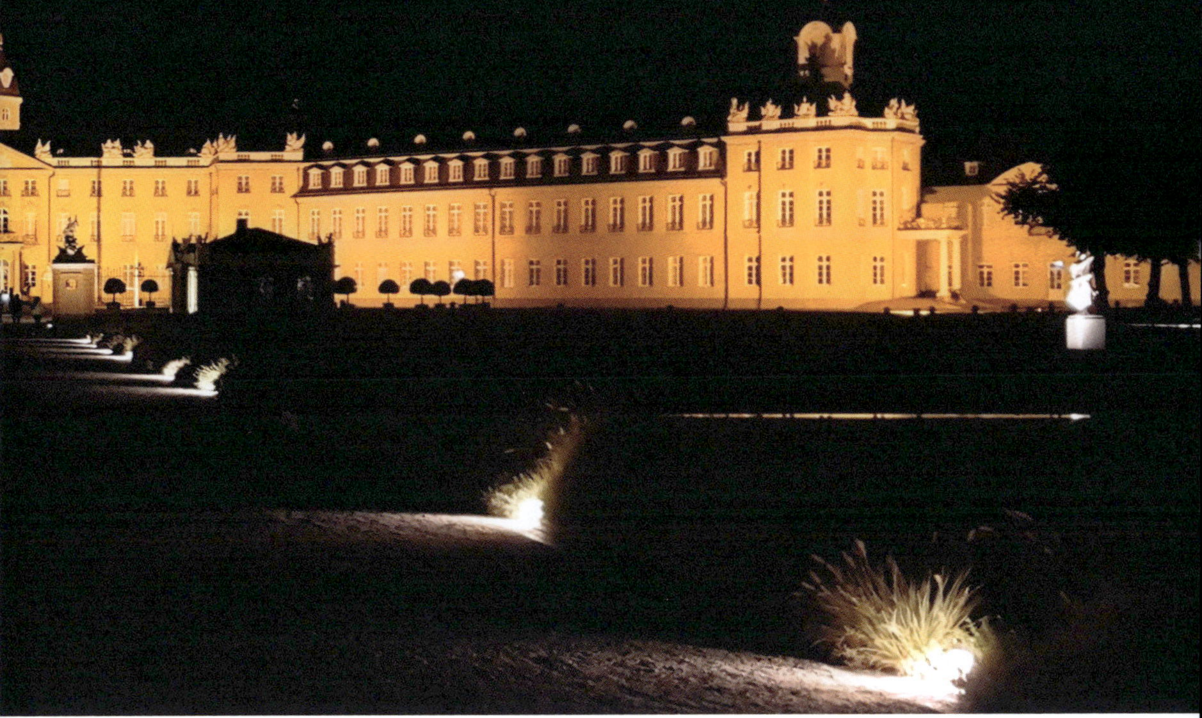

lief einfach weiter. Als wir schon ziemlich ratlos waren, kamen wir plötzlich an einem verlassenen Hotel vorbei. Sofort war uns klar, dass dies für uns der perfekte Schlafplatz ist. Wir kletterten durch eines der Fenster im Erdgeschoss, blickten uns kurz um, suchten uns ein Zimmer aus und checkten ein. Ein ganzes Hotel für uns allein! Zwar etwas staubig, aber mit ausreichend Platz und Frischluftzufuhr, da das Gebäude keine Fenster mehr besaß. Der Raum, den wir uns aussuchten, war halbwegs sauber, und wir breiteten unsere Isomatten und Schlafsäcke auf dem Boden aus. Eingemummt in unsere Schlafsäcke schwatzten wir noch über Gott und die Welt. Für mich war das ein ganz besonderer Moment mit meinem Bruder, den wir so nur sehr selten haben. Das war ein wenig wie Ferienlager: Man liegt schon im Bett und redet einfach völlig zeitvergessen über alles Mögliche, was einem gerade so im Kopf herumgeht und wechselt dabei immer wieder das Thema, ohne Richtung und Ziel. Irgendwann dreht man sich dann zur Seite, wünscht sich eine gute Nacht und schläft zufrieden mit einem freundschaftlichen Gefühl ein.

Nachtspaziergang am Karlsruher Schloss. 1715 als Residenz des Markgrafen Karl Wilhelm von Baden-Durlach errichtet, dient es heute unter anderem als Badisches Landesmuseum.

# Peggy und Tilo

Am Tag der Deutschen Einheit hieß es Abschied nehmen von meinem Bruder. Nachdem wir uns in einem Lokal ein opulentes Frühstück einverleibt hatten, liefen wir zum Bahnhof, wo um 12 Uhr Pats Zug zurück nach Leipzig fuhr. Allerdings bedeutete das für mich keine lange Einsamkeit, denn nur wenige Stunden später begrüßte ich Tilo und Peggy, die mich für drei Tage besuchen wollten. Auch bei ihnen war die Freude groß, als sie um die Ecke kamen und wir uns umarmten. Wir saßen lange bei einem kühlen »Radler« am Bahnhof und plauderten, bevor wir beschlossen, ein Restaurant aufzusuchen. Wir kehrten bei einem Italiener ein. Begrüßt wurden wir von einem Alleinunterhalter, der am Keyboard saß und unser Mahl mit sehr eigenwilligen Interpretationen populärer Songs begleitete. Er mutete rein äußerlich wie eine Roger-Whittaker-Imitation an. Seine Gesangskünste wurden diesem Ebenbild allerdings nicht so ganz gerecht. Aber das störte uns nicht und machte den Abend bei Pizza und Wein nur umso lustiger.

Anschließend fanden wir nach einer ausgedehnten Schlafplatzsuche einen geeigneten Wanderparkplatz in einer etwas höher gelegenen Region. Wir packten die Campingstühle aus und machten es uns unter dem klaren Sternenhimmel bei noch mehr Wein und Whiskey gemütlich. Die Nächte waren bereits recht kühl, und die Kälte kroch langsam aber sicher unter jedes Kleidungsstück. Spät in der Nacht verschwanden die beiden in ihrem Auto und ich in meinem Zelt.

Für die kommenden zwei Nächte hatten wir eine Unterkunft in Bad Rippoldsau gebucht, einem kleinen Ort im Oberen Wolftal, mitten im Schwarzwald. Als wir in der Pension ankamen, wurden wir von Karen Krusmann, der Inhaberin, empfangen. Diese Frau war wirklich unglaublich. Unser Check-in dauerte etwa drei Stunden, da sie uns sofort in Beschlag nahm und uns ohne Punkt und Komma Episoden aus ihrem aufregenden Leben erzählte. Unwissend, in welch historisch bedeutendem Gebäude wir Zimmer gebucht hatten, vermittelte uns Karen auch viel Wissenswertes über den Fürstenbau. Einst Sommersitz der Adelsfamilie Fürstenberg war er bis 2019 im Besitz der Schwesterngemeinschaft der Liebe vom Kostbaren Blut, bevor Karen das Grundstück im Jahr meiner Deutschland-Reise erwarb. Auch wenn Karens Erzählungen unheimlich interessant waren, muss ich gestehen, dass ich mich kaum noch an Einzelheiten erinnern kann. Es war einfach ein Zuviel an Information. Wenn jemand sehr schnell, sehr viel und ununterbrochen auf mich einredet, bin ich gnadenlos überfordert, und mein Gehirn schafft es dann nicht, die Details im Langzeitgedächtnis abzuspeichern. Da Karen auch am nächsten Morgen beim Frühstück und beim Abschied am letzten Tag in Bad Rippoldsau stundenlang erzählte, ist alles, was mir blieb, ein Gefühl zu der Situation.

Am dritten gemeinsamen Tag beschlossen wir, einen Ausflug nach Straßburg zu unternehmen. Ich kehrte Deutschland kurz den Rücken, um einen Blick ins Nachbarland Frankreich zu werfen. Zusammen mit Basel, Genf und New York City zählt Straßburg zu den wenigen Städten der Welt, die als Sitz wichtiger internationaler Organisationen fungieren, ohne jedoch Hauptstadt eines Landes zu sein. Straßburg beispielsweise ist Sitz zahlreicher europäischer Einrichtungen wie des Europarats, Europaparlaments und des Europäischen Gerichtshofs für

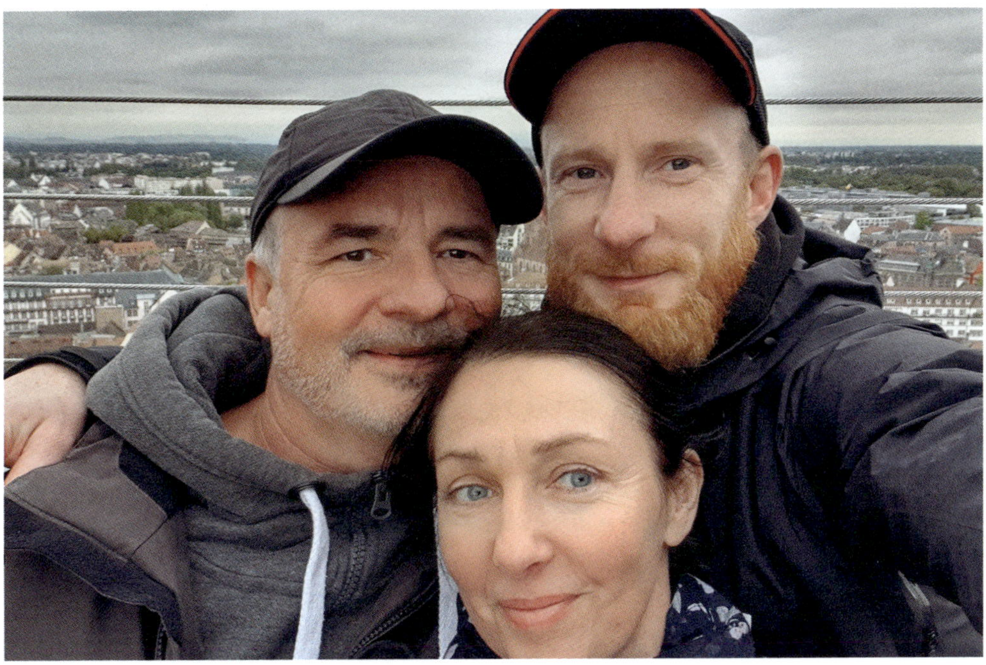

Kaum stieg mein Bruder in den Zug zurück nach Leipzig, erwartete ich auch schon den nächsten Besuch. Mit Tilo und Peggy gönnte ich mir einen Ausflug über die Grenze, nach Frankreich.

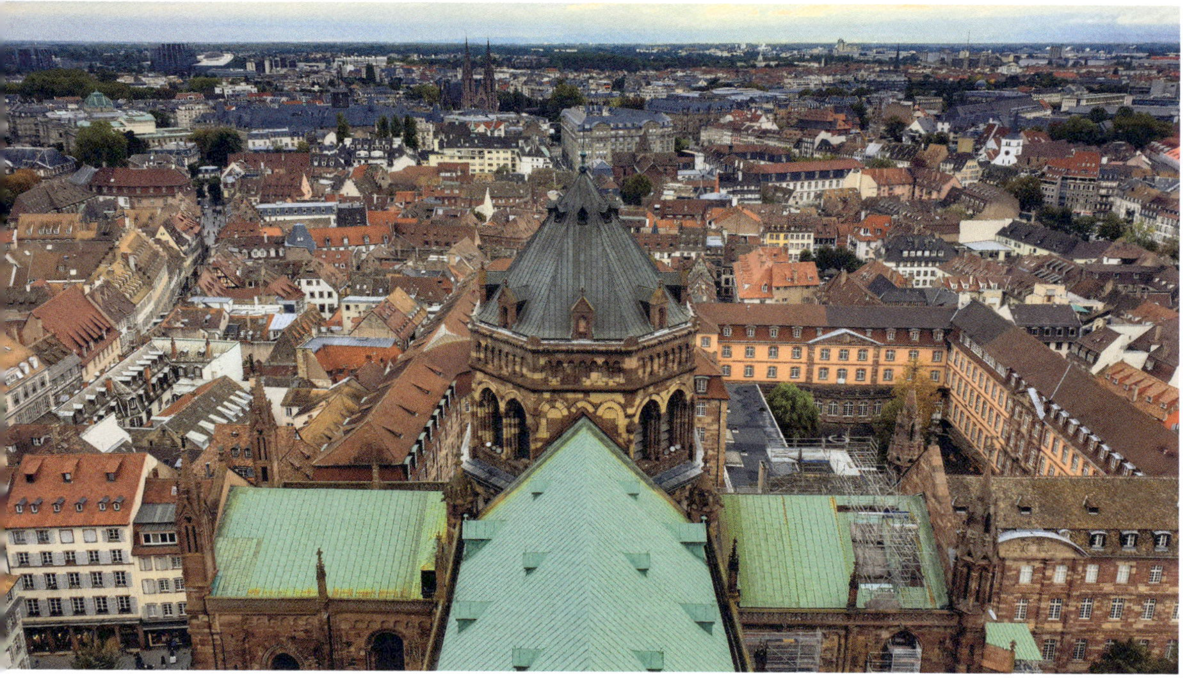

Menschenrechte. Wir schlenderten den ganzen Tag durch die Stadt und besichtigten natürlich auch das berühmte Straßburger Münster. Es gehört zu den bedeutendsten Kathedralen der europäischen Architekturgeschichte und zu den größten Sandsteinbauten der Welt. Insbesondere die Hauptfassade mit den Portalstatuen sowie die imposante Fassadenrosette mit beinahe 14 Metern Durchmesser sind sehenswert. Vom 143 Meter hohen Turm bot sich uns auf unserem Rundgang ein unglaublicher Blick über die Dächer der Stadt.

Am Abend fuhren wir nach Deutschland zurück, ließen uns im Kino noch von einem Film mit Will Smith berieseln und gönnten uns danach in einer Kneipe einen Schlummertrunk.

Am nächsten Morgen stand leider schon wieder der Abschied an, doch zuvor hatten wir noch eine Menge Spaß im Frühstücksraum der Pension. Die anderen Gäste fanden offensichtlich keinen Geschmack am Sekt, der zum Frühstück serviert wurde. Wir schon.

Über den Dächern von Straßburg. Die Szenerie der mittelalterlichen Altstadt sowie der Neustadt wurde unter dem Titel »Von der Grande-Île zur Neustadt« in das UNESCO-Weltkulturerbe aufgenommen.

# Regen lieben lernen

Bei Triberg übernachtete ich oberhalb der Stadt in einer kleinen Schutzhütte auf einer Bank, bevor ich mir am nächsten Tag die Triberger Wasserfälle, übrigens die höchsten Deutschlands, ansah. Auf einer Fallhöhe von 163 Metern stürzt die Gutach über sieben Stufen eindrucksvoll in die Tiefe. Bei meinem Besuch führte der Fluss sehr viel Wasser, da es seit Wochen und vor allem die letzten Tage immer wieder stark geregnet hatte, was das Naturschauspiel noch beeindruckender gestaltete. Auch wenn ich mir eigentlich mal wieder ein wenig Sonne gewünscht hätte, hatten diese verregneten Wochen doch auch ihren Reiz. Bäche wurden zu reißenden Strömen, und entlang meiner Wanderwege vom Schwarzwald bis zum Bodensee

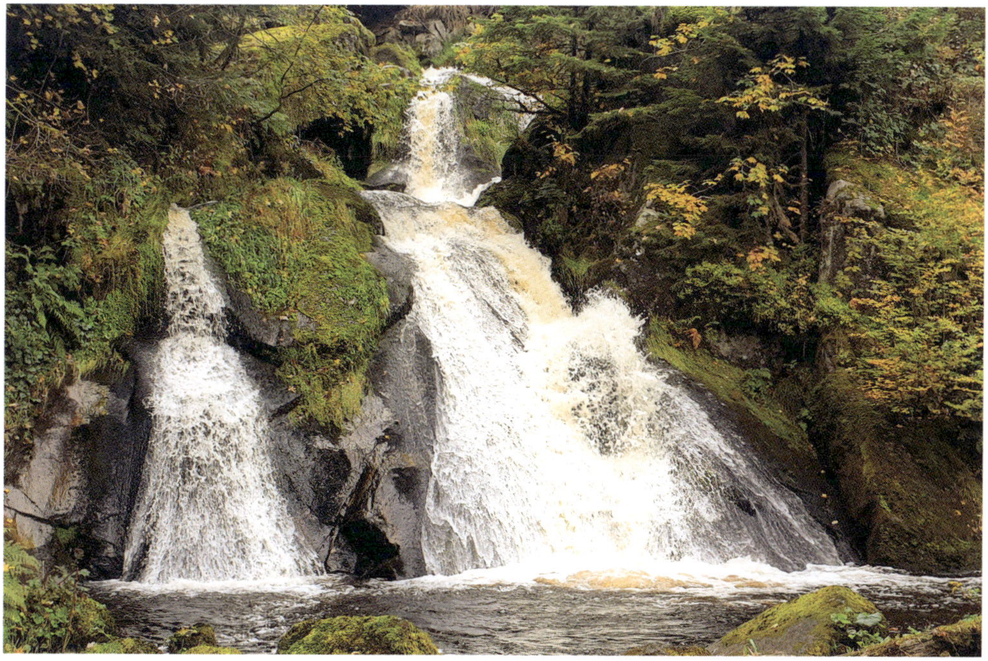

Die Triberger Wasserfälle gehören zu den höchsten im Land: Aus einer Höhe von 163 Metern stürzt das Wasser der Gutach in sieben Fallstufen tosend in die Tiefe – ein Naturschauspiel.

stürzten zahllose kleinere und größere Wasserfälle von Felsen herab, wo es sonst eigentlich gar keine Wasserfälle gibt. Der Nebel, der seine Schleier stumm und schleichend zwischen den Bäumen im Wald ausbreitete, erzeugte zusätzlich eine besondere, teilweise sogar mystische Stimmung. Das Wetter hatte auch den Vorteil, dass ich abseits der Dörfer, die ich passierte, so gut wie keiner Menschenseele begegnete und die friedliche Ruhe in der Natur in vollen Zügen genießen konnte.

Ich gewöhnte mich in dieser Zeit sogar daran, dass ich mein Zelt am Morgen meist nass einpacken und am Abend notdürftig mit meinem kleinen Outdoor-Handtuch von innen trockenreiben musste. Aber wenn ich erst einmal im Zelt war, genoss ich das Geräusch des Regens, der auf das Zeltdach trommelte.

In der Nacht, bevor ich auf den Feldberg stieg, übernachtete ich wieder in einem Hotel, um mein Hab und Gut auf der Heizung durchtrocknen zu lassen. Die letzten Wochen hatte ich meinen Bart wuchern lassen und trug schon ein ordentliches Fell im Gesicht. Da mich mein Freund Tilo davon überzeugt hatte, dass sich in meinem Bart mehr Keime tummeln würden als auf dem Kleingeldteller einer Bahnhofstoilette, setzte ich also im Badezimmer der Pension den Rasierapparat an und befreite mich von dem Biotop, bevor ich in einen erholsamen Schlaf versank.

Mein Aufstieg auf den Feldberg am folgenden Tag war wieder geprägt von Regen und Einsamkeit. Nicht ein einziger Mensch begegnete mir auf meiner Wanderung. Als wäre der Regen noch nicht genug, stürmte es an diesem Tag so heftig, dass ich mich zeitweise regelrecht gegen den Wind stemmen musste. Sicher lag das auch an der Höhe, schließlich ist der Feldberg mit 1493 Metern der höchste Berg Deutschlands außerhalb der Alpen, somit des Schwarzwaldes und meiner Umgebung. Da hatte der Wind natürlich freie Bahn.

Zu meiner großen Freude setzte der Regen genau dann aus, als ich am höchsten Punkt angelangt war. Gelegentlich riß die Wolkendecke auf, und ich hatte immer wieder mal freie Sicht auf das umliegende Gebirge. Aus dem Wald in den Lagen unter mir kämpften sich Nebelschwaden in die Höhe, die vom Sturm davongetragen wurden. Hinzukam, dass mittlerweile der goldene Herbst eingezogen war und sich die Natur in einem bunten Blätterkleid zeigte, das einem farbenprächtigen Gemälde glich. Auch wenn ich mir in diesen Tagen ab und an gewünscht habe, dass sich mir die Sonne zeigt, hätten mein Eindrücke auf dem Feldberg spektakulärer nicht sein können. Ich war glücklich.

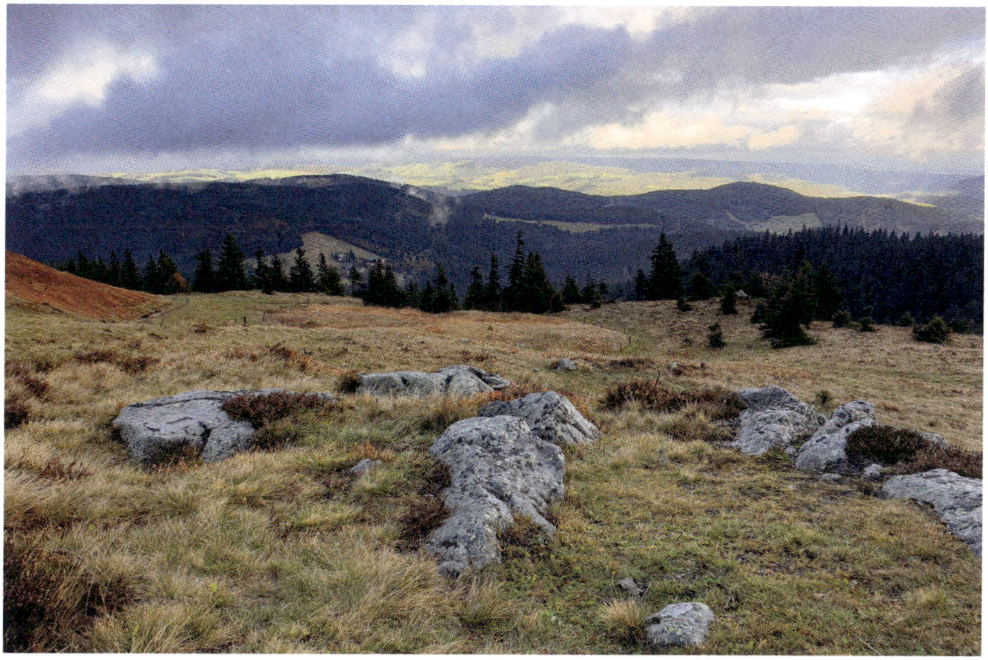

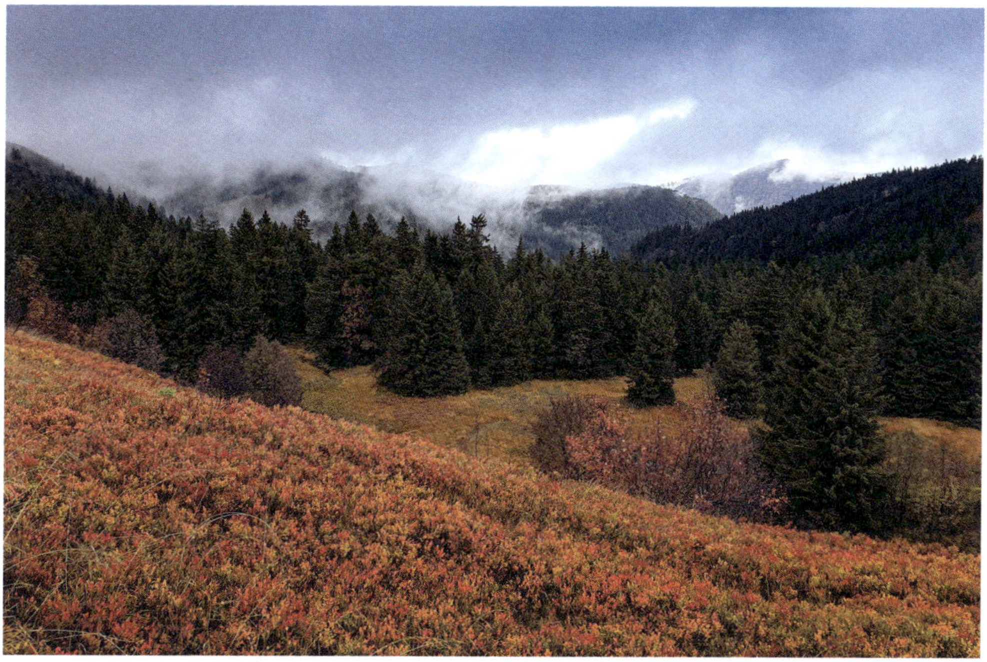

Kurze Regenpause auf dem Feldberg.
Wenn die Nebel sich gelegentlich lichteten, eröffnete sich mir
ein kurzer Blick auf Wald und Berge.

Als Begrüßung am Bodensee hatte ich ein Erlebnis der besonderen, besser gesagt der leichtsinnigen Art. Im Mai 2015 kam es in Folge starker Regenfälle zu einem Hangrutsch an der Marienschlucht am Steilufer des Bodensees. 100 Tonnen Erde, Gestein und Bäume stürzten auf einen Steg, der dabei auf 50 Metern Länge zertrümmert wurde. Im Juni kam es erneut zu einem Erdrutsch, bei dem der Uferweg zerstört wurde. Wegen akuter Gefahr wurde daher der komplette Weg gesperrt. (Bis zur Schließung besuchten jährlich 150 000 Besucher die Schlucht.) Trotz Lebensgefahr und ausdrücklichem Verbot wurde sie aber nach wie vor von Wanderern betreten, und ich muss gestehen, dass ich im Herbst 2019 zu diesen Uneinsichtigen gehörte. Ich hatte einfach den Zustand der Schlucht unterschätzt. Doch spätestens, als es auf der Hälfte des Weges auch noch zu regnen begann, fand ich die Wanderung weniger lustig. Ich konnte teilweise weder vor noch zurück, musste klettern und mich höllisch konzentrieren, um nicht mit dem vom Regen durchweichten Schlammboden abwärts zu rutschen. Ich war heilfroh, als ich den Weg hinter mir hatte und würde heute jedem raten, Verbotsschilder nicht zu ignorieren.

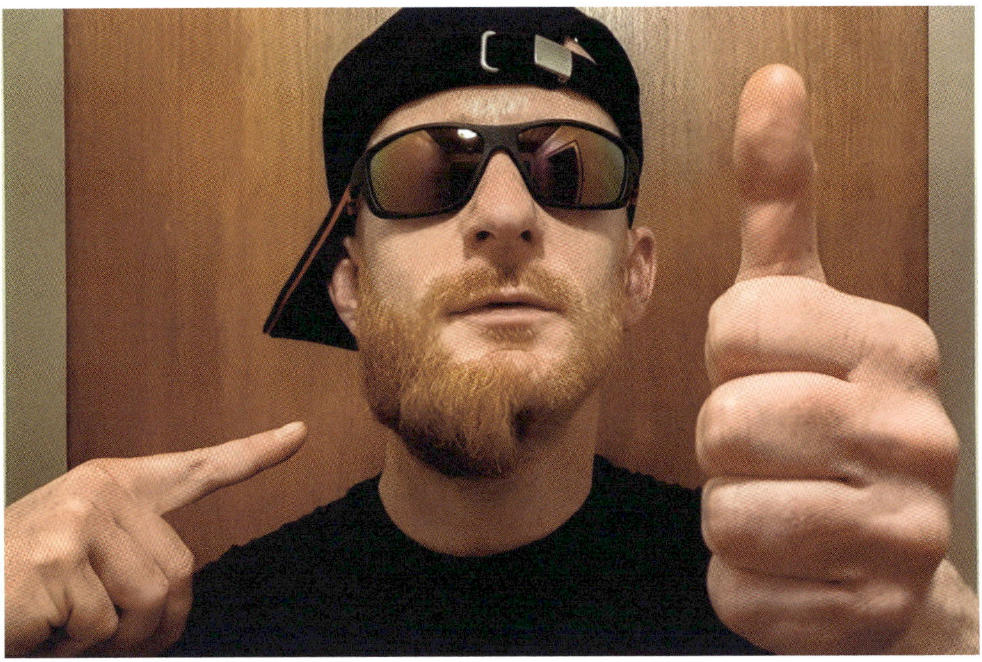

Ich, der Trendsetter: Nach längerer Zeit ohne Rasur entschied ich mich kurzzeitig für einen neuen Style, der aber bald von neuem »Wildwuchs« abgelöst wurde.

# Maik und Steffen

Am Bodensee besuchten mich Maik und Steffen, zwei Freunde aus Leipzig. Dies sollte dann auch der letzte Besuch auf meiner ohnehin bald endenden Reise sein. Ich hatte für uns eine Ferienwohnung in Friedrichhafen reserviert. Die beiden kamen gegen 23 Uhr an, und wir stürzten uns direkt in einen feuchtfröhlichen Abend. Unweit unserer Unterkunft setzten wir uns in eine Kneipe und bestellten Cocktails. Der Erste war schnell geleert, und wir bestellten einen zweiten. Als wir schon leicht benebelt waren, beschlossen wir, noch ein wenig durch die Nacht zu schlendern. Viel Spaß hatten wir am Moleturm, als wir einsehen mussten, dass sich körperliche Aktivitäten in unserem Zustand schwieriger gestalteten, als uns lieb war. Dennoch

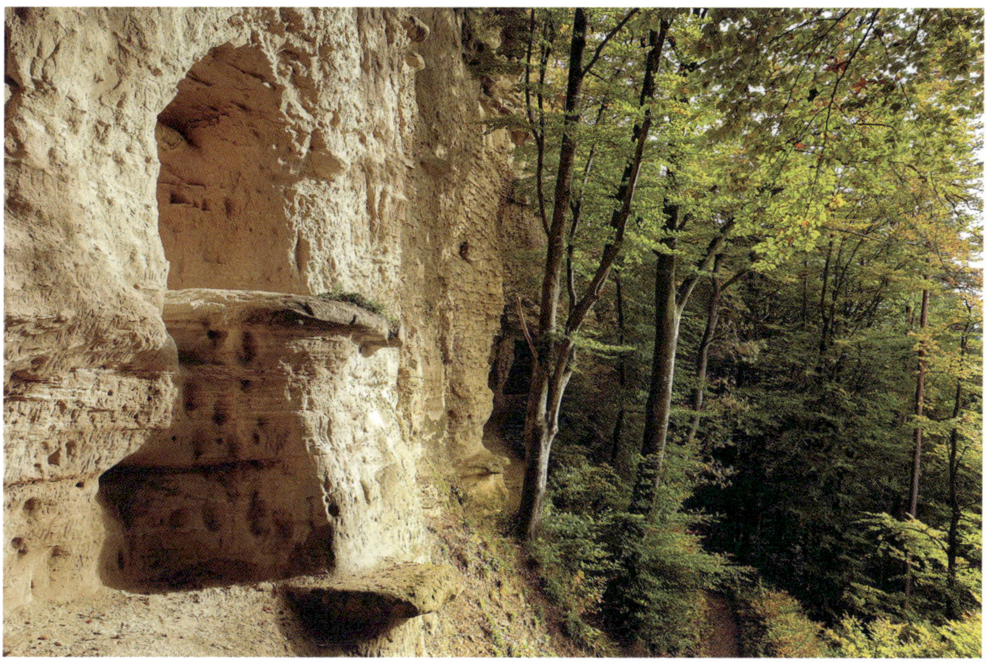

Die Heidenhöhlen bei Zizenhausen. Ursprünglich wurden sie »Heidenlöcher« genannt und waren unter diesem Namen noch bis 1984 in den amtlichen Karten eingetragen.

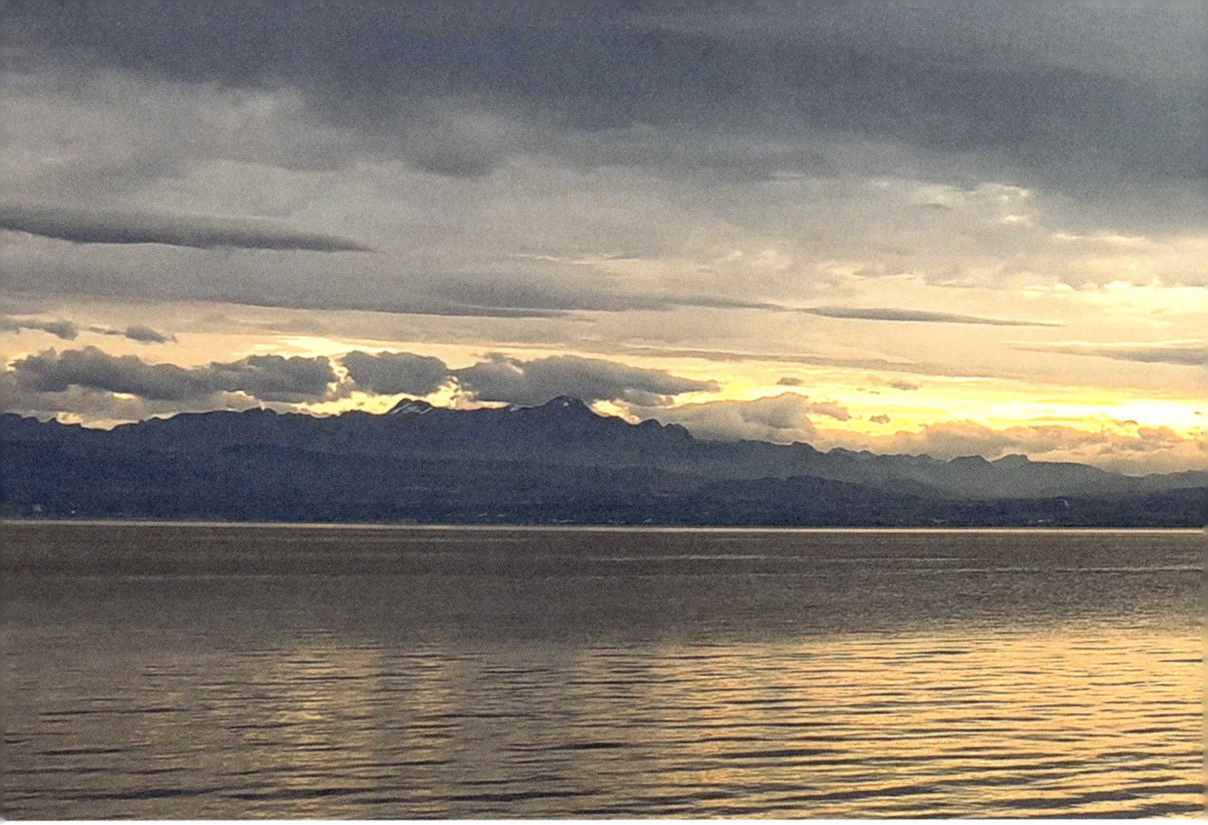

schafften wir es unter Lachsalven, die 117 Stufen des stählernen Treppenaufgangs zu bezwingen und die nächtliche Aussicht vom 22 Meter hohen Aussichtsturm am Rand des Bodensees zu genießen. Auf dem Weg zurück in die Ferienwohnung nahmen wir aus der Kneipe noch ein paar »Desperados« mit und machten es uns bis 5 Uhr morgens auf unserer Terrasse gemütlich.

Nach erholsamem Schlaf waren wir nicht weniger in Feierlaune, und zum Glück stand das kleine Friedrichshafener Festival »City of Music« an. In mehreren Locations spielten verschiedene Bands, und DJs legten auf. Nachdem wir einige Veranstaltungen besucht hatten, blieben wir auf der Tanzfläche eines Partyschiffs kleben und feierten erneut bis in die Morgenstunden.

Die nächsten Tage ließen wir es dann ruhiger angehen. Beim Besuch einer verlassenen Ziegelfabrik am westlichen Ende des Bodensees trafen wir zwei weitere Lost-Place-Liebhaber, die uns empfahlen, auch die Heidenhöhlen in Zizenhausen anzusehen. Die künstlich, tief

Der Bodensee im nördlichen Alpenvorland grenzt an die Länder Deutschland, Österreich und die Schweiz und ist der drittgrößte Binnensee Mitteleuropas.

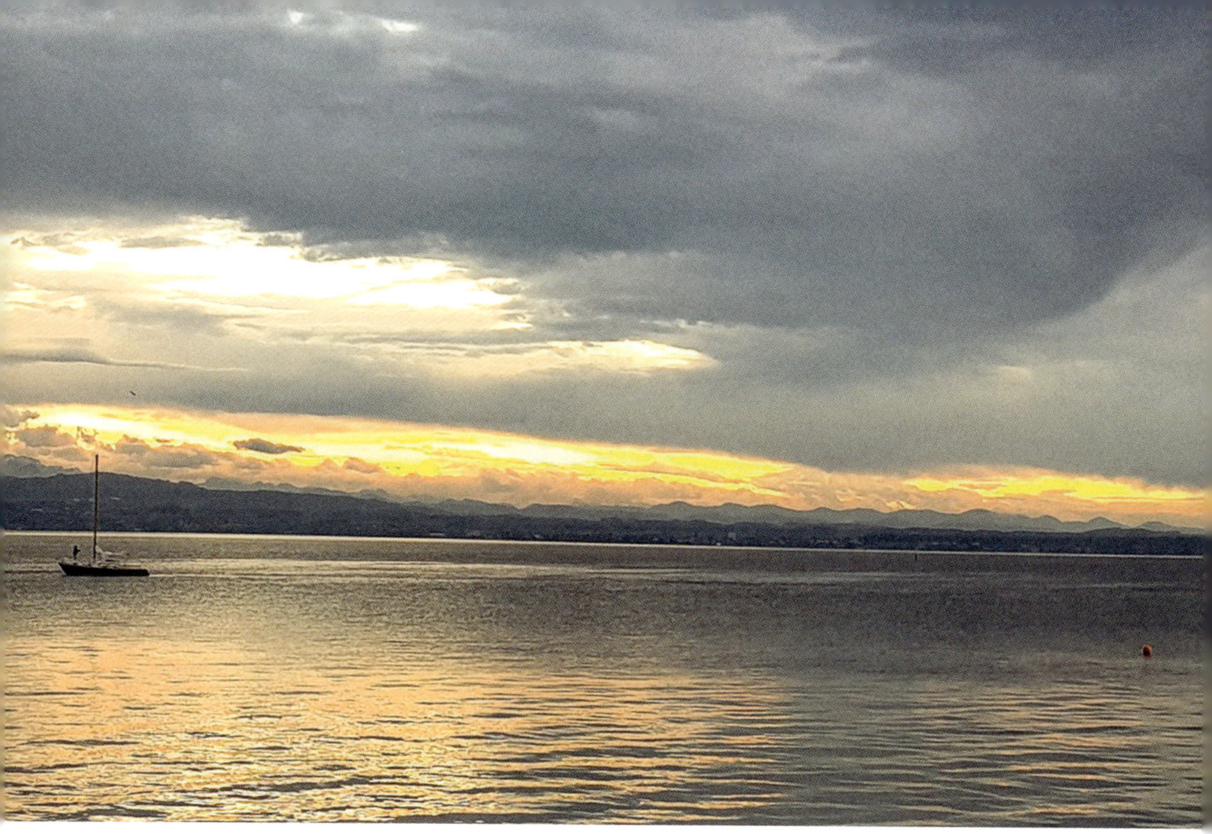

in den Felsen gehauenen Gänge und Räume befinden sich am Fuß einer senkrechten Felswand aus Sandstein am Heidenbühl. Bei einer kleinen Wanderung im umliegenden Wald konnten wir dann endgültig den Restalkohol abbauen.

Da wir uns auch Konstanz, die größte Stadt am Bodensee anschauen wollten, setzten wir mit der Fähre über. Eigentlich waren wir in der Stadt an der Grenze zur Schweiz nur damit beschäftigt, ein Eiscafé zu suchen, was uns allerdings nicht gelang. Wer also eine Eisdiele eröffnen möchte, sollte das in Konstanz in Betracht ziehen – es könnte eine Goldgrube sein. Als wir in Konstanz am Hafen entlangspazierten, bekamen wir Einblicke in das Leben eines Anglers. Wir beobachteten staunend den zähen Kampf zwischen Fisch und Mensch. Ich kenne mich mit Fischfang nicht aus, aber was der Angler da an der Sehne hatte, war zweifellos eine Herausforderung. Als der Kampf vorbei war, packte der Sieger den etwa einen Meter langen Fisch an den Kiemen und versetzte ihm mit einem Holzstock einen so heftigen Schlag auf den Kopf, dass er augenblicklich zu zappeln aufhörte. Außer uns gab es noch weitere Schaulustige, die – wie man den spontanen Entsetzensschreien entnehmen konnte – das deutlich erschreckte. Ich gebe zu, auch ich bin da sehr zwiegespalten, da ich eine vegane Lebensweise befürworte.

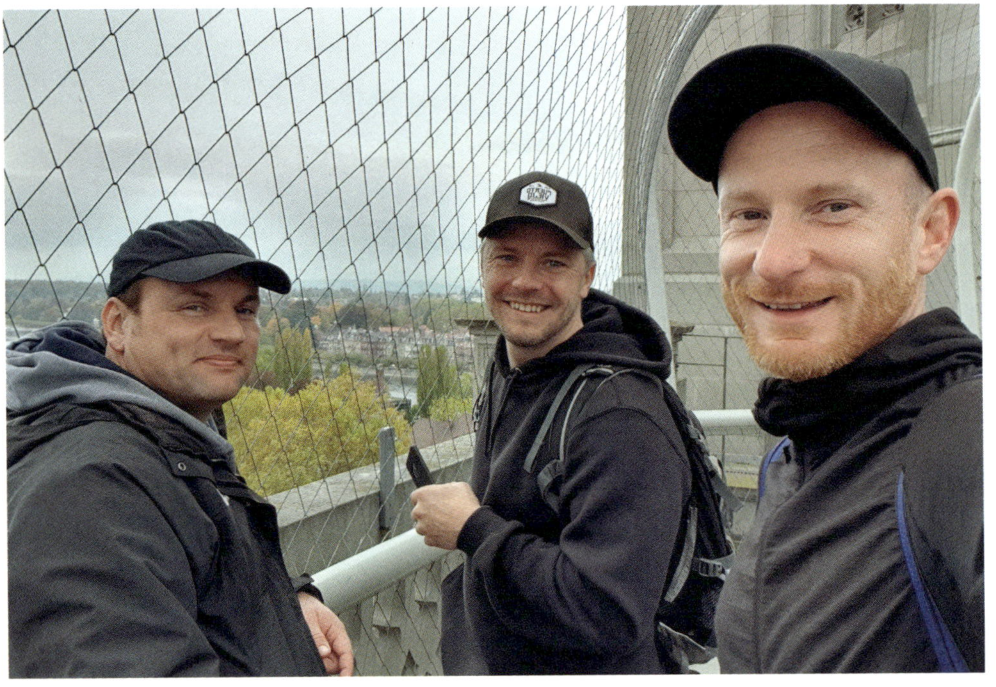

In Friedrichshafen verabschiedete ich mich wieder von Steffen und Maik. Ich freue mich noch heute darüber, dass mich auf meiner Wanderung so viele Freunde besuchen kamen. Oft werden solche Vorhaben zwar vorher beschlossen, schlussendlich aber nie in die Tat umgesetzt. Diese Besuche waren einerseits eine schöne Abwechslung zum Reisealltag und andererseits die beste Medizin, um Heimweh erst gar nicht aufkommen zu lassen.

Ich danke jedem Einzelnen, der sich auf den Weg machte, um mich für einige Zeit auf meiner Reise zu begleiten!

Ausflug auf das Konstanzer Münster. Zwölf Jahrhunderte lang war das Münster die Kathedrale der Bischöfe von Konstanz; heute dient es als katholische Pfarrkirche.

# Ziele

Mein erstes intensives Alpenerlebnis auf dieser Tour hatte ich im Allgäu auf dem 1834 Meter hohen Hochgrat. Durch dichten Nebel stieg ich auf. Aus dem letzten Dorf hatte ich von einer Bäckerei noch Kuchen im Gepäck. Ich zog alle Kleidung an, die ich dabeihatte, setzte mich neben das Gipfelkreuz, aß meinen Kuchen und blickte in die mich umgebende Nebelwand. Als wollte mich der Berg für meine Mühe belohnen, stieg ein Teil des Nebels plötzlich auf, lichtete sich und ließ Sonnenstrahlen durch. Die unteren Schwaden legten sich zwischen die Bergkuppen der umliegenden Gipfel. Ein unbeschreiblicher Anblick. Drei Stunden verweilte ich auf dem Berg, bevor ich auf 1600 Meter nach Süden abstieg und in

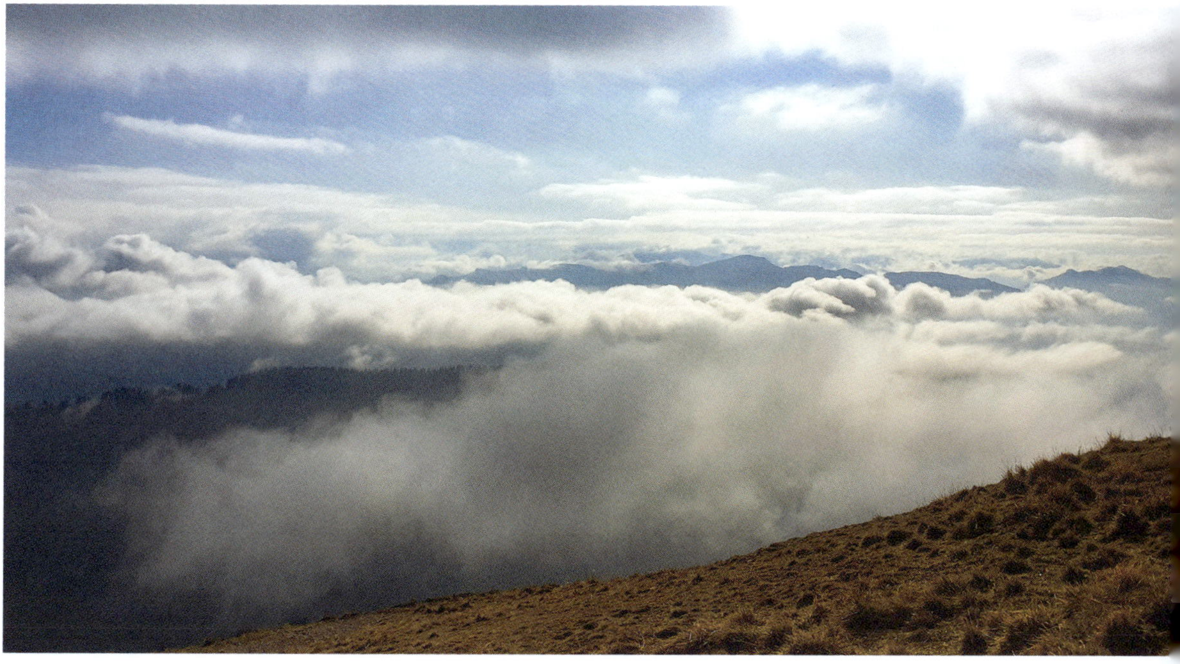

Wolken geben den Blick frei auf den 1834 Meter hohen Hochgrat: mein erstes Alpenerlebnis der Tour, auf dem Hausberg von Oberstaufen in den Allgäuer Alpen.

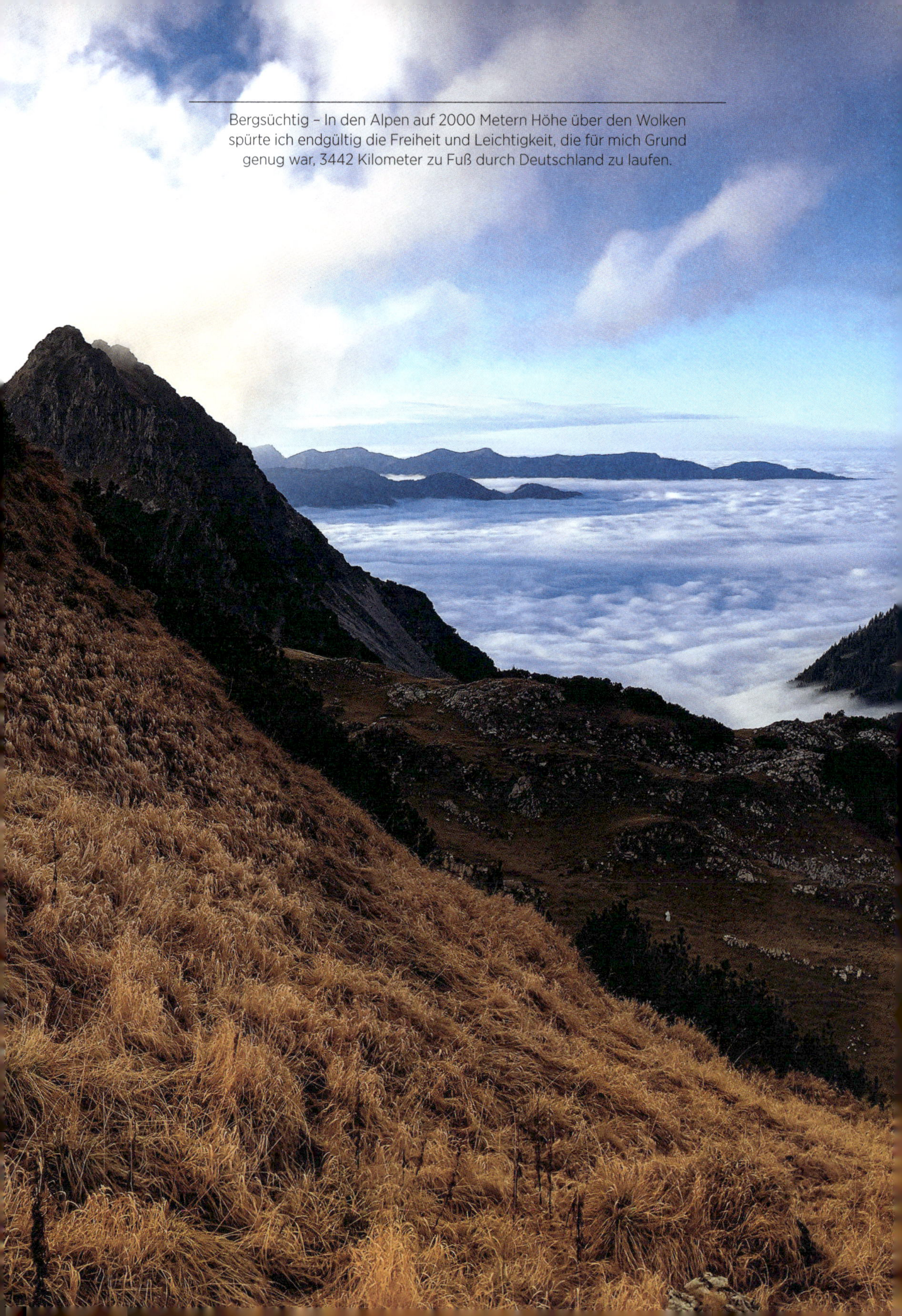

Bergsüchtig – In den Alpen auf 2000 Metern Höhe über den Wolken spürte ich endgültig die Freiheit und Leichtigkeit, die für mich Grund genug war, 3442 Kilometer zu Fuß durch Deutschland zu laufen.

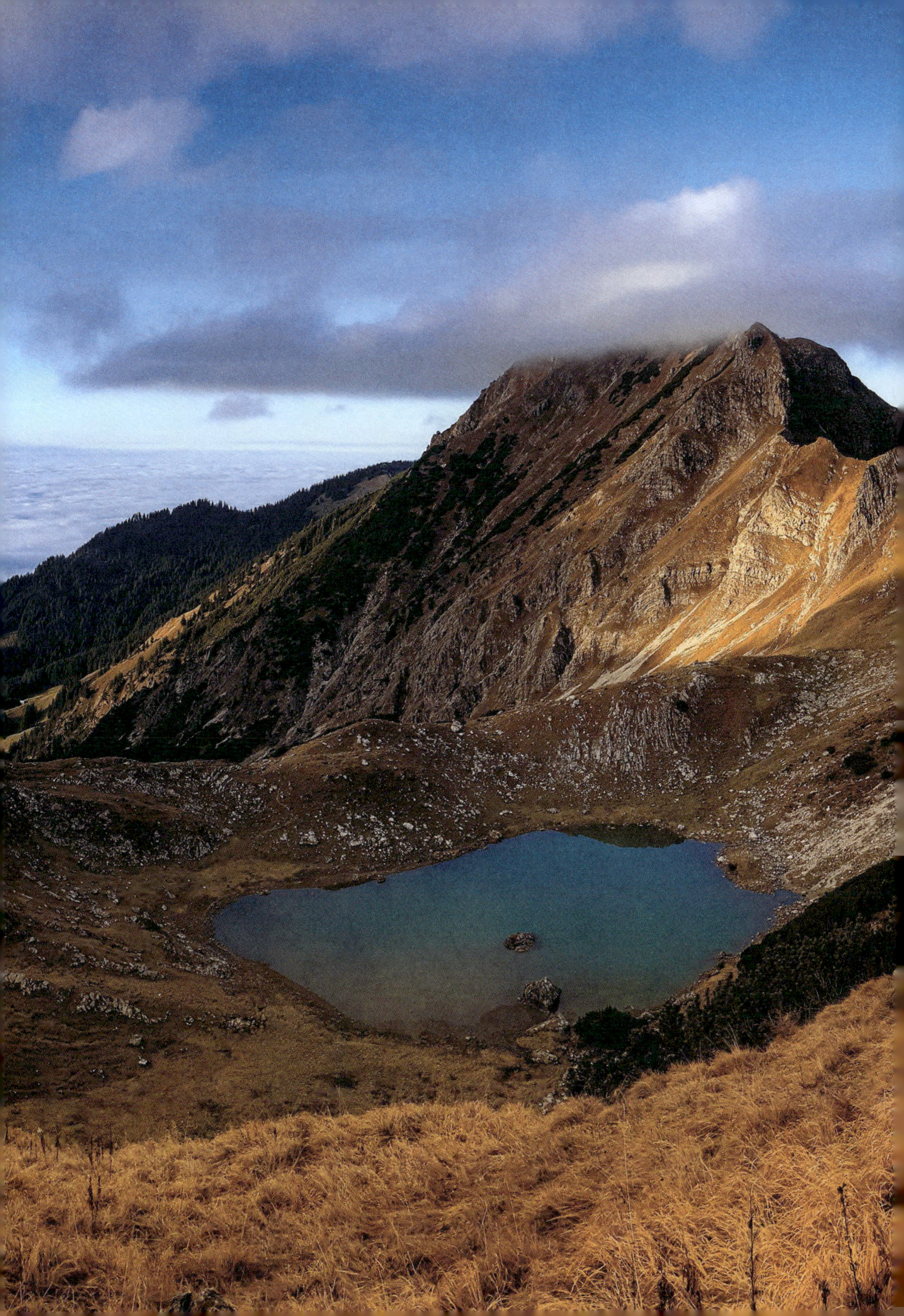

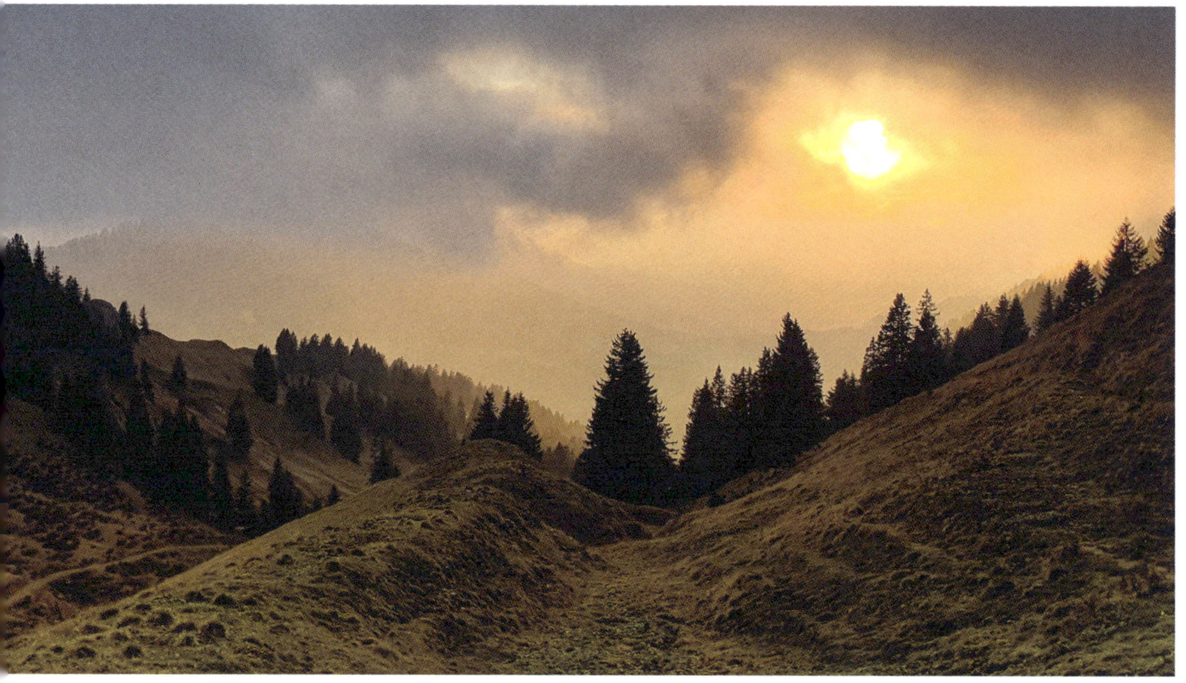

einer Senke unterhalb des Hochgrats mein Zelt aufstellte. Zu dem Naturschauspiel ein paar Stunden zuvor gesellte sich nun noch ein atemberaubender Sonnenuntergang und ein sternenfunkelnder Nachthimmel.

Von Oberstdorf lief ich nach Süden durch das Stillachtal. Links und rechts meines Weges zogen die Zweitausender an mir vorbei. Kurz hinter Einödsbach, der südlichsten Siedlung Deutschlands, die sich zu Füßen der Berge Mädelegabel, Trettachspitze und Hochfrottspitze erstreckt, wanderte ich ins Rappenalptal. Mit jedem Schritt gewann ich ein Stück an Höhe. Von der Trifthütte aus wurde es nochmal steil, und ehe ich mich versah, stand ich nach über 3000 Kilometern zu Fuß durch Deutschland am Haldenwanger Eck, einer Anhöhe auf 1931 Metern in den Allgäuer Alpen, dem südlichsten Punkt Deutschlands und dem Ziel meiner Reise. Angekommen – was für ein überwältigendes Gefühl!

Keine Stadt, kein Dorf, kein Mensch – zumindest auf so einer Tour ein Schlafplatz ganz nach meinem Geschmack. Nichtsdestotrotz liebe ich auch meine heimische Couch in Leipzig. Die Mischung macht's!

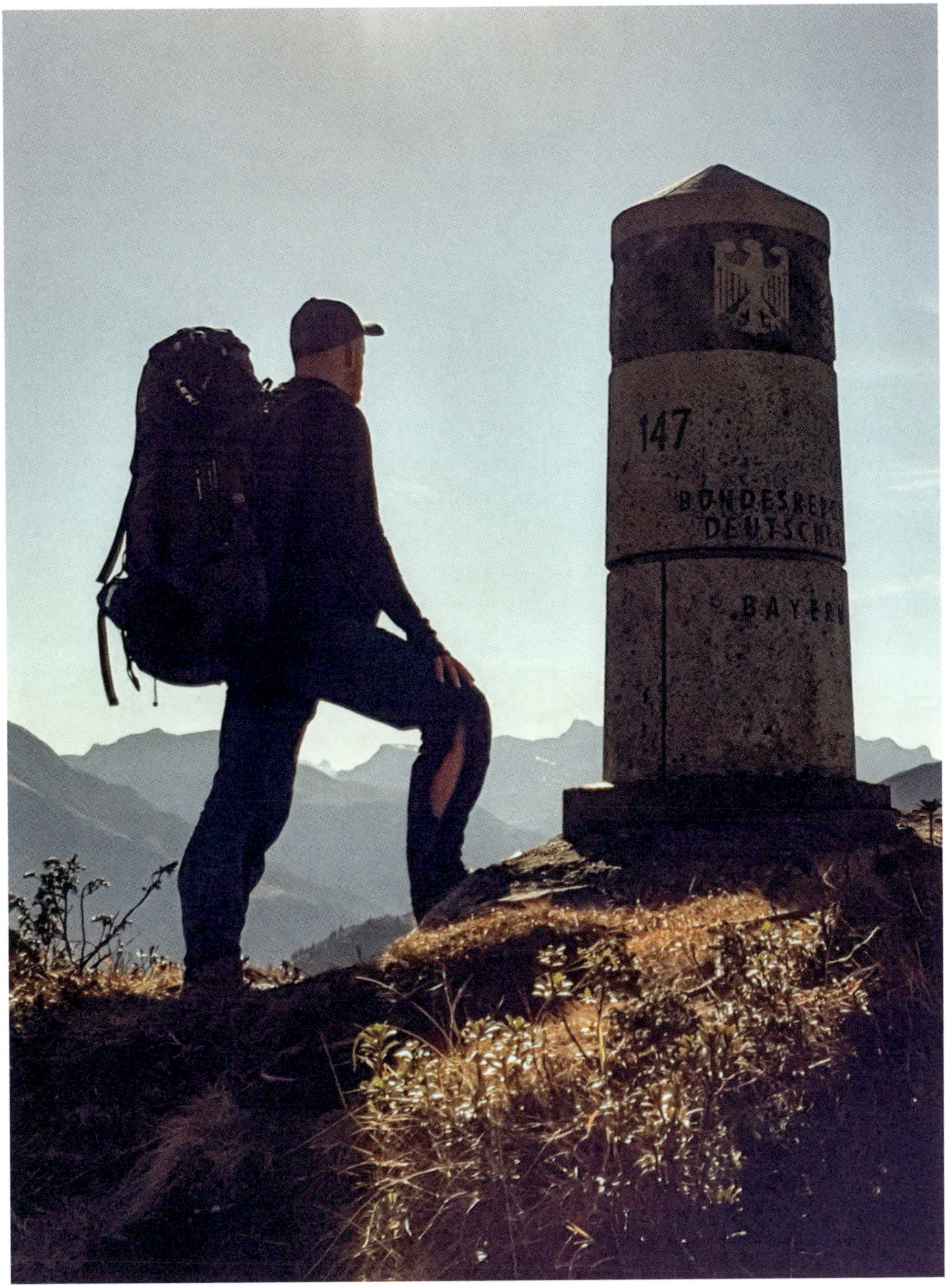


Das Haldenwanger Eck – glücklich am Ziel angelangt. Die Anhöhe auf 1931 Metern in den Allgäuer Alpen ist ausschließlich über eine Bergtour zu Fuß zu erreichen.

# Es lohnt sich immer aufzubrechen

Die Aufregung bei einem solchen Vorhaben ist für mich am Anfang am größten, wenn es losgeht und ich mich auf das freue, was vor mir liegt. Man sagt ja: Vorfreude ist die schönste Freude. Das Glücksgefühl unterwegs oder der Punkt, an dem man realisiert, dass das Vorhaben gelingen wird, ist nochmal ein ganz anderes. Schon einige Tage vor Erreichen meines Ziels wurde mir klar, dass eigentlich nichts mehr zwischen mir und dem Endpunkt am Haldenwanger Eck im Allgäu steht. Obwohl ich auch zuvor nie daran gezweifelt hatte, überwältigte mich dieser Gedanke doch regelrecht. Doch die Gewissheit am Ende meiner Tour, dass ich das Vorhaben wirklich durchgezogen habe, gab mir ein unfassbares Gefühl von Glück und Zufriedenheit. Was dabei wirklich in mir vorging, lässt sich kaum in Worte fassen. Ich war einfach nur glücklich und dankbar für den Weg, der hinter mir lag,und wusste, dass jede Entscheidung, die ich unterwegs getroffen hatte, die richtige war.

Auch wenn es sicher Tage gab, an denen ich weniger motiviert war, gab es auf dieser Reise kein einziges Mal den Moment, an dem ich mit dem Gedanken spielte, abzubrechen. Mir war immer bewusst, dass es ein Privileg ist, auf diese Art und Weise meine Tour umsetzen zu können und dass ich auf einer Wanderung unterwegs war, auf die ich mich sehr lange gefreut habe. Man weiß im Voraus, dass nicht jeden Tag die Sonne scheinen und es auch mal Regen geben wird, dass die Füße schmerzen werden, man sich vielleicht mal unwohl fühlen oder sich im schlimmsten Fall verletzen wird und niemanden um sich hat, der einem dann hilft oder mit Zuspruch die Situation entspannt. All das gehört zu einem solchen Unternehmen dazu, und man nimmt derlei Unwägbarkeiten bereits bei der Planung in Kauf. Das ist Selbsterfahrung, und man lernt daraus. Probleme sind bekanntlich da, um an ihrer Bewältigung zu wachsen. Diese Deutschland-Wanderung war kein Teufelswerk, und an manchen Tagen muss man eben einfach die Zähne zusammenbeißen und durchhalten. Grundlegend kann ich wohl zusammenfassend sagen: Wer bei seinen Träumen und Zielen den Widrigkeiten zu viel Aufmerksamkeit schenkt, wird schwer vorankommen und sein Ziel mit hoher Wahrscheinlichkeit nicht erreichen. Mit einer grundlegend positiven Einstellung ist es jedoch möglich, Hürden und Schwierigkeiten als eine willkommene Herausforderung zu betrachten. Ein positiver Nebeneffekt ist, dass sich die Gelassenheit, die man auf solch einer Reise entwickelt, auch in den Alltag daheim übernehmen lässt. Ich habe gelernt, dass Dinge oft gar nicht so dramatisch sind, wie sie auf den ersten Blick scheinen. Und dass das Leben schön ist und voller ungeahnter Überraschungen steckt, vor allem wenn man sich nicht scheut, es auch mal abseits seiner Komfortzone zu gestalten. Hier passt eines meiner liebsten Kalenderzitate wunderbar: »Wir bereuen nicht die Dinge, die wir getan haben, sondern die Dinge, die wir nicht getan haben.« Auch Scheitern ist nichts Verwerfliches. Erreicht man den Gipfel eines Berges nicht, ist das weder schlimm noch ein Versagen. Es wird sich aber immer lohnen aufzubrechen.

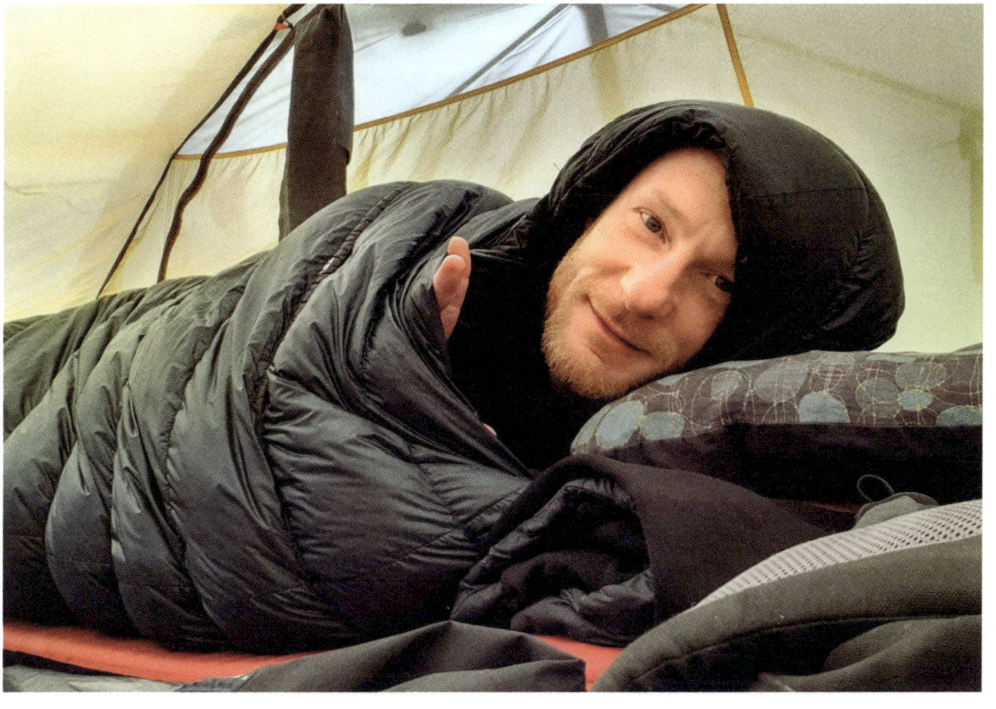

Im Zelt bei Minusgraden in den Alpen. Mein eigentliches Ziel der Reise lag bereits eine Woche hinter mir. Doch ich lief weiter. An diesem Morgen entschied ich spontan, die Heimreise nach Leipzig anzutreten.

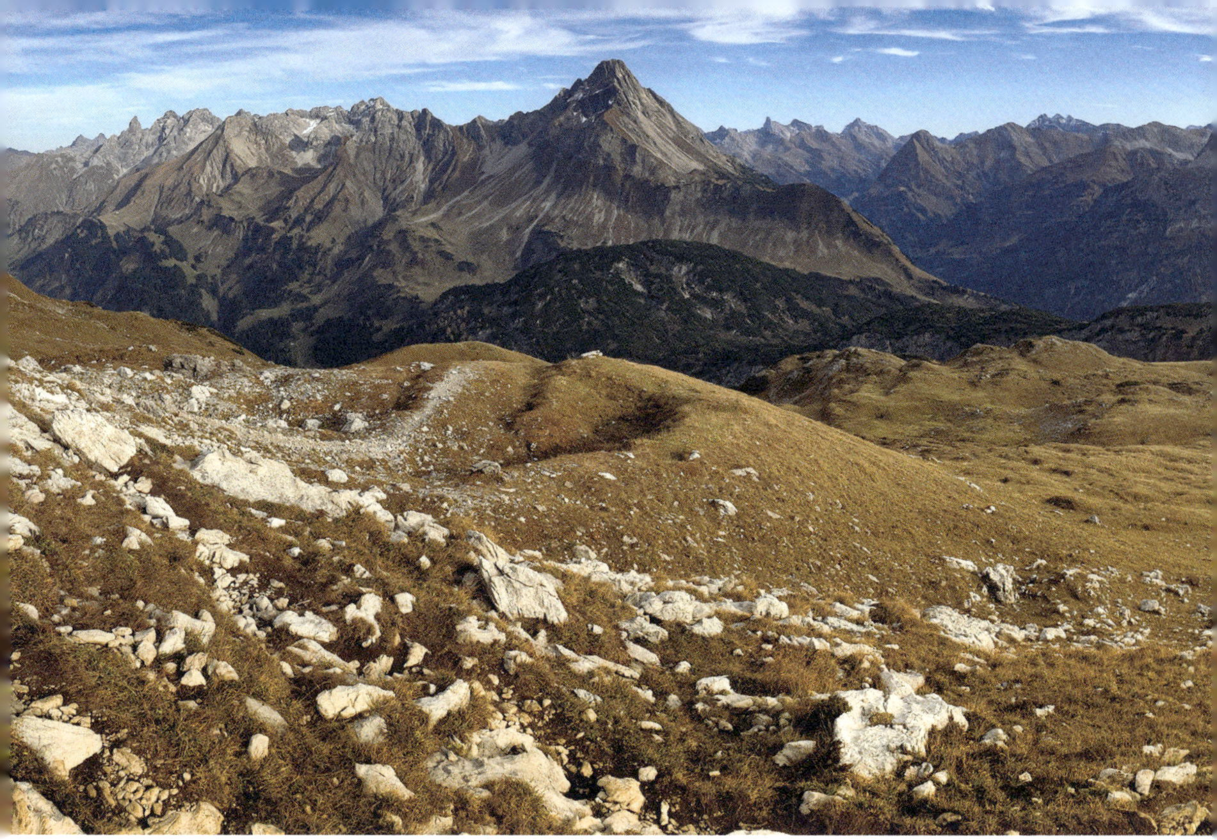

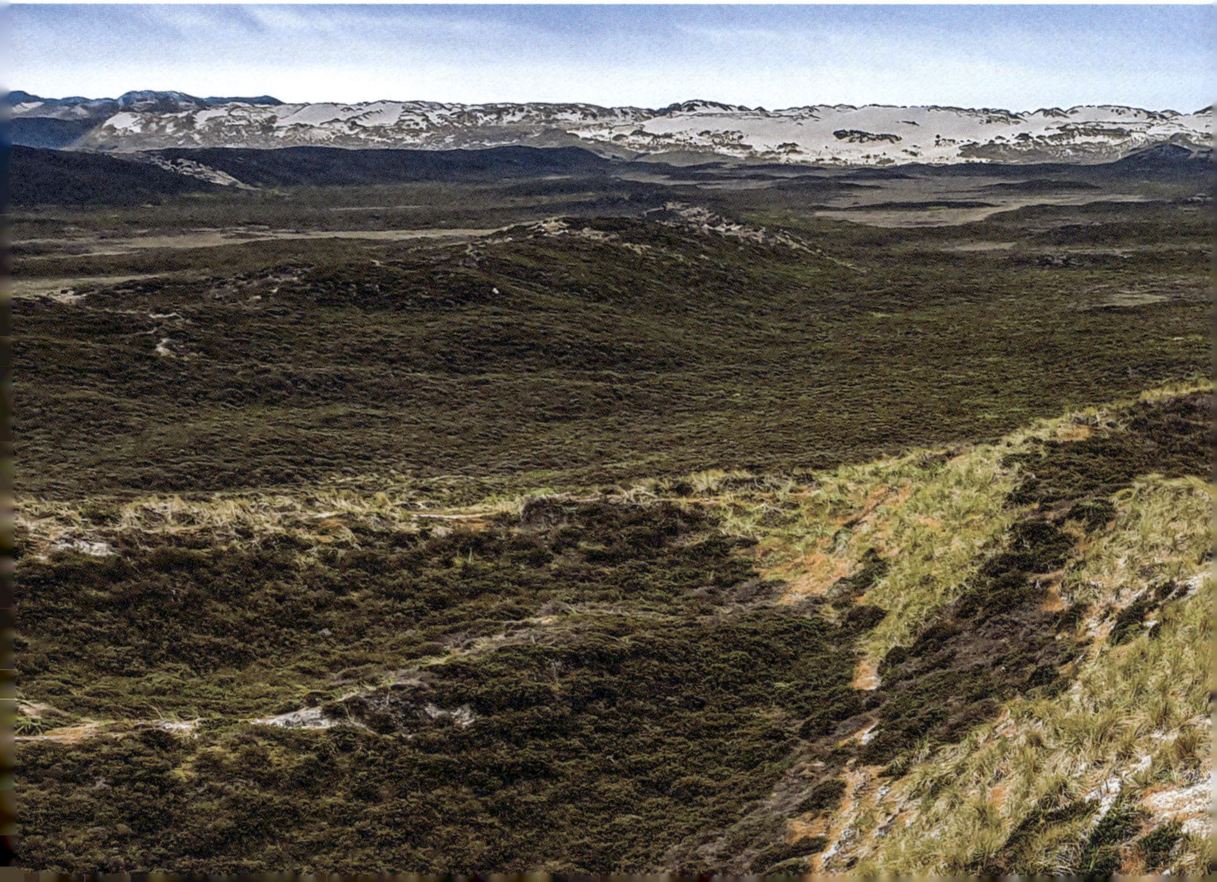

# Ein besonderer Dank

*geht an Julia Hiller und Thomas Fichtner, die sich die Mühe machten, die erste Korrektur des Buches zu übernehmen, und an Susann Fiedler, die mir nicht nur während der Reise, sondern auch während des Schreibens den Rücken freihielt, und sich darum gekümmert hat, dass andere Projekte nicht zum Erliegen kamen und die Kunden meines Onlineshops in guten Händen blieben.*

Wie ein Geschenk erschien mir die Aussicht auf die grandiose Alpenkulisse. 160 Tage zuvor war ich noch im hohen Norden in einer ganz anderen Art von landschaftlicher Weite unterwegs.

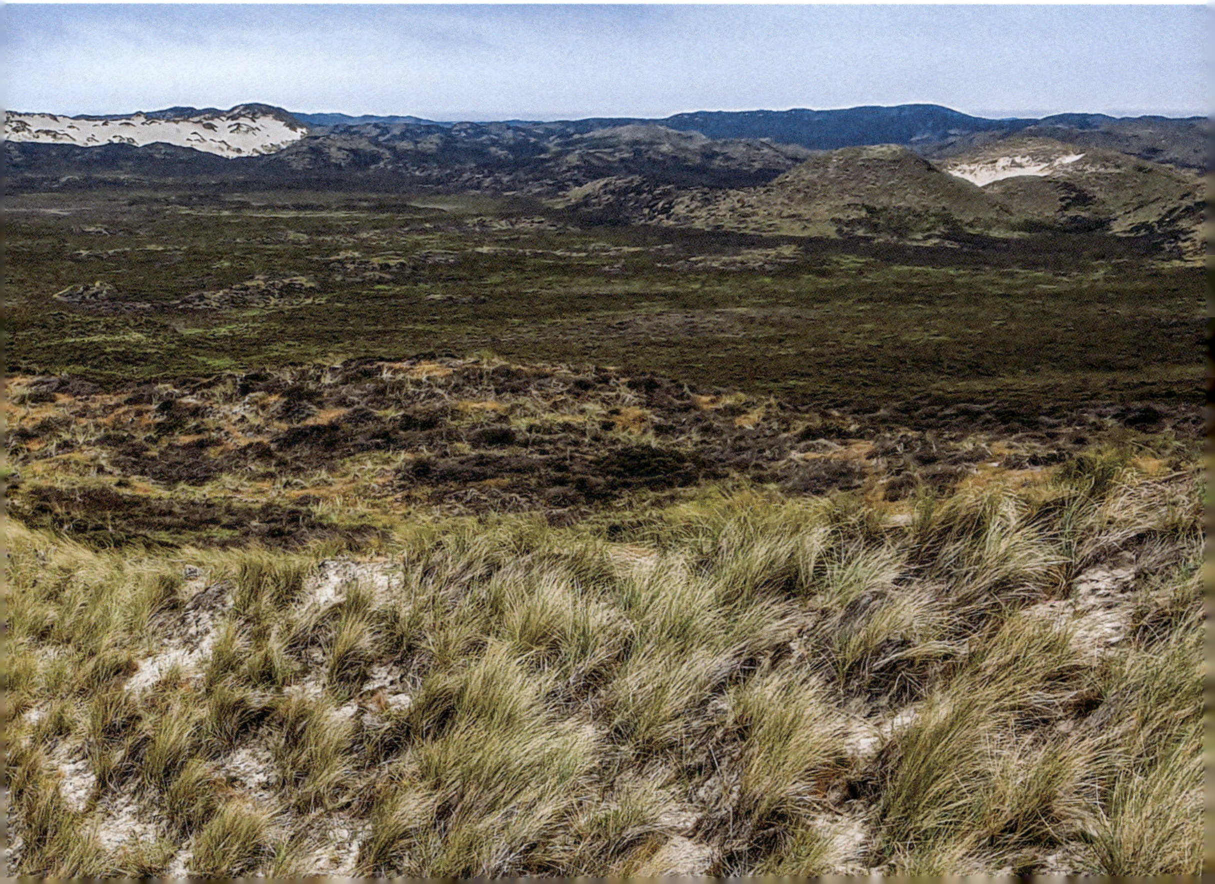

# Impressum

Verantwortlich: Sarah Schindler
Lektorat: Rosemarie Elsner
Gestaltung und Satz: BUCHFLINK Rüdiger Wagner
Korrektorat: Christiane Gsänger
Kartografie: Thomas Vogelmann
Repro: LUDWIG:media
Umschlaggestaltung: Nina Andritzky, Bettina Schippel
Printed in Slovenia by Florjancic

★★★★★

Sind Sie mit diesem Titel zufrieden? Dann würden wir uns über ihre Weiterempfehlung freuen.

Erzählen Sie es im Freundeskreis, berichten Sie ihrem Buchhändler, oder bewerten Sie bei Onlinekauf. Und wenn Sie Kritik, Korrekturen, Aktualisierungen haben, freuen wir uns über Ihre Nachricht an National Geographic Buchverlag, Postfach 40 02 09, D-08702 München oder per E-Mail an lektorat@verlagshaus.de

Unser komplettes Buchprogramm finden Sie unter:

www.nationalgeographic-buch.de

Alle Angaben dieses Werks wurden von den Autorinnen sorgfältig recherchiert und auf den neuesten Stand gebracht sowie vom Verlag geprüft. Sollte diese Werk Links auf Webseiten Dritter enthalten, so machen wir uns die Inhalte nicht zu eigen und übernehmen für die Inhalte keine Haftung.

In diesem Buch wird aus Gründen der besseren Lesbarkeit das generische Maskulinum verwendet. Weibliche und anderweitige Geschlechteridentitäten werden dabei ausdrücklich mitgemeint, soweit es für die Aussage erforderlich ist.

Umschlagvorderseite: Naturschauspiel auf der Halbinsel Fischland-Darß-Zingst (oben); Ausblick vom Haldenwanger Eck (unten).
Umschlagrückseite: Naturschutzgebiet Ahrensee (oben links); Blumenwiesen auf dem Weg nach Waren (oben rechts); Das Zelt als Zuhause auf Zeit (unten links); Angekommen in den Allgäuer Alpen (unten rechts).

Die Deutsche Nationalbibliothek verzeichnet diese Publikation in der Deutschen Nationalbibliografie; detaillierte bibliografische Daten sind im Internet über http://dnb.d-nb.de abrufbar.



Lizenznehmer von: National Geographic Partners, LLC
This edition is published by NG Buchverlag GmbH through licensing agreement with National Geographic Partners, LLC.

ISBN 978-3-86690-785-0

Seit ihrer Gründung 1888 hat sich die National Geographic Society weltweit an mehr als 14 000 Expeditionen, Forschungs- und Schutzprojekten beteiligt. Die Gesellschaft erhält Fördermittel von National Geographic Partners LLC, unterstützt unter anderem durch Ihren Kauf. Ein Teil der Einnahmen dieses Buches hilft uns bei der lebenswichtigen Arbeit zur Bewahrung unserer Welt. Das legendäre NATIONAL GEOGRAPHIC Magazin erscheint monatlich. Darin veröffentlichen namhafte Fotografen ihre Bilder und renommierte Autoren berichten aus nahezu allen Wissensgebieten der Welt. National Geographic im TV ist ein Premium Dokumentations-Sender, der ein informatives und unterhaltsames Programm rund um die Themen Wissenschaft, Technik, Geschichte und Weltkulturen bereithält. Falls Sie mehr über National Geographic wissen wollen, besuchen Sie unsere Website unter www.nationalgeographic.de.

## Ebenfalls erhältlich

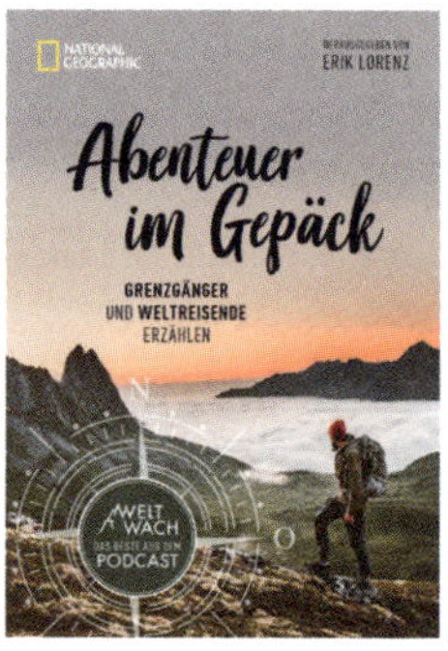


978-3-86690-725-6

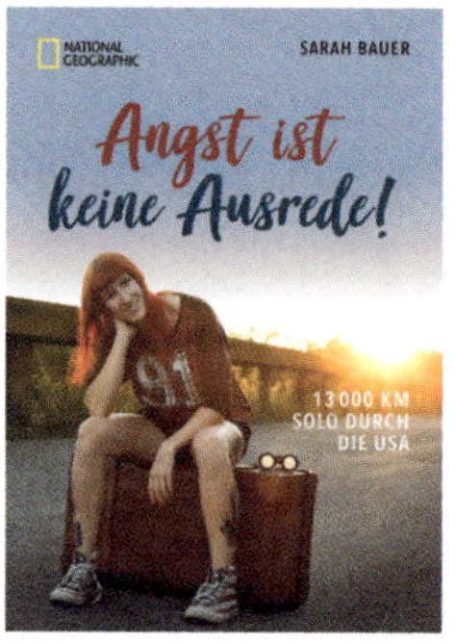


978-3-86690-787-4

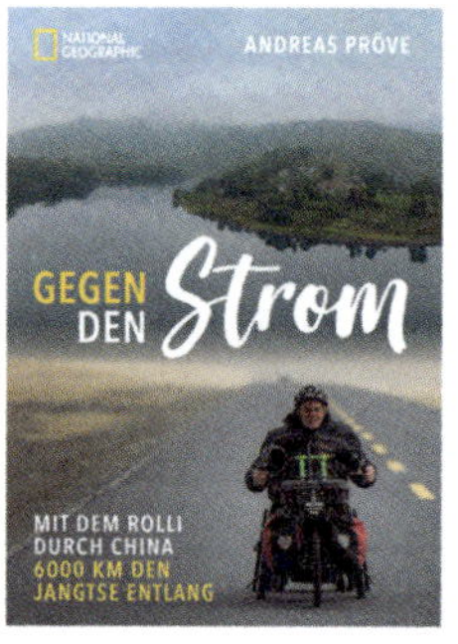


978-3-86690-704-1

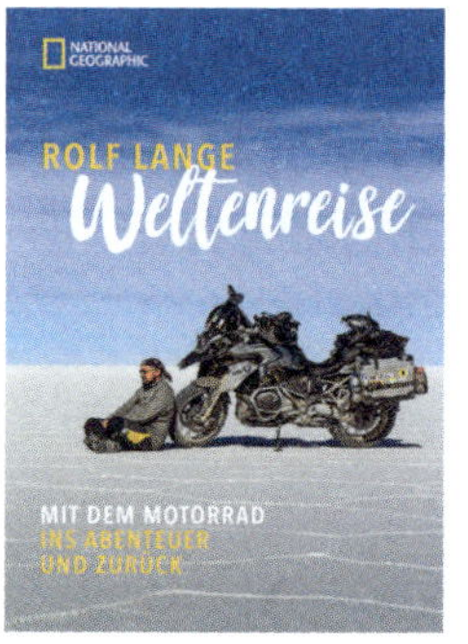


978-3-86690-677-8

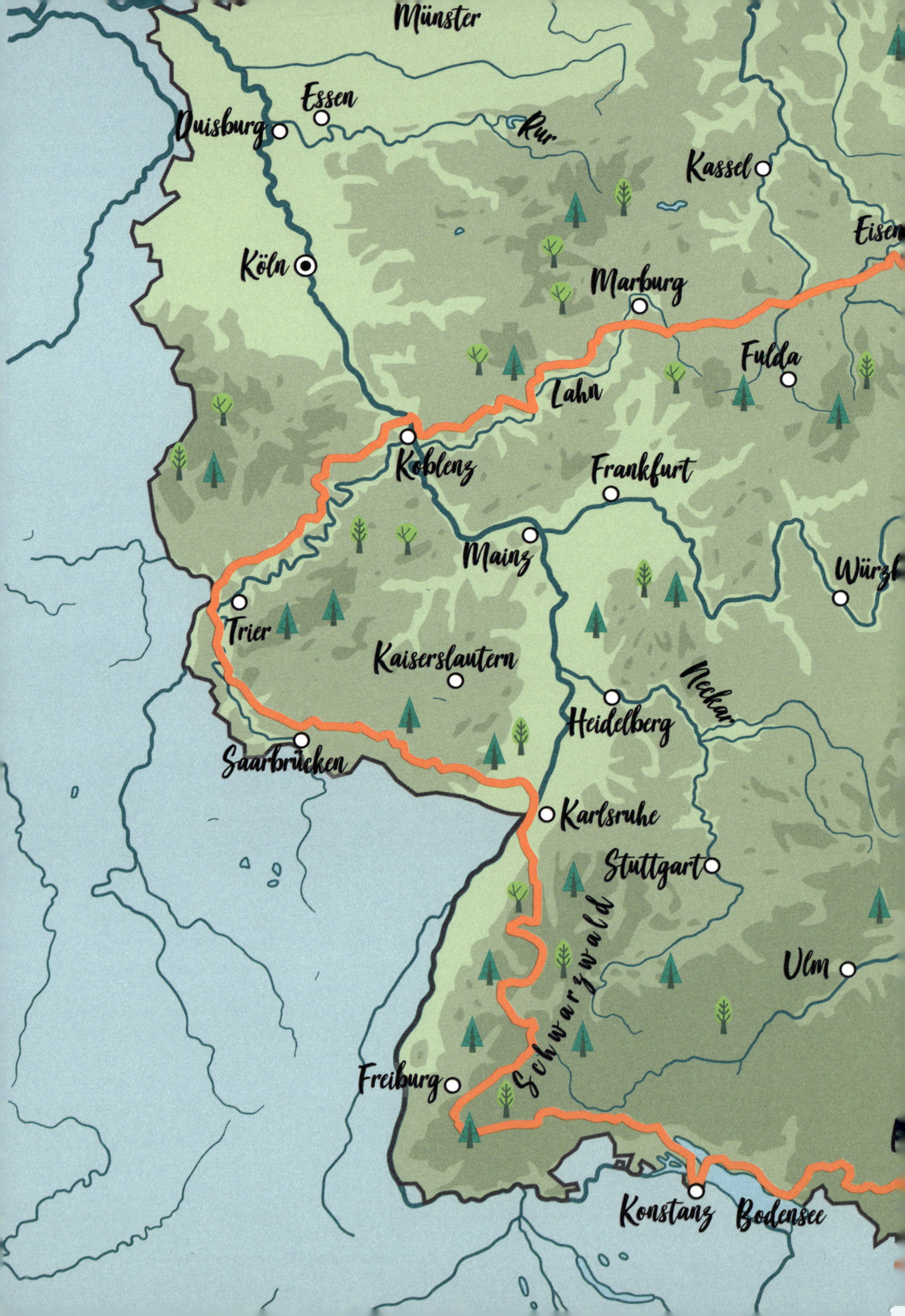

Münster
Essen
Duisburg
Rur
Kassel
Eisen
Köln
Marburg
Fulda
Lahn
Koblenz
Frankfurt
Mainz
Würzb
Trier
Kaiserslautern
Neckar
Heidelberg
Saarbrücken
Karlsruhe
Stuttgart
Schwarzwald
Ulm
Freiburg
Konstanz
Bodensee